知识产权管理研究丛书
中细软知识产权管理研究出版基金资助

中国 3D 打印专利技术产业化的机会与障碍

刘 鑫 著

科学出版社
北 京

内 容 简 介

  3D打印作为一项战略性新兴技术,被我国制造业产业界和技术管理学术界寄予推动"中国制造2025"和制造业转型升级的厚望,其专利技术产业化问题也备受关注。在新兴技术管理与知识产权制度变革背景下,3D打印专利技术产业化问题具有其特殊的研究价值。全书将理论研究与实证研究、技术创新与制度创新相结合,凸现我国3D打印专利技术产业化的机会与障碍,并提出有效驱动策略推动3D打印专利技术的产业化。本书旨在推动我国3D打印产业的技术创新和制度创新双向耦合、协同驱动,深化了专利技术产业化战略作为专利战略重要组成部分的内涵,丰富面向新兴技术产业化的专利生态理论。

  本书可供企业、高校、科研机构和政府的管理者,新兴技术开发和管理人员,教师和学生阅读参考。

图书在版编目(CIP)数据

中国3D打印专利技术产业化的机会与障碍 / 刘鑫著. —北京:科学出版社,2017.9

(知识产权管理研究丛书)

ISBN 978-7-03-054217-5

Ⅰ.①中… Ⅱ.①刘… Ⅲ.①立体印刷–印刷术–产业发展–研究–中国 Ⅳ.①F426.84

中国版本图书馆 CIP 数据核字(2017)第 206053 号

责任编辑:张 展 莫永国 / 责任校对:彭 映
责任印制:罗 科 / 封面设计:墨创文化

科 学 出 版 社 出版

北京东黄城根北街16号
邮政编码:100717
http://www.sciencep.com

四川煤田地质制图印刷厂印刷
科学出版社发行 各地新华书店经销

*

2017年9月第 一 版 开本:787×1092 1/16
2017年9月第一次印刷 印张:12
字数:320 千字
定价:90.00 元
(如有印装质量问题,我社负责调换)

丛书编委会

名誉主任：刘春田教授（中国人民大学知识产权学院）

主　　任：朱雪忠教授（同济大学法学院/知识产权学院）

副 主 任：肖延高副教授（电子科技大学经济与管理学院）

委　　员：（按姓氏拼音排序）

陈向东教授（北京航空航天大学经济管理学院）

范晓波教授（北京化工大学文法学院）

冯薇副教授（电子科技大学经济与管理学院）

顾新教授（四川大学商学院）

黄灿教授（浙江大学管理学院）

孔军民先生（北京中细软网络科技有限公司）

李雨峰教授（西南政法大学民商法学院）

童文锋教授（美国普渡大学克兰纳特管理学院）

万小丽副教授（华南理工大学法学院/知识产权学院）

王岩教授（华南理工大学法学院/知识产权学院）

银路教授（电子科技大学经济与管理学院）

曾磊研究员（电子科技大学科学技术发展研究院）

张米尔教授（大连理工大学工商管理学院）

朱谢群教授（深圳大学法学院）

作 者 简 介

刘鑫，男，陕西宝鸡人，中共党员。西南交通大学公共管理与政法学院教师、博士。主要研究领域涉及知识产权管理、科技创新政策、新兴技术管理等。华中科技大学中德知识产权研究所合作研究员、南京理工大学创新与发展研究中心客座研究员、武汉知识产权研究会理事、中国专利代理人、国家二级心理咨询师。2014～2016 年，赴德国慕尼黑工业大学(TUM)商学院、马克斯普朗克(Max Planck)创新与竞争研究所、德国海德堡应用科技大学(SRH)访学。在 *Journal of Intellectual Property Rights*，*Portland International Conference on Management of Engineering and Technology*，《科研管理》《知识产权》《中国科技论坛》《情报杂志》等国内外重要管理学和法学学术期刊、国际会议以第一作者发表论文十余篇(含 CSSCI 核心检索十余篇，原 SSCI 检索 1 篇，EI 检索 2 篇)，并担任 *Technology Analysis and Strategic Management*，*Journal of Intellectual Property Rights*，*DYNA*，*European Journal of Advances in Engineering and Technology* 等国际知名期刊(SSCI & SCIE)审稿人，主研国家级、省部级和企业委托课题 9 项(含国家自然科学基金面上项目 3 项)。曾任共青团华中科技大学委员会副书记(挂职)、第二届中国"互联网＋"大学生创新创业大赛法律与知识产权工作组组长，并向时任中共中央政治局委员、国务院副总理刘延东同志汇报大学生创新创业与知识产权工作。

"知识产权管理研究丛书"序一

创新驱动发展战略需要知识产权"双轮"驱动

人类的经济增长的源泉均来自知识的重大突破，包括技术革命和制度创新。这些突破被人类称之为划时代的里程碑，如石器、青铜、铁、蒸汽机、计算机，以及封建、资本、企业、跨国公司等。现代社会并存着各种经济发展模式，如不同密集程度的资源型、资金型、技术型、劳动力型等。其中，数字技术所主导的信息与远程通信技术极大地提高了新知识在世界范围的传播和扩散速度，人类社会作为一个整体，其生活方式的更新速度大大加快，周期大大缩短。这促进了经济全球化、规则一体化的进程。在统一市场的调配下，以创新型国家引领的全球化产业链，以及按照知识、技术含量为标准的产业上下游分工模式，已成为当代占统治地位的国际经济发展模式。主要依靠技术与制度创新作为经济增长手段的"创新驱动发展"模式，已经成为人类迄今为止最高层级的经济发展形态。

在中国，"创新驱动发展战略"是十一届三中全会确立的以经济建设为中心的正确路线的继续。其不仅意味着中国经济增长方式的转型，而且表明中国正朝着高阶经济发展形态努力，事关中华民族的伟大复兴。据统计，目前世界上大约有 20 多个创新型国家。中国要建成创新型国家，并非循规蹈矩依赖西方国家的现有路径，复制已有的模式可以奏效。"创新驱动发展战略"的设计本身就是一个创新，需要经过考察、学习、比较、判断、选择、综合、设计、修正、试错、纠错等手段，量体裁衣，开拓新路，才可实现。

创新是人的本能。制度是孕育、涵养一切技术、艺术，决定人的创新与劳动激情能否有效发挥以及发挥程度的土壤和温床。一个国家创造财富的能力既取决于它的技术水平，也取决于借助于创新体系将技术转化为财富的能力。国家创新体系是一个包括技术、各种制度、机制等要素的复杂系统，其整合、匹配所形成的创造财富的能力是由其短板决定的。中国的短板是知识产权法治相对落后，没有发挥市场对资源配置的决定作用，对科技成果运用不当，保护不力，不能适应技术的高速进步和与时俱进的经济发展，拖了经济发展的后腿。中国的短板还在于创新主体的知识产权管理行为"异化"和知识产权管理能力"弱化"。前者如部分企业的专利申请行为与其市场竞争需要脱节，商标"驰名"曾出现的乱象等；后者如企业知识产权积累与发展战略的错位，知识产权运营和保护能力还无法保障企业经营安全等。知识产权法治和知识产权管理的双重短板，使得中国企业在全球竞争中抢滩涉水时难以获得知识产权"炮火"的有力支持。从这个意义上说，中国的知识产权法治建设和知识产权管理能力提升，是漫漫"长征"，还有很长的路要走。

"创新驱动发展战略"的实施，需要"知识产权强国"的有力支撑，需要知识产权法治建设和知识产权管理实践"双轮"驱动。当前，中国知识产权法治建设和管理实践领域存在一系列问题，急待从不同角度开展理论研究，厘清关系。比如创新与守成的关系、知识产权与民法的关系、知识产权领域政府和市场的关系、成文法与判例法的关系、全球化与本土化的关系、知识产权司法保护与行政执法的关系、知识产权司法体制改革问题、转型时期的知识产权教育问题、知识产权与技术及经济的关系以及社会利益的多元化与知识产权学者立场问题。既然知识产权法学的兴起是人们思考和研究知识产权制度发展诉求的理论产物，那么，对知识产权管理实践提出的理论问题的积极回应，是否也可以视为知识产权管理成为工商管理新兴学科发展方向的契机？只要顺应时代发展的需求，并付诸持续的努力，涓滴意念也是有可能汇成奔涌江河的。

由电子科技大学中细软知识产权管理研究中心学术委员会和科学出版社共同策划的"知识产权管理研究丛书"，正是对实施"创新驱动发展战略"和建设"知识产权强国"的积极回应。期待该丛书著作的出版，有助于推动中国的知识产权管理理论探索和实践总结。

是为序。

刘春田

中国人民大学知识产权学院教授、院长

2016 年秋

"知识产权管理研究丛书"序二

抓住与世界同步机会窗，推动中国
知识产权管理实践与理论发展

近四十年来，如果说是改革开放和加入世界贸易组织的需要，使得知识产权制度这个舶来品在中国生根发芽，那么，"创新驱动发展战略"的实施和"大众创业、万众创新"局面的形成，正促使知识产权制度在中华大地上开花结果，持续推动着中国特色知识产权制度的内生和知识产权管理实践的发展。中国知识产权管理实践和理论探索迎来了前所未有的、与世界同步发展的机会窗。

世界银行统计数据表明，近年来二十国集团主要国家和地区 R&D 占 GDP 比重总体呈明显增加趋势。其中，中国的 R&D 费用占 GDP 的比重先后超过意大利、英国和加拿大，已经达到欧盟的整体水平。与此相一致，中国的知识产权创造能力也得到持续提升。WIPO(世界知识产权组织)统计数据显示，加入世界贸易组织以后，中国国家知识产权局受理的发明专利申请量十二年间增幅达到十三倍，年均增长近四分之一，先后超过韩国、欧洲、日本和美国，自 2011 年起连续五年居世界第一。同时，来自中国的 PCT(《专利合作条约》)专利申请也先后超过英国、法国、韩国和德国，位居全球 PCT 专利申请第三位，仅次于美国和日本。此外，中国国家工商行政管理总局商标局受理的商标申请更是连续十四年全球排名第一。由此可见，随着 R&D 占 GDP 比重的增加和社会主义市场经济的发展，特别是企业技术创新和市场拓展的全球化，中国专利和商标等知识产权创造活动已经位列世界主要国家之一。

当知识产权积累到一定量级之后，如何有效萃取知识产权资源的商业价值，有力支撑企业或组织赢得创新所得和持续竞争优势，就成为创新主体的紧迫任务。在这一实际背景下，中国关于知识产权创造、运营、保护和治理等知识产权管理系统的实践探讨和理论研究也就明显活跃起来，而且正在吸引着世界知识产权界的目光和国际国内其他专业领域的关注。比如，中国专利信息年会、中美知识产权高峰论坛、中欧知识产权论坛、金砖国家知识产权论坛、上海知识产权国际论坛、亚太知识产权峰会，等等，业已成为中外政府、企业界、学术界广泛交流与沟通的平台；同时，诸多创新、战略、金融等管理经济领域的重要国际国内学术会议，也将知识产权的相关议题纳入，显现出知识产权在其他专业领域的渗透能力和重要程度的提升。中国知识产权管理实践和理论探索的活跃，既表现出知识产权制度具有很强的时代性，比如，面对互联网技术和商业模式的变革，面对基因和蛋白质等现代生物技术带来的管理经济和社会伦理挑战，等等，需要世界各国知识产权界共同面对；同时也表明，相对于物力资源、财务资源、人力资源等企业资源的管理理论而言，有关知识产权资源的管理理论方兴未艾，除专利许可等特定领域外，欧美知识产权管理理论也还处于建构和发展时期。随着中国在世界技术进步和经济发展中地位的提高，特别是中国融入全球经济的步伐加快和程度加深，中国的知识产权事业已经成为世界知识产权的重要组成部分，中国政府、企业界和学术界急需也有机会通过共同努力，抓住与世界同步的机会窗，推动中国知识产权管理实践和理论发展。

正是基于上述认知和考量，经与科学出版社协商，拟出版"知识产权管理研究丛书"，以期为建设"知识产权强国"事业尽绵薄之力。丛书选题不仅涉及知识产权管理基础理论的探索，而且关注中国知识产权管理实践的总结；不仅涉及知识产权管理理论框架的建构，而且面向创新创业给出知识产权管理的"工具箱"；不仅涉及知识产权管理一般理论分析，而且关注战略性新兴产业技术领域的知识产权管理专题研究。丛书著作作者的共同特点是，既有知识产权法基础，也有理工或经济管理背景。感谢丛书编委会各位委员，在百忙之中抽出时间审阅书稿，提出中肯的建设性意见；感谢中细软知识产权管理研究出版基金共襄盛举，使"知识产权管理研究丛书"的著作得以陆续与读者见面。

是为序。

朱雪忠

同济大学知识产权学院教授、院长

2016 年初夏

"知识产权管理研究丛书"序三

支持知识产权管理理论探索是中细软的重要社会责任

  变者，法之至也。《孟子·公孙丑下》曰："彼一时，此一时也。"《孙子兵法》曰："兵无常势，水无常形，能因敌变化而取胜者，谓之神！"商业竞争亦复如是。

  与农业社会和工业社会相异，自从人类社会迈入信息时代，以知识产权为代表的无形资产在企业资产结构中的比重就与日俱增，知识产权业已成为企业、产业乃至国家的战略性资源和竞争"利器"。美国 Ocean Tomo 对标准普尔 500 指数里的上市公司资产结构统计结果显示，上述公司的资产结构越来越"轻量"化。比如，1975 年上述公司无形资产占企业总资产的比重仅为 17%，1995 年即已上升至 68%，2015 年更是上升至 84%。可见，以知识产权为代表的无形资产价值潜力已然超过厂房、土地等有形资产，"知本"概念逐渐深入人心。环环相扣的知识产权布局，不仅是国际商业"大鳄"在竞争对手面前树立起的一道道屏障，而且也在社会公众心中埋下了知识产权文化种子。无论是传统产业代表，如通用、IBM、丰田、飞利浦，还是新经济产业代表，如谷歌、甲骨文、苹果等，都深谙"知本"运作之道，攻防兼备，在一次次知识产权竞争和交易中获取高额利润。诸多商业实践表明，谁在全球竞争中拥有领先于对手的专利技术和品牌商标等知识产权，谁就有可能掌握商业竞争主动话语权和规则制定权。

  在过去三十余年里，作为"后来者"的中国制造企业如华为、中兴通讯、TCL、联想等，一次次在外国领先企业的知识产权"围追阻截"中突围，以"奋斗者"的姿态践行着他们的商业使命，并在"跟跑"欧美和日韩企业的追赶过程中逐渐积累起相应的知识产权能力和竞争优势。当前，全球新一轮科技革命和产业变革蓄势待发，互联网、云计算、人工智能、石墨烯新材料等为代表的新兴技术蓬勃发展，中国企业迎来了与欧美和日韩企业"并跑"甚至"领跑""机会窗"。面对新的发展"机会窗"，如何顺应党中央和国务院实施"创新驱动发展战略"和建设"知识产权强国"的时代要求，切实有效地积累知识产权数量、提升知识产权质量和萃取知识产权价值，通过构建知识产权优势参与甚至引领全球新兴商业生态发展，并在这一过程中获得可持续竞争优势，是中国已有的"在位"企业和"新生代"企业需要共同面对的课题。中国企业在世界商业舞台上的角色转换，向知识产权制度和知识产权管理提出了诸多新的理论诉求，急需学界积极回应并展开正面的研究。

  受惠于近年来中国企业的创新和商业实践，中国知识产权服务行业迎来了前所未有的发展机遇。就中细软而言，以 2002 年创立的中华商标超市网为起点，中细软现已发展成为中国领先的大型综合性知识产权科技服务云平台，致力于为中国创新提供系统解决方案和信息服务，即借助互联网技术、云计算技术、人工智能技术等手段，为企业、科研机构、大学、个人的知识产权创造、运用、保护提供高质量的系统解决方案。截至

2015 年 12 月 31 日，中细软拥有专业知识产权服务人员 1200 余人，全年营业收入超过 3 亿元人民币。公司总部位于北京市房山区中细软科技产业园，在美国圣地亚哥，我国成都、洛阳、天津和深圳等地拥有子公司。反躬自思，中细软的成长和发展，离不开国内外优秀学者的鼎力相助。早在 2004 年，中华商标超市网的优化设计和改版就得到电子科技大学老师们的大力支持；2006 年，中华商标超市网第三次改版上线，业务量大幅提升。2010 年 1 月，中细软开发的知识产权管理软件正式面世；同年 6 月，中华专利超市网正式上线。2013 年，中细软闲置商标盘活量已经连续十年居全国第一。

在公司持续发展的同时，管理层一直在思考如何以实际行动回馈中国知识产权管理理论研究和人才培养。机缘巧合，2014 年 12 月，电子科技大学中细软知识产权管理研究中心成立。今年年初，研究中心学术委员会与科学出版社共同策划"知识产权管理研究丛书"，得到了知识产权法学界和经济管理学界诸位前辈和老师的大力支持，刘春田教授、朱雪忠教授、陈向东教授、范晓波教授、顾新教授、黄灿教授、李雨峰教授、童文锋教授、王岩教授、银路教授、曾磊研究员、张米尔教授、朱谢群教授等欣然应允出任丛书编委会委员，从著作选题到审稿都作出积极的卓越贡献。借此机会谨向电子科技大学中细软知识产权管理研究中心学术委员会和丛书编委会各位学者表达深深的谢意！

立身以立学为先，立学以读书为本。衷心希望科学出版社陆续出版的"知识产权管理研究丛书"能够有助于各行业人士加深对知识产权管理的理解，为中国富强崛起、企业辉煌超越共谋前程！

孔军民

北京中细软网络科技有限公司创始人、董事长

2016 年秋日

前　言

在知识经济与全球化的宏大背景下，知识产权已成为全球各国推动持续创新、调控现代市场与产业竞争格局、构建以技术贸易为代表的国际贸易规则和对话体系的重要制度性杠杆。在当前及未来一段时期内，中国所倡导并秉持的创新驱动发展理念和知识产权强国建设目标方略，代表了国家创新发展的战略指针，体现了对创新主体主动适应、积极营造并大力推动健全的现代市场环境的时代要求，同时也是全社会促进知识要素和产权价值向现实生产力转化的行动指南。对知识产权信息的利用、制度的完善与价值的驱动正是以解决科技经济运行体系中的实际问题、实现全面创新发展的必由之路。知识产权作为一门融合技术、管理和法律的跨界交叉学科，在知识经济时代具有其独特的学术研究魅丽与理论凝聚价值。因此，对知识产权问题的研究、探索与归纳，若能建立在特定的产业和技术管理现实语境下，运用管理学研究的理论与方法工具并适当融合法学的思维与视角，则会"擦出别样的火花"，这是本书所致力于达到的"玄妙境界"。

新兴技术视野下的知识产权管理问题是近年来的一个热点研究领域，受到学术界、知识产权实务界和政府科技管理界的广泛关注。新兴技术发展中的知识产权议题，其特殊价值首先来源于新兴技术相对于传统技术在技术属性、商业模式、价值创造、管理方式、社会影响等方面带来的新变革与新影响；其次在于新兴技术发展对制度环境尤其是知识产权制度与政策供给提出了新的要求，传统的以专利制度与政策为代表的知识产权制度的功能能否适应新兴技术创新与产业发展的特异性并随之进行有效的调整，这一问题有待来自学术研究的回应；第三，正如刘春田教授指出的，"人类经济增长的源泉均来自知识的重大突破，包括技术革命和制度创新。主要依靠技术与制度创新作为经济增长手段的'创新驱动发展'模式，已经成为人类迄今为止最高层级的经济发展形态"。解决技术创新与制度创新的互动共生关系问题在新兴技术为主导的时代显得更为迫切，以3D打印为代表的新兴技术与知识产权制度尤其是专利制度的相互适应、共生演进与协同发展问题既是社会科学议题中的难点，也是创新与管理主体科学决策的重点。以上三个方面基本概括了本书力求涉足的"梦幻花园"。

3D打印作为一项战略性新兴技术，被我国制造业产业界和技术管理学术界寄予推动"中国制造2025"和制造业转型升级的厚望，其专利技术产业化问题也备受关注，知识产权管理及其战略如何在3D打印等新兴技术的产业化过程中扮演更为积极的角色，这是本书探讨的一个主要问题。在新兴技术管理与知识产权制度变革背景下，3D打印专利技术产业化问题具有其特殊的研究价值，挖掘中国3D打印专利技术产业化的机会与障碍并提出有效驱动策略，推动3D打印专利技术的产业化是本书的主要研究目标。本书的视角有如下四个方面的显著特点：

（1）本书将专利情报与技术产业化相结合。基于技术创新模式、产业创新系统和技术产业化评价的理论，运用系统分析、文献分析和案例分析的方法，构建了技术创新与制度创新双重视角下专利技术产业化机会与障碍研究的"SFERI五构件"分析维度和"BTP三构件"理论维度，即分别为"战略性S——功能性F——外部性E——区域性R——制度性I"和"商业模式B——技术发展T——专利制度P"，提炼了3D打印专利技术产业化在商业模式即战略性层面上的模式选择以及机会与障碍因素，拓展了专利技术产业化及其评价的相关理论。

（2）本书将理论研究与实证研究相结合。论述了专利情报分析、专利功能属性、产业专利属性、专利技术知识基础在技术产业化机会与障碍挖掘和分析上的作用机制，提出上述四方面是专利技术产业化技术性机会与障碍量化研究的四个关键维度。通过对专利统计分析、计量分析、文本挖掘、产业测量、技术评价、模糊综合决策等方法的综合运用，对中国3D打印专利和产业进行了实证研究，概括总结了存在于专利技术性层面的潜在产业化机会与障碍因素。

（3）本书将案例描述与理论升华相结合。本书中的案例涉及华科三维公司、3D生物打印的专利前沿动态、面向知识产权管理的专利价值评估方法简介以及惠普的3D打印技术创新之路，案例分析的重要功能在于通过对案例的生动描述和概括总结，提炼有价值的并能够指导实践的理论。本书通过华科三维公司的3D打印技术发展与专利管理案例分析，归纳总结了以发明人为主体3D打印专利技术产业化中的知识扩散路径，提出了符合产业创新系统理论内涵的我国3D打印专利技术产业化机会与障碍分析框架，并将这一框架作为本书的结构引领贯穿始终；对3D生物打印专利前沿动态的分析，力图为读者描绘3D生物打印作为3D打印技术的前沿分支的专利发展图景与直观认知；面向知识产权管理的专利价值评估方法简介部分则侧重于提供一种具有可操作性的专利价值分析维度，为产业界和学术界在专利价值评估实践领域的争鸣创造"样靶"；惠普的3D打印技术创新之路案例讲述了惠普从2D打印到3D打印的颠覆性转型升级路径以及与知识产权战略的协同配合，从企业管理实践的角度强化对知识产权管理理论的描述与理论升华。

（4）本书将技术创新与制度创新相结合。综合战略性、技术性和制度性三方面的研究发现和相关结论，提出了面向上述三方面机会与障碍的驱动策略。在3D打印专利技术产业化的制度性机会与障碍研究部分，本书基于知识产权法一般经济学的价格需求模型，提出3D打印专利技术产业化初期的专利强保护原则。围绕潜在影响中国3D专利技术产业化的制度性因素即专利直接侵权、间接侵权、新的专利客体和职务发明制度进行前瞻性分析并提出相应的立法建议。综合运用SWOT量化评价法、调查问卷法和ROCCIPI模型，绘制了中国3D打印专利技术产业化战略决策四边形，建议我国应采取以机会主导的偏向保守的调整型技术产业化战略，稳步推进3D打印专利技术产业化的战略性和技术性驱动。同时从3D打印产业科技政策的规则、机会、能力、沟通、利益、过程、观念七方面出发，提出制度性驱动建议，最终实现我国3D打印产业的技术创新和制度创新双向耦合、协同驱动。概括而言，本书在技术创新与制度创新融合研究方面，深化了专利技术产业化战略作为专利战略重要组成部分的内涵，通过国际比较，对我国专利技术产业化主体机构建设提出了建议，丰富了面向技术产业化的专利创新生态系统理论。

"学然后之不足，知不足，然后能自反也"，收笔之余，深感知识产权学科的博大精深以及其对技术、管理与法律跨学科交叉融合的学术美感。畅游其间，自比蜉蝣之于宇宙，上下求索，方觉知识产权学科魅丽无穷。本书得以如期完成要特别感谢国内知识产权管理与3D打印技术研究专家，华中科技大学管理学院余翔教授、材料学院史玉升教授、机械学院毛宽民教授、机械学院周钢教授、管理学院袁晓东教授、法学院焦洪涛教授等专家提出宝贵的意见和建议，华中科技大学博士研究生张栋、何微也参与了本书第七、八章中部分内容的撰写。具有丰富工业级3D打印大型企业管理与行业经验的华科三维公司、英国雷尼绍应用创新公司、武汉滨湖机电有限公司、德国EOS公司、中国中车集团的企业高管与技术人员，以及从事桌面级3D打印设备开发与服务的武汉易制科技有限公司、武汉贝恩三维科技有限公司、武汉喻光科技有限公司对本书在产业调研、问卷调查等方面也给予了鼎力相助。

本书能够顺利出版得益于中细软知识产权管理研究出版基金的资助，并将本书纳入该基金资助的"知识产权管理研究丛书"。感谢电子科技大学肖延高教授对本书出版的大力支持与无私帮助，肖教授作为学界前辈对我的引领值得终生铭记。感谢科学出版社领导和每一位工作人员的厚爱与关心。感谢"知识产权管理研究丛书"编委会委员们的辛勤付出，将拙作列入丛书出版计划，使得本书能够与读者见面！真诚期冀本书的研究内容能够有助于推动中国的知识产权管理理论探索以及3D打印的技术研发与产业实践。

书中难免一些纰漏和不足，还望学界前辈、产业界朋友和广大读者海涵。

刘　鑫

于西南交通大学扬华斋

2017 年 8 月

目　　录

第一章　绪　　论

1.1　背景意义与研究目的

人类的发展历程伴随着文明程度的提高、生产力水平的发展、技术的进步以及社会福祉的提升，而一切归根结底在于将创新付诸应用与实践。如美国前总统林肯所说，"专利制度就是给天才之火浇上利益之油"。如果专利制度仅仅实现了保护权利人利益不受侵犯，那么这种制度不但可能会因其本身潜在的文字逻辑困境无法有效实施，而且会因与垄断的模糊边界而失去道义支持，更失去了其对人类社会施加更为深远影响的可能(郑成思，2001)。专利制度只有通过鼓励发明创造的应用与实施，促进专利向产业的转移转化，才能促进技术进步和经济发展。更需认识到，以 3D 打印为代表的新兴技术的产业化实施所带来的社会经济效益相比一般技术更为显著，对人类生产生活方式的影响也势必更为深远。

1)技术发展背景与意义

3D 打印作为近年来逐渐发展起来的一项新兴技术，得到了全球范围内的积极聚焦，继 3D 打印技术与互联网、绿色电力被并称为全球"第三次工业革命"三大支柱之后(杰里米，2012)，2014 年以 3D 打印为代表的绿色制造技术再一次被期许为推动"第四次工业革命"的重要力量之一(乌尔里希，2014)。美国、欧盟、日本等纷纷将 3D 打印作为未来产业发展新的增长点和关键技术加以培育，制定了"先进制造伙伴计划"和"国家制造业创新网络计划"(美国)、"Horizon 2020"专项扶持 3D 打印技术发展计划(欧盟)、《高技术战略 2020》(德国)、"工业 4.0"(德国)、"未来工厂"(日本)等推进发展 3D 打印的国家战略和具体行动措施，力争抢占未来科技和产业制高点。该技术在中国的发展也被赋予很高的期待，2013 年，中共中央政治局以实施创新驱动发展战略为主题举行集体学习，中央领导专门考察了中关村 3D 打印研发和生产企业；为推进我国的产业结构转型升级，抢抓新一轮科技革命和产业变革重大机遇，2015 年 2 月，工业和信息化部、国家发展和改革委员会及财政部联合发布《国家增材制造产业发展推进计划(2015—2016 年)》，将 3D 打印作为我国战略性新兴产业的支柱之一；2015 年 5 月，国务院印发《中国制造 2025》计划，将增材制造列为中国迎接科技革命与产业变革，推进中国建成全球制造强国的重点战略工程技术；2015 年 8 月，中共中央政治局常委、国务院总理李克强主持国务院专题讲座，讨论加快发展先进制造与 3D 打印；在 2016 年 8 月国务院印发的《"十三五"国家科技创新规划》中将 3D 打印列入"体现国家战略意图的重大科技项目"、重点发展的"智能绿色服务制造技术"和"引领产业变革的颠覆性技术"。从专利层面看，欧洲专利局(EPO)和美国专利商标局(USPTO)为了应对 3D 打印专利技术的快速发展，还针对 3D 打印制定了专属于该技术的合作专利分类(CPC)B33Y，预示专利保护在该技术的发展与产业化进程中将会发挥更加重要的作用。

3D 打印将带来材料、能源和温室气体排放方面的革命，正如同蒸汽机之于第一次工业革命和信息技术之于第二次工业革命。有学者指出，截至 2025 年，3D 打印降低成本的潜力达到 1700 亿~5930 亿美元，主要能源供应可降低 2.54~9.30EJ，CO_2 排放可减少 130.5~525.5Mt，3D 打印最大可降低工业制造 CO_2 排放量的 5%，若 3D 打印实现大规模产业化，那么其减排潜力还将进一步增加。尽管我国 3D 打印技术与世界先进水平基本同步，但技术的产业化仍处于起步阶段，与先进国家相比存在较大差距，尚未形成完整的产业创新体系，离大规模产业化、工程化应用还有一定距离(国家增材制造产业发展推进计划，2015)。据初步统计(统计时间截至 2015 年 12 月 15 日)，我国 31 个省区市(除港澳台)中，已有 4 个省区市出台了 3D 打印产业专项推进扶持政策，15 个省区市已规划建设 3D 打印产业园区，为了避免过度投资造成浪费，同时合理规划产业发展的时机、规模和路径，对该技术实现产业化中的机会与障碍问题的研究与分析恰逢其时。

我国自 1997 年航空科学基金将该技术首次设立为重点项目后，863 计划、972 计划、国家自然科学基金重点项目等也开始对该技术的研发立项支持。目前，西安交通大学、清华大学、华中科技大学、华南理工大学、北京隆源自动成型系统有限公司、湖南华曙高科技有限责任公司、武汉滨湖机电等高校、研究机构及相关企业均已开展 3D 打印技术的研发和生产。对中国而言，3D 打印产业虽发展迅速，但由于 3D 打印是一项复合型技术，涉及多方面的科学知识和技术领域，技术发展面临一系列瓶颈。特别是目前中国的 3D 打印企业仍处于发展的初级阶段，产业整合度低，技术和产业链条尚不完整，技术研发、技术管理和产业化推广应用还处于无序状态，亟待政府和产业层面的宏观规划和引导。

2)政策环境背景与意义

2015 年出台的新修订的《中华人民共和国促进科技成果转化法》，为科技成果的转化实施进一步扫清了障碍，各级地方政府和专利行政部门也出台了许多促进和引导科技成果尤其是专利成果实现转移、应用、实施、产业化的具体政策措施。当前，中国正处在建设创新型国家的征程上，以创新驱动发展，促进产业结构优化升级，是实现国家改革创新的必经之路。以 2014 年为例，中国国家知识产权局共受理发明专利申请 92.8 万件，连续 4 年位居世界第一；然而调查数据显示，在"专利数量"大国的光环之下，我国的专利实施率为 57.9%，高校专利实施率则仅有 9.9%，而用于生产产品并投放市场的专利占有效专利比率的 42.9%，在高校这一比率仅为 1.7%(国家知识产权局，2016)，"为了专利而专利"现象的后果是大量"沉睡专利"和研发、创新、管理资源的浪费。造成这种现象的原因是多方面的，专利未能有效实施和产业化，首先可能是因为专利本身质量不高，即不具备产业化价值；其次是因为产业环境不健全，不同产业的竞争格局、组织模式、技术发展态势等存在很大差异，现有的技术基础水平、政策环境不足以构成动态可持续的产业创新系统。此外，连接这些因素的一个要素，则是法律政策机制的建立，如果不能理清专利技术产业化的影响机制并突破机制障碍，实现专利与产业的有效对接与产业知识产权管理水平升级，促进专利技术的产业化尤其是新兴的专利技术产业化仍将是一个难题。

3)研究目的

中国制造 2025，是中国实施制造强国战略第一个十年的行动纲领，由"智能数字化制造"带来的第三次工业革命正在迫近，这对中国而言既是机遇又是挑战。《中国制造 2025》纲领指出，通过"三步走"实现制造强国的战略目标：第一步，到 2025 年迈入制造强国行列；第二步，到 2035 年中国制造业整体达到世界制造强国阵营中等水平；第三步，到新中国成立一百年之时，综合实力进入世界制造强国前列。中国制造 2025 还提出了制造强国战略的五大工程，即制造业创新中心建设工程、智能制造工程、工业强基工程、绿色制造工程、高端装备创新工程，3D 打印作为一种先进的制造技术，变减材为增材的制造流程颠覆，恰恰体现了一个"智"字和一个"绿"字，技术中蕴藏的深层次内涵具有改变传统工业格局和大规模粗放式生产方式的巨大潜力，可能极大地降低制造业工厂建设的投资标准和基本要求，引发新一轮中小企业扩张的热潮。中国能否在新一轮制造业革命浪潮中实现引领抑或是继续跟随，很大程度上取决于我们对先进制造技术创新和产业化动向的准确把脉。

中国制造业要实现引领，一方面要坚持自主创新，实现对创新成果的知识产权化保护；另一方面还须加强先进制造业的全球化进程，开展国际比较与跟踪预警，在全球范围内参与市场竞争和科技整合，找准自身定位。3D 打印技术与产业作为本书的研究对象，将为我国在先进制造领域实现引领打开突破口，这也是开展技术产业化研究，寻找助力我国摆脱制造业处于全球制造业产业链底端尴尬局面的技术创新与制度创新双重突破路径。专利是技术创新的重要产出形式，产业是技术创新的组织形式，本书选取 3D 打印专利技术作为研究样本，从技术创新与制度创新融合的视角对 3D 打印专利技术产业化问题进行研究，分析、提炼并评价影响中国 3D 打印专利技术产业化的机会与障碍因素，对专利与产业、技术与制度的协同发展和创新具有现实的指导作用。专利与产业是两个相对独立的概念，但在专利技术产业化的过程中两者又是"你中有我，我中有你"、紧密联系的(甘绍宁，2013)，本书将专利与产业两个概念进行关联性分析，探索性地挖掘中国 3D 打印专利技术产业化的机会与障碍，为引导我国专利技术的研发产出与技术创新、促进产业组织自身与专利制度的相互适应与融合、制定合理科学的专利技术产业化策略、完善 3D 打印产业创新系统提供建议，促进我国在创新驱动发展和大众创业、万众创新战略背景下的以 3D 打印为代表的新兴专利技术向产业的转化实施，丰富面向技术产业化的知识产权管理理论与实践。

1.2 相关概念的说明和界定

"科学"与"科技"两个概念的接轨源于 1620 年培根(Francis Bacon)发表的《新工具》(The New Instrument)一书，书中首次提出"知识就是力量"(尤瓦尔，2014)。一般来说，科学是人类所积累的关于自然、社会、思维的知识体系，科学在刚刚形成体系规范之初，只是人类"反求诸己"和探索周遭的单纯、封闭的动机。随着社会经济的发展和科技革命的不断发展，科学与技术的结合促使科学帮助人类做出新的东西，并提供新的工具，这便是科技。"知识就是力量"的一个重要原因就在于知识、技术、创新、产业循序渐进式的演进发展，推动人类社会的进步与繁荣离不开知识创造，更离不开技术创新。

1）技术的界定

从哲学角度讲，古希腊哲学家亚里士多德认为技术是与人们的实践活动相联系并在活动中体现出来的技能。从词义角度讲，我国《辞海》将技术定义为是"根据生产实践经验和自然科学原理而发展成的各种工艺、操作方法和技能，相应的生产工具和其他物资设备，以及生产的工艺过程或作业程序、方法"。从生产角度讲，Erdilaek 和 Rapopor (1985)指出技术是关于产品或生产产品的知识，包括使用某个产品或生产技术的技巧，技术与生产两者之间密不可分，技术是方法和工具，生产是结果和目的。从专利角度讲，Helleiner(1975)认为技术不但包括可法律化的专利、商标等知识产权，也包括未经法律化的、存在于劳动和商品中的知识形式；专利作为一种经法律程序认定的技术形式在某种程度上揭示着技术的发展态势和细节特征，也预示着技术的趋势和前沿(Woo et al.，2015)；然而这并不是技术的全部，Teece 指出，以技术诀窍(know-how)和商业方法为代表的技术内容占据了"海面之下的冰山"，这些隐性知识也属于技术(Teece，1986)。概括来说，宏观上，技术是科学知识的应用；微观上，技术是生产手段的综合。专利是描述特定技术方案的法律文本，专利视角下的技术则是指解决技术问题的技术方案。为了便于基于专利情报对产业进行实证研究，在本书中，"专利技术"是对处于申请和确权状态的专利法律文本的统称。

首先，技术既蕴含在产品中，也蕴含在推出新产品、新服务的流程和方法中；其次，技术是一个动态的概念，即通过从科学和实验中获得实践结果，进而利用这些经验结果获取新的知识、应用效果和实践成功；最后，当技术与创新相联系时，技术可以成为商品，商品通过交换价值的实现为商业和产业的形成提供基础。因此，对于技术的综合界定和评价就可以从以下七个方面去实现：①功能效果的实现程度，这关系到技术的本质属性(Park et al.，2013b)；②技术获取的成本考量，这是技术实施和商品化的关键影响因素(Padula et al.，2015)；③技术学习和使用难易度，这决定了技术的普世和推广难度(Luo et al.，2014)；④技术使用的成本考量，在技术获取之后，技术使用的成本将影响技术的生命周期和可替代性(Laplume et al.，2014)；⑤技术的可靠性，亦可称为稳定性，这是技术是否适于商用的一个重要标准(Tongur et al.，2014)；⑥技术的使用范围，就是指一项技术有无在多个产业领域使用的潜力和可能(Park et al.，2012)；⑦技术的兼容性，也就是一项技术要素与其他技术要素之间的协同配合程度，它亦决定了技术的使用范围和受众的接受程度(Braunstein et al.，1985)。

本书对技术的界定实则建立了对 3D 打印进行定义的基础。对 3D 打印的定义沿用相关文献中对其的描述，即 3D 打印技术全称三维打印技术，又称增材制造技术，是一种新型的快速成型技术，它以数字模型设计文件为基础，运用粉末状金属、树脂或塑料等可黏合材料，通过逐层添加打印的方式来构造物体的技术，变传统的减材加工为增材加工，颠覆了传统制造业的加工理念和运行模式，尤其在近年来取得快速发展并得到学术和产业界的热切关注。3D 打印基本符合了 Rotolo 等(2015)对新兴技术具备的本质的新颖性、快速的增长性、发展的一致性、突出的冲击性以及未来的不确定性五个特征的定义，是一项有代表性的新兴技术，对其相关问题的研究对于其他新兴技术具有示范意义。

2）技术产业化的界定

产业化是指某产业以市场需求为导向，为了实现经济效益，依靠专业服务和管理，生产或提供具有使用价值的产品或效用的过程。较之于商品化和商业化而言，产业化更加强调集群式、规模化、社会化，是具有同一属性的企业或组织集群式、规模化发展的过程，它包含了知识、技术或商品的研发、扩散、渗透和标准化等多个阶段（于晓宇等，2010）。基于此，对于技术产业化而言，可以定义为将技术的相关科技成果进行商品化、规模化，实现社会经济效益和竞争优势的过程。技术的产业化是技术成果向产业应用转化、提升社会效益，而后再反向回流促进技术创新与研发，形成一个良性闭环的全流程。它是以技术的实施应用为基础、以盈利为价值取向、以规模化运作为特征的系统概念；而技术转移相对于技术产业化则是一个较短的中间过程概念，它仅描述了技术相关权属（如使用权）的转移和流动，并未强调技术发展的规模化效应。专利技术产业化则是通过专利技术的创新、扩散、转化，与传统技术相互渗透融合，使得与专利技术有关的产品达到一定市场容量和生产规模，最终形成一个产业的过程。综上所述，技术产业化尤其是专利技术产业化不仅包括专利的商品化环节，还包括商品的社会化环节。从另一个角度讲，技术产业化又可分为直接产业化（自行产业化实施）和间接产业化（许可证贸易等），所谓直接产业化就是技术创新主体对技术成果的直接自行实施行为，间接产业化则是指技术创新主体通过转让、许可、质押、信托、资本化融资、诉讼等形式对技术的间接实施行为，与直接产业化有着不同的研究路径。鉴于研究对象3D打印是一项具体的技术，且由于该技术自身具备便于由发明人自行实施产业化特殊性，与技术本身因素关联性强，因此将研究范畴限定为技术的直接产业化。本书中所针对的3D打印专利直接技术产业化研究，将从商业模式、技术发展和产业环境三个要素层面进行考量，最大限度地涵盖技术直接产业化的全过程影响因素。

3）专利技术产业化机会与障碍的界定

专利技术产业化既是一个过程化概念，又是一个要素化概念。商业模式、技术发展和产业环境共同构成了专利技术产业化分析评价的基本要素（Morricone et al.，2010）。而机会与障碍分析则是对这些要素如何影响专利技术产业化的预测性分析。机会与障碍是一对共生的概念，机会代表着潜在的发展可能与有利情况（Scherer，1965）；障碍则与之相对应，是制约发展的不利情况和风险的集合。在SWOT情境下，将专利技术产业化机会界定为SWOT战略决策模型中内部优势（S）与外部机会（O）的集合，障碍则是SWOT中内部劣势（W）与外部挑战（T）的集合。

本书实现了对专利技术产业化的机会与障碍的界定，进一步将商业模式、技术发展和产业环境三个要素层面分解细化为战略性、功能性、外部性、区域性和制度性五个分析维度。①商业模式即战略性维度，是3D打印制造模式实现市场化运作的决定性因素，而技术产业化又离不开技术能力的支撑（Teece，2014），3D打印的市场空间、产业组织形式、盈利模式、要素创新、内容创造和对传统制造业商业模式变革等问题是技术产业化研究的关键起点；②技术发展包含功能性、外部性和区域性维度，是 3D 打印技术产业化的基础，而专利技术是对产业化技术进行量化跟踪研究的最好途径之一（Li et al.，2014），技术与产业多维度分析可以为技术产业化的机会与障碍提供量化指标；③制度性因素是影响技术产业化的商业模式与技术之外的其他因素，也可以称作产业的外部生态系统，包含法律环境、政策扶持、要素供给等（李晓华等，2013），本书将制度性的研究重点聚焦于目前矛盾最为突出、潜在影响最大的 3D 打印专利制度体系上。

1.3   本书的研究思路与研究方法

1.3.1   研究思路

本书结合当前全球范围内 3D 打印技术及其产业化的快速发展以及我国对于 3D 打印技术这项战略型新兴技术高度重视的现实视角，基于理论与案例的凝练，建立对我国 3D 打印专利技术产业化的机会与障碍因素的分析框架，通过战略性、技术性和制度性分析，提出促进我国 3D 打印专利技术产业化的对策与建议。

为了尽可能深入探究 3D 打印专利技术及其产业化的相关问题，本书基于案例研究提出促进专利技术产业化的"战略性—功能性—外部性—区域性—制度性"五维分析框架。在理论研究部分，从战略性角度研究了 3D 打印技术的商业模式中潜在的产业化机会与障碍，并通过案例研究构建了专利技术产业化机会与障碍的技术性和制度性的两条分析路径，技术性机会与障碍的理论溯源包含了来自专利情报在技术产业化中的分析机制、技术功能属性、产业专利属性、知识基础属性对技术产业化研究的理论启示。制度性机会与障碍则从专利制度维度分析制度创新对技术产业化的潜在影响力。

鉴于 3D 打印技术可实现"实验室工厂"的特殊属性，其由发明人自行产业化实施的门槛相对较低，本书将产业化范畴限定为专利技术的直接产业化（不含专利许可、转让、作价投资等间接产业化）。在实证研究部分，基于专利情报分析的方法，对 3D 打印专利技术产业化的技术性机会与障碍的理论溯源进行实证分析，进行了技术成长与产业态势分析、技术功能分析、产业专利属性分析和技术知识基础分析。其中，技术成长与产业态势分析重在研究分析技术的国际发展态势和最新进展；技术功能分析聚焦关键技术，通过专利文本挖掘的方法促进面向技术使用价值的专利创造；产业专利属性分析强调对产业的专利属性的测度研究，刻画我国产业化成果的专利属性和产业的技术融合；技术知识基础分析则从区域与技术工艺两方面量化评价了我国实现产业化所需的知识积累。力图基于专利情报的相关理论实现对 3D 打印专利技术产业化的多维测量，有益地支撑和延伸理论分析的结论。

最后，总结概括我国 3D 打印专利技术产业化的机会和障碍因素，基于研究与现实的双重视角提出驱动我国 3D 打印专利技术产业化的对策和建议。具体技术路线如图 1-1 所示。

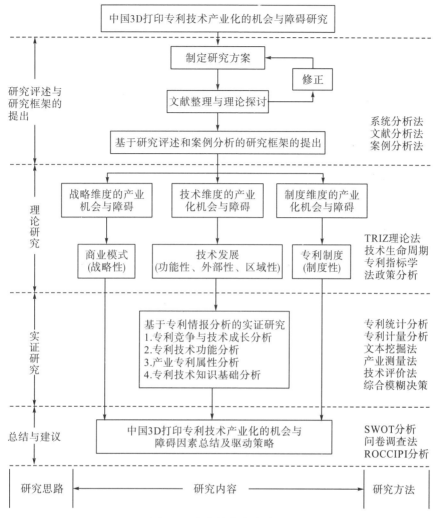

图 1-1　本书的技术路线图

1.3.2　研究方法

本书涉及技术产业化、文献情报学以及法学的相关理论，除了用到上述领域的一般性研究方法之外，主要还综合运用如下的研究方法。

（1）规范分析法。本书在对 3D 打印的技术产业化路径进行分析时，采用了规范性分析法对其相关的技术创新理论进行溯源，理清 3D 打印技术创新路径的具体表现，为探索其产业化运营的模式和商业范式、合理引导其在中国的产业化提供理论基础。同时结合成熟的理论模型分析方法（如 SWOT 模型和 ROCCIPI 模型等），结合专家咨询等具体手段提出制度性建议。

（2）系统分析法。本书将该方法应用到专利技术产业化机会与障碍的探索性分析中，从专利技术实现产业化的全流程出发，对专利视角下影响技术产业化的因素进行分解，即战略性、功能性、外部性、区域性、制度性，系统归纳了商业模式、专利使用价值、产业专利属性、技术知识基础和相关政策环境对专利技术产业化的作用机制，站在系统论的视角为后续的实证研究提供理论逻辑铺垫。

（3）案例分析法。作为一项有代表性的颠覆性技术，3D 打印技术拥有其独特的战略价值、商业模式、技术革新和产业化过程，案例研究能够形象生动地对以上问题展开研究与分析，得出直接的、有借鉴意义的启示并进行理论升华。该方法主要应用于对 3D 打印专利技术产业化的机会和障碍影响因素的提出和理论分析两部分。

（4）文献计量法。作为专利实证分析的一种主要技术手段，文献计量法在本书的实证部分涵盖了基本的专利分析、专利文本挖掘、专利指标计量学、专利地图的制作和应用，其定量研究的结果客观刻画了专利技术产业化的机会与障碍因素，对于产业化政策的制定起到直观的指导作用。

1.4 本书的主要创新点

专利技术产业化理论是促进科技成果转化、加快专利向产业领域转移、实现创新成果有效利用的基础性理论，而专利分析、案例研究、法律政策分析又是新兴技术管理研究的重要工具。将专利技术产业化理论应用到 3D 打印这一特定的技术领域开展研究，符合当前我国在新兴技术发展上的现实需求。本书在 3D 打印专利技术产业化的理论和研究框架、特定技术情境下的技术创新与产业化路径、专利文本与指标分析评价方法在技术产业化机会与障碍识别研究中的作用、技术与法律综合研究等方面做了一些创新性的探索。

（1）创新点一：凝练提出基于专利的技术产业化机会与障碍的定义、分析维度与研究框架。基于产业创新系统理论和案例研究构建了面向"战略性、功能性、外部性、区域性、制度性"的 SFERI 五构件分析维度及其浓缩具化后的"商业模式、技术发展、专利制度"BTP 三构件研究框架，依此提炼专利技术产业化的系统分析与驱动框架。

（2）创新点二：提出基于专利的 3D 打印产业化路径形成机理和分析机制，通过实证研究将专利竞争情报和知识图谱理论综合应用于产业技术成长的多维国际比较。提出符合我国国情和 3D 打印技术特征的产业化路径，为 3D 打印专利技术的产业布局和突围提供理论和实证支撑。

（3）创新点三：运用多种专利信息分析理论和方法，首次构建且运用基于文本挖掘的专利功能分析法，实现专利分析与产业分析相融合。明确、优化产业专利属性和专利技术知识基础的定义和测量，提出有创新性的指标设计与产业化评价方法，并应用于识别、挖掘中国 3D 打印专利技术产业化的机会与障碍。

（4）创新点四：探索 3D 打印专利技术产业化的知识产权法律政策风险并提出对策建议，建立 3D 打印技术创新与制度创新双向耦合模型。首次将 SWOT 模型和 ROCCIPI 模型应用于专利技术产业化战略研究，综合提炼并量化评价影响 3D 打印专利技术产业化的战略性、技术性和制度性三构件因素，构建了面向新兴专利技术产业化的专利结构生态理论。

1.5 基本框架介绍

本书围绕中国 3D 打印专利技术产业化机会与障碍及其驱动策略这个核心问题，设计了如下基本框架与主要内容：第一章论述了本书的研究背景、意义与目的，界定了相关概念，并在介绍研究思路与方法的基础上提炼了主要创新点。第二章围绕相关基础理论与文献进行了回顾与综述。第三章从商业模式与案例分析的视角提出了来自商业模式维度的产业化机会与障碍以及 3D 打印专利技术产业化机会与障碍研究的"五构件"分析维度和"三构件"理论维度。第四章从专利情报视角出发，提出了专利情报分析在专利技术产业化机会与障碍研究中的实现机理与作用机制。第五章是对第四章相关理论的实证研究，通过专利情报分析、专利功能分析、产业专利属性测量、专利技术知识基础分析等手段，挖掘中国 3D 专利技术产业化的技术性机会与障碍因素。第六章分析了影响中国 3D 打印专利技术产业化的制度性因素，并与前述章节论述的战略性、技术性因素相呼应。第七章面向影响 3D 打印专利技术产业化的战略性、技术性、制度性机会与障碍提出驱动策略。第八章阐论了一些 3D 打印相关的知识产权管理与技术产业化典型案例，用以丰富实践。第九章对本书进行了总结和展望。

第二章　3D 打印专利技术产业化问题的
理论与现状

本书涉及技术创新模式与技术产业化、产业创新系统、专利技术产业化评价以及针对 3D 打印这一特定技术情境的技术与法律议题。通过梳理国内外学者在上述领域的已有研究，有助于从理论与工具层面启发对中国 3D 打印专利技术产业化机会与障碍的研究，并将这一研究作为我国现阶段战略性新兴技术与产业研究的参考思路之一。接下来将对国内外相关领域的研究进展进行归纳和梳理。

2.1　3D 打印技术产业化及其影响

2.1.1　3D 打印技术发展及其产业化

3D 打印又名"增材制造"，顾名思义就是采用分层叠加与材料逐层堆积的方式制造产品。该制造的产生与定义始于 1972 年 Ciraud 利用能量束对可熔材料进行分层塑型构造；在 1997 年由世界技术评价中心出版的报告中，Beaman 指出日本人 Hideo Kodama 于 1981 年第一个制造出了具有功能性的分层叠加制造系统，3M 公司的 Alan Herbert 紧接着在 1982 年发展了这一技术；1986 年，Chuck Hull 发明了立体光刻(stereolithography) 3D 打印技术并申请专利，成为 3D 打印领域最早的专利技术(Hatch，2014)。但在接下来的 20 年左右，由于技术使用成本昂贵，3D 打印技术一直停留在研究机构和大型企业的实验室中，未走向产业化应用。

随着技术的不断发展以及传统制造技术不能完全满足产业需求的现实，3D 打印逐步走入市场与用户的视野。不少研究发现，3D 打印可降低生产制造的投入和产出，具有体量小、客户化定制、产品高价值的特点，例如航空航天、医疗零件等，同时也降低了整个生产制造过程中能源的消耗、资源的需求和 CO_2 的排放，还将引起劳动力结构的变化并导致供应链的数字化和本土化(Edenhofer et al.，2014)。这就引发我们去探索一条降低单位 GDP 能耗、防治气候变化、保护生态环境的工业化之路，而 3D 打印就具有实现这些目标的潜力。2013 年全球 3D 打印市场规模约为 40 亿美元，相比 2012 年翻了一番，其中美国约占 15 亿美元，中国约占 3 亿美元。预计到 2017 年 3D 打印设备销售额将接近 60 亿美元，而中国的市场规模也将突破 16 亿美元(Wohlers，2013)。全球 3D 打印市场规模则将于 2025 年达到 2300 亿~5500 亿美元。其中，3D 打印个人消费品市场规模占 1000 亿~3000 亿美元，直接制造的医疗用品和交通工具市场规模为 1000 亿~2000 亿美元，工具和模具制造则占 300 亿~500 亿美元(Wohlers，2013)。

与传统"减材"制造技术相反，3D 打印是一个"增材"制造的过程，通过以 CAD 设计文件为蓝本进行逐层添加制造。这一技术起源于 20 世纪 80 年代，伴随着计算机与控制系统的发展，并由于其工艺过程与制造业的可兼容性，在近年来引起制造业极大关注。3D打印技术目前有十多种主要工艺过程，可基于打印材料的物理状态分为液态、固态和粉末三种工艺，亦可基于分子层面融化物质的方式，分为热的、UV光、激光和电子束四种。目前最为常见的技术包括选择性激光烧结（selective laster sintering，SLS）、直接金属激光烧结（direct metal laser sintering，DMLS）、熔融沉积式（fused deposition modeling，FDM）、立体平版印刷（stereo lighography appearance，SLA）、数字光处理（digital light processing，DLP）、熔丝制造（fused filament fabrication，FFF）、融化压模式（melted and extrusion modeing，MEM）、选择性热烧结（selective heat sintering，SHS）、电子束自由成形制造（electron beam freeform fabrication，EBF）、分层实体制造（laminated object manufacture，LOM）、粉末层喷头3D打印（powder bed and inkjet head，PP）等（Liu et al.，2015）。根据产业化市场、用户、产品尺寸和用途，其又可分为工业级3D打印和桌面级3D打印，其特点在于工业级3D打印与传统制造业的融合和替代作用明显，具有助推制造业升级的潜力和战略意义，其技术性和战略性意义较大；而桌面级3D打印主要以生产具有工业美感的小尺寸物品为主，其对众创和互联网开源社区的潜在影响突出，其与知识产权等制度要素的关联性较大（Bechtold，2015）。

总结而言，对3D打印的研究主要可概括为三个方面：①打印技术，可理解为技术研发与创新；②内容创造，即商业模式与经济业态；③生态系统，包含3D打印所引发的法律、制度、伦理和政策问题。从专利情报视角对3D打印的研究主要涵盖技术竞争态势、技术热点与空白、技术主题（刘红光等，2013；吴菲菲等，2015）等，而对产业层面、专利与产业的关联性分析以及工业级与桌面级区别性分析的研究则较少，加之3D打印作为战略性新兴技术，以引导和促进专利技术产业化为目的技术性与制度性综合分析对于理清产业格局、促进专利产业化实现具有一定理论和现实意义。

2.1.2 3D打印的商业模式与专利制度的关联

技术进步对人类社会的影响是全方位的，作为一项战略性新兴技术，未来3D打印将带来以下几方面的突破：①被用于制造更加复杂的几何结构；②通过网络平台的用户参与；③供应链的数字化和本地化重构（Anderson，2012）。作为一次"新工业革命"，3D打印的设计蓝图将被互联网加速传播，将带来个人化和本土化制造的普及，有学者将3D打印比作社会变迁的重要组成部分，它实现了将数据变成实物，又将实物变成数据，以此为知识经济做贡献（Gershenfeld，2012）。在对知识经济的影响方面，在3D打印时代，制造变得更加分散而信息变得更无边界，由此将重新定义社会经济活动的新边界（Gershenfeld，2012）。

国外学者对3D打印的商业模式作了一些研究探索，Rayna等（2015）围绕价值主张、价值创造、价值获取、价值交流、价值传递五个方面对3D打印的商业模式创新进行了系统论述；West等（2016）依托开放式创新理论，对MakerBot和Thingiverse两大3D打印网络平台经营案例进行挖掘，理论性地探讨了3D打印的开放式创新模式及其对在线营销的现实影响；Rayna等（2015）分析了3D打印的协作创造与用户创新模式，归纳提出了3D打印的大规模定制商业模式及其创新。国内学者在本领域的研究还较为鲜见，具体到技术产业化层面的研究则未见。

　　3D 打印产业化对现有专利制度的影响研究方面，Doherty(2012)提出了现有专利制度体系与技术发展的不兼容性；Brean(2013)聚焦 3D 打印技术对专利直接侵权与间接侵权制度的挑战。国内学者方面，蔡元臻(2014)和范长军等(2014)则重点研究了 3D 打印对专利间接侵权制度的挑战；郑友德等(2014)则从专利制度框架上提出了 3D 打印的法律政策思考。正是由于 3D 打印对技术发展、商业模式、专利法律等多方面存在深远的潜在影响，其在专利技术产业化方面也就势必存在较之于其他技术的特异性。

2.2　技术创新模式与技术产业化

　　技术创新模式决定了创新路径的起点选择，集成创新与离散创新、协同创新与无序创新、开放创新与封闭创新基本构成了技术创新模式的几种类别。集成创新与离散创新是相对于创新要素的整合程度而言的，集成创新强调了创新要素的整体性和关联性，离散创新则是一种传统条件下的个体创新模式。协同创新和无序创新是相对于技术创新模式的空间、时间上的有序性而言的，它的核心机理包括了知识产权的归属、知识流动、知识共享、过程管理、合作研发等。

　　技术创新模式的第三种类别就是开放创新与封闭创新的划分。Chesbrough(2006)首次提出开放式创新的概念。他认为在以互联网快速发展为象征的新的创新环境下，创新主体应打破封闭的研发环境，寻求外部资源的互补性支持，建立创新联盟、技术联盟、产业联盟，突破技术创新的原有悖论。陈劲等(2013)以中国的高技术产业为例，分析了开放式创新产业集聚与创新绩效的关系；Colombo 等(2014)对软件产业的开源合作的要素贡献度进行了研究，发现产业内部多元有效的组织行为和产业内部竞争是推动知识创新向经济利益转化的决定因素。

　　技术创新与技术产业化一个是因，一个是果，技术产业化的开启建立在一定的技术创新模式基础上。在过去半个世纪中，学界对于技术产业化，尤其是新技术产业化的研究从未中止过。Arrow(1962)从福利经济学的角度建立了发明创造与知识经济的联系，他指出发明的过程和技术市场的本质决定了发明创造的属性特征，进而影响技术资源的优化配置。这一论断影响了接下来对于技术产业化问题的研究方向，即技术与市场的关系是一种紧密且相互依存的动态关系。

　　早期的相关研究重点主要集中在对技术产业化基本理论和构念的探索上。Welch(1985)较早地指出技术贸易是技术商业化和产业化的前提，技术输出与外商投资是技术贸易的主要形式，无论对于买方还是卖方来说，只有技术流动才能创造利润；Hall(1991)从经济学模型的角度论证了技术的商用化许可与知识产权权利之间的博弈关系，技术的产业化实际上就是创新成果边际成本实现最大化的过程，如果没有市场价值的实现，技术或其他形式的创造成果就无法可持续地良性循环发展；Sabel 等(1985)将大规模生产与技术产业化建立某种概念上的联系，所谓的大规模生产，就是将许多单一目的的生产机器与非熟练劳动者结合，来生产标准化产品的过程，这就需要技术、市场、组织联盟、政策等因素的协调统一；Kogut 等(1988)指出不同区域背景和技术产业属性背景下，技术产业化的模式亦有所不同，开启了当时情境下技术产业化研究的新视野；Lerner 等(1998)则以生物技术产业为例，研究了技术产业联盟的合作方式对产业化的作用机理。从早期对技术产业化基础理论探索的研究中我们发现，技术产业化是技术创新的末端环节，受地域、技术、政策、资本等因素的综合影响，决定着技术生命和技术经营价值链的完整性和技术带来的社会福利大小，体现着技术推动社会进步的最终目标。

近几年来，对技术产业化研究主要围绕一些关键技术的成长预见、影响因素、产业结构、政策与模式等问题。Zahra 等（2002）认为，技术产业化包含了一些模式化的过程和要素，诸如技术构思的获取、知识要素的整合以及经济价值的实现，技术产业化的"多要素整合"观是现阶段大部分相关研究的基本立场；Altuntas 等（2015）聚焦电子信息产业，从技术成功度量的角度对 TFT-LCD、闪存技术、个人数字辅助技术的产业化综合潜力进行对比，使我们发现只有在特定的技术背景之下研究产业化问题，才能提出确切、有指导性的技术与产业发展建议，脱离技术本身研究产业化则难以具备足够的现实意义。

在中国情境下的相关研究也已形成体系。政策研究方面，陈昭锋（1999）认为政府行为对技术产业化的影响十分深远，例如通过政策规划，强化技术与经济增长的密切联系，组建孵化器和产业集群等行政手段助推技术产业化。产业经济方面，乌家培等（1999）研究指出当信息产业具有明显的自然垄断、规模经济、范围经济和经济差异性特征时，信息产业才能对经济增长发挥作用（乌家培等，1999）；简志宏等（2002）分析了市场不确定和技术不确定及技术创新的经济效果对技术产业化的影响；技术发展理论方面，万长松（2007）提出要区别科学技术化与技术产业化过程，把科学理论转化成技术实践的过程；卢文光等（2008）基于技术预见理论实现对技术产业化潜力的有效评估。产业化策略方面，任海英等（2013）则以新兴产业为研究对象，提出了基于系统动力学的中国混合动力汽车产业化发展的策略体系、模式与思考。

2.3 创新系统的演化与维度

创新具有闭环和集聚效应，产业又是创新活动研究的关键层面（Bell et al.，2002）。产业作为与国家、区域、组织并列的创新研究层面，由于不同产业和技术独特的成长动力和变革驱动（Carlsson et al.，1991），产业创新的研究范式相对灵活多样，产业创新系统的理论也正是在国家创新系统、区域创新系统研究范式相对明确的基础上衍生而成的。

Freeman（1987）针对日本的战后崛起，建立国家创新系统（national innovation system，NIS）理论，认为技术创新、组织创新、制度创新是推动日本战后快速成为工业化强国的支撑，进而将 NIS 定义为国家公共部门与非公共部门构成网络并相互交互，实现了新技术的创造、引进、完善和扩散的有机系统。此后，Lundvall（1992）和 Nelson（1993）又分别从国家创新系统的交互和要素层面对这一理论进行了拓展，明确了研发活动分配、重点产业、产业结构、高校、产业政策等新要素和新交互在 NIS 中的复杂作用机理。

区域创新系统（reginal innovation system，RIS）于 1992 年由 Cooke 提出，它是对 NIS 的地理特异性的发展，是指地理空间上互相连接的支持并产生创新的组织体系（Cooke，1992）。RIS 由知识应用与开发子系统和知识产生与扩散子系统两部分构成，其中前者是由工业企业、用户、合作者、竞争者、承包人等主体及其之间的网络连接组成；后者包含技术与劳动力中介、公共性研究与教育机构等主体，两个子系统间通过知识、资源和资本流通形成回路，加之对区域经济文化环境的各类外部影响，共同构成 RIS 模型框架。此后不久，政策维度又被加入到 RIS 研究框架中(Erkko，1998)。Andersson 等(2006)通过对 RIS 理论的归纳，认为产业集群在 RIS 中应处于核心位置，通过基础设施、激励、制度的合理运用构建 RIS 的内部机制；而在技术创新与产业化视角下，基础设施、激励、制度则可分别具象为技术发展、商业模式和法律政策制度，产业集群在 RIS 中的特殊地位也就引发了学界对产业创新系统的兴趣。

产业创新系统(sectoral innovation system，SIS)的定义和分析框架最早于 2002 年提出(Bell et al.，2002)。所谓产业创新系统，就是围绕具体产业而形成的产品和行为者合集及其交互。产品包含了技术、产品化的技术和技术系统，行为者包含了企业、高校、政府等各类组织，交互则包含产品之间、行为者之间以及产品与行为者之间的各种交流、竞合、交易、学习、影响、指令等。因此，根据 Malerba 对 SIS 的诠释，从技术创新的视角看，将其基本要素可凝练为产品、技术、知识、行为者、行为者对内与对外沟通机制与模式、制度六个维度。其分析框架囊括了基本技术、知识基础、组织间的交互、制度、产业系统的淘汰与多样化生成五部分构件，后来又简化为技术与知识、行为者网络和制度三部分构件。其中，技术与知识是对产业系统中的技术与知识产出、迭代、融合、扩散等活动的总括，称为技术性构件；行为者网络某种程度上预先设定了产业系统的战略运行模式，影响产业系统的技术与知识流动规则，称为组织性构件；制度作为促进或者阻碍产业系统理想功能发挥的结构要素不可忽略，称为制度性构件(Metcalfe，1995)。

国外学者对于产业创新系统的演化与维度研究建立了 SIS 的"技术−组织−制度"的三构建理论基础。我国学者对这一理论进行的引入和应用研究也较为丰富，代表性的研究可分为三类：①依托 NIS 对 SIS 的拓展，以柳卸林(2000)为代表的研究将 NIS 的模式成果借鉴到 SIS 中来，强调创新合作推动产业发展的作用；②NIS 与技术系统理论融合的 SIS 研究，其中以徐作圣(1999)的产业政策作用的研究和张治河等(2006)的产业技术系统研究最具代表性；③SIS 在不同产业的应用研究，例如胡登峰等(2010)对新能源汽车和彭勃等(2011)对大飞机产业创新系统的研究，戚汝庆(2012)将中国的光伏产业创新系统核心影响要素提炼为市场发展、技术进步和政策支持三构件，进一步验证了 SIS 理论在具有特异性的产业研究中的普世性。专利从申请授权到实现产业化，体现了产业技术创新的闭环和集聚效应，是 SIS 的重要组成部分和局部放大，二者具有同构性，对专利技术产业化要素和系统的探究，正是建立在 NIS、RIS 和 SIS 的系统性要素思维基础上，并试图对 SIS 的五构件，及其简化了的三构件理论进行面向专利技术产业化的适应性嵌入。

2.4 专利技术产业化评价研究

2.4.1 技术产业化评价

技术产业化是产业创新系统要素交互和溢出的具体产物，技术与产业评价则被视为是优化科技与产业资源配置、完善产业创新系统、促进科学决策的重要手段。技术评价的思想起源于 17 世纪的英国，并伴随着 1776 年亚当·斯密的《国富论》的出版而流行开来，并逐渐在 20 世纪 60 年代的美国作为技术术语成为科学研究与决策的工具和方法论依据(Settle，1974)。美国国会图书馆将技术评价定义为一种有目的的监控技术变革发展及其后果的过程，还包括在较宽领域内、较长时间内识别影响并预期未来；日本科技厅认为，技术评价就是综合评价技术的直接效果和潜在可能性，将技术控制在相关主体希望的方向(沈滢，2007)。产业评价则包含了对产业内技术、资本、人力、产能和产业外的政策、地域、环境、其他辅助要素等进行的综合评价，为推动区域产业结构优化升级，发挥产业在区域发展中的先导作用提供决策参考(刘嘉宁，2013)。

技术产业化评价不是单纯的技术或产业评价，而是对技术与产业评价的融合，是实现对技术向产业领域转化实施现状与潜力进行综合考量的手段。技术在产业领域的产生、扩散与吸收是衡量技术创新的重要指标，技术在区域经济发展中的作用往往体现在技术对于产业的贡献。目前在技术产业化评价领域的研究主要分为两个大类，即经济与战略性评价和技术性评价。

1)经济与战略性评价

技术产业化的经济与战略性评价是对组织战略决策的补充和对技术的社会福利和经济性影响的延伸，其力求在技术创新与经济发展之间寻求最佳平衡点，并试图用技术创新的手段推进经济发展并对其效果和贡献进行数学模型和战略管理理论的抽象。Chan等(2000)较早构建了产业化技术选择的经济性指标，包含了技术营业额、经济贡献率、可变成本、折旧率、税率等，为经济性评价提供了参考范式；Suri(2011)构建了使用新技术的利润收益模型，开启了技术选择与产业化效果经济性评价的社会福利研究。欧盟于1999年开发了技术市场化评估软件(IPTS-TIM)，该软件建立了技术与经济两个评估模块，在技术模块中包括了技术成熟度、市场应用潜力、创新性以及社会与经济价值四个方面，对后续研究与实践影响深远。技术产业化的战略选择需要基于对技术、产品、市场上下游、预期风险、回报以及企业自身条件进行综合评价和考量，进而对技术创新产出是以对外许可、合作还是自行产业化实施进行战略选择，这种战略评价模式往往过于强调技术产业化的外部环境对于构造企业技术实施策略的作用，Marx等(2015)提出了一种动态的新兴企业技术产业化评价"登山模型"，该机制强调了技术产业化目标导向的"临时合作"与"临时竞争"战略选择与转换，尤其是产业化实施中的风险执行。

2)技术性评价

对产业化的技术性评价较之于经济性评价起步较晚，如果说经济性评价注重宏观和结果；那么技术性评价则侧重于微观和过程范式，更加关注技术本身的属性特征，本书将技术性评价作为重要理论基础之一。国外学者在产业化的技术性评价视角下的研究涉及了发展机会分析、轨道路径分析、功能与价值分析、路线图分析等领域，包含了定性与定量的不同研究路径，积累了丰富的研究基础(Suri，2011)。Kim等(2014)用文本聚类的方法实现了数字信息安全技术投资与产业化的潜在机会分析，建立了通过技术文本进行技术性评价的路径；Phillips等(2012)延续证明了技术生命周期理论在e-learning技术产业化评价中的重要作用，这种轨道路径式的分析方法能够清晰地刻画出技术或产业的发展阶段和趋势；Yoon等(2012)从技术功能与价值的角度对硅基太阳能电池技术产业化潜力进行了评价与预测，从技术性视角联通了技术与产业两大概念，对创新研发与产业化政策制定提供决策参考；Xu 等（2014）应用技术路线图的理论与方法对中国水泥产业的发展与碳排放前景进行了预测，技术路线图是技术产业化评价研究中一种侧重于宏观的分析路径，能够揭示技术与产业演化的时空特点。

国内学者在技术产业化的技术性评价方面也积累诸多成果。其中，黄鲁成等（2007）基于新兴技术产业化的不确定性，将 ANP 法应用于在新技术产业化潜力评价指标的构建，该指标体系涵盖了技术、产业、市场、符合和效应五方面因素；卢文光（2008）利用技术预见、Delphi 法和模糊一致性矩阵的综合方法系统地评价了新兴技术的产业化潜力与成长性，梳理了技术产业化评价的理论框架。

2.4.2　专利技术产业化的内涵与评价

专利技术产业化是技术产业化的一种体现形式，是对技术载体的聚焦与锁定。专利技术产业化同时也是利用专利实现经济价值的手段之一，常见的手段目前主要有专利交易与许可、专利诉讼和专利技术产业化。其中，专利交易与许可是上文中提到的技术间接产业化的主要形式，专利权人处于战略考虑或客观条件的限制不自行实施，而是转让或许可给其他主体实施；专利诉讼是专利的法律与财产属性的共同体现，是专利纠纷的解决途径，虽不能归为技术产业化的形式，但属于专利利用并创造或弥补价值缺损的手段；专利技术产业化是专利持有人实施专利、生产产品并获得收益的过程，是技术直接产业化的主要形式和最传统的专利利用方式。专利交易和许可中存在的潜在的信息不对等和专利"寻租"风险带来的交易成本（Heald，2005），专利诉讼则在某种程度上弱化了专利技术和创新属性的本质特征，增加了专利"流氓"、专利"敲竹杠"等知识产权制度性风险和机会主义行为，增加了专利制度和技术市场的运行成本（Lemley，2007），而专利技术产业化作为最直接的专利利用方式，决定了技术创新对社会福利的净增加值，符合专利制度原始的朴素特征。

专利作为技术的一种重要体现形式，在现代国家市场经济与资本、技术市场中被赋予了较高的期待，被认为是促进技术市场繁荣与价值创造的重要工具（Granstrand，1999），但目前国际上的专利实施率并不高，专利与产业化的关联性存在一定的复杂性。以欧盟为例，欧洲专利局近 40% 的专利没有被用于商业或工业化，权利人自己用于生产等产业化用途占 50.5%，许可使用占 14% 左右，而处于战略意图申请的"沉睡"专利则占 36.3%。Taylor 和 Silberston 在 1974 年论述了专利制度对英国经济的影响。其研究发现，如果缺乏有效的专利保护体系，将在很大程度上影响企业的研发投入和参与市场的积极性，由此带来技术市场和产业的衰落（Taylor et al.，1974），这凸显了专利与产业的密切联系。Mansfield 等（1981）提出了相类似的观点，即如果没有专利保护，由于其研发创新成果得不到有效保护，多数企业不会将其产品推向市场，参与市场竞争。由此看出，专利如果脱离市场环境，对于研发主体和公众利益的实现都将产生挑战。那么，如何有效地建立专利与产业和市场的联系，实现技术价值最大化？Jaffe 等（2001）将专利政策、专利质量与专利的商业化效果建立回归分析模型，发现专利政策导向和专利质量高低决定了专利商业化的结果；Bulsara 等（2010）较系统地分析了专利商业化的模式、机制、方式、困境，提出了从技术创新到科技创业的概念升华；Ziegler 等（2013）从价值创造的角度发展了专利与产业化的内在联系，即价值创造的类型、企业组织结构、主动权、技术诀窍和专利权转移的程度影响着企业外部专利技术的产业化；Mattes 等(2006)回顾了专利产业化的研究文献，通过对样本的统计分析发现授权专利转化为创新产品的比例在43%~68%；国外对专利技术产业化主体差异的研究又可划分为企业专利技术产业化和高校专利技术产业化，这种主体差异性决定了产业化目标、方式、战略、风险的差异性，专利技术产业化对于企业而言重在经济价值的实现、企业竞争力的体现和商业价值的可持续(Scotchmer，2004)，而对于高校则侧重于机制模式的构建和政策效用的评估(Mowery et al.，2015)。

国外学者对专利与产业化的关联性研究囊括了专利产业化模式(Mowery et al.，2015)、影响因素(Jeitschko et al.，2014)、产业化战略(Hsieh，2013)等。国际上一般使用"patent commercialization"，即专利商用化来代表将专利与价值创造相关联的一切行为和活动。目前的专利产业化模式有专利许可、转让、技术入股以及专利的自行或合作实施，前者是将专利作为类似"有价证券"的资本资源进行转让和流通，后者将专利视为技术资源进行工业化实施，变成工业产品，因此"patent commercialization"包含了以上两个层面的内涵。本书将专利作为技术资源的工业化实施称为专利的直接产业化，即"patent industrialization"，专利作为资本资源的转让和流通称为专利的间接产业化，即"patent capitalization"，而专利转化的途径则基本包括转化主体的运营和自主创业。无论是何种模式与途径，影响专利技术产业化的因素都会涉及技术、产业、市场、法律等方面，而相对于专利许可、转让和入股等较强依赖于资本运作、技术估价和谈判的模式而言，专利的自行与合作实施对于直接驱动创新研发、带动就业、活跃技术市场、激励社会福利的意义则更为显著。因此，我们认为专利技术的直接产业化是推动新兴技术转化为现实生产力并扩大社会福利的主要途径。专利与产业化的关联是一种动态、多因素且受政策环境影响的，两者建立关联的最终目的就是价值创造与社会福利，这符合研发主体的行为动机和专利制度驱动机制，也符合当前我国创新驱动发展的内在要求。

我国学者围绕专利产业化及其评价也展开了卓有成效的研究。较多学者从政策构建维度对高校、企业等主体的专利技术产业化现状与困境进行了归纳总结(陈美章，2005；毛昊等，2013)。在经济性评价方面，王玉民等(2011)提出了专利技术产业化的辨识模型和产业化各个环节的任务条件；许琦等(2015)从专利引证视角评价了专利技术产业化的发生概率；吴继英(2013)深入研究了专利技术产业化的有效性评价机制。在文献梳理中我们发现，一些研究使用专利评价的指标来评价专利技术产业化，这是不够全面的，只有从技术、产业、市场、法律政策等多方面的评价才是相对完整的。

技术性评价方面，黄洪波等(2011)制定了专利技术产业化的评价指标体系，该体系包含了专利技术价值、专利市场价值和专利经济价值三个方面；朱家福(2007)采用模糊层次分析法构建和评价了区域专利技术产业化的指标体系；朱月仙等(2015)从技术、权利、市场三方面进行综合考察，对比了国内外评价指标的优劣势；于晶晶(2010)用专利组合分析的方法，对产业化项目的技术实力、产业基础及市场吸引力等方面进行了组合分析，实现了对技术产业化项目的评价。

制度性评价方面，鲁志强(2000)较早地提出了制度创新对加速高新技术产业化的重要作用，提出了产权机制、融资机制、退出机制、人才机制四个方面的制度评价与创新方向；宋歌(2016)提出专利制度是绿色技术研发和产业化的制度保障，绿色技术产业化与专利制度的协调以及专利制度创新对克服当前的技术产业化障碍具有不可替代的作用；但国内鲜有学者从专利制度的角度对特定技术的产业化问题进行研究。

2.5　研究评述

通过对文献的梳理可知现有研究存在以下特点和需要拓展之处。

（1）现有的技术产业化研究内容广泛、层次丰富，但在技术产业化综合评价方面的研究则略显匮乏，对于技术创新模式的研究主要集中在基础范式的文献梳理和影响因素的分析上，缺乏一些与具体技术领域相结合的定量研究，尤其是对于一些有代表性的战略性新兴技术的创新与产业化研究缺乏系统性思维和严格一致的概念界定。不少文献未对"专利产业化"与"专利商业化"两个概念进行区分。实际上，前者强调专利实施和转化的生产经营活动，最终形成规模效益的结果；而后者则强调了专利实现经济利益的经营过程和商业策略。对于技术产业化的研究首先应建立在创新的系统性思维和对其进行清晰概念界定的基础上。技术成果进入市场，使相关主体获得经济效益，推动社会经济发展是技术产业化的本质。

（2）目前的技术产业化评价研究存在两方面问题：①过于强调个体指标而弱化了指标间的系统性；②过于强调量化评价而忽略了对法律政策的定性评价，技术、产业、法律政策相结合的综合性研究文献还比较缺乏。在技术与知识经济条件下，技术与产业是两个相伴相生的概念，技术构成产业发展的主要要素，产业又是技术的聚集和规模化结果，有必要建立上位于个体指标的技术产业化战略评价理论与维度，深入挖掘技术产业化的影响和制约机制。

（3）已有研究为我国专利技术产业的评价提供了重要的理论参考与实践手段，但目前就专利与产业化关联性的相关研究还较为宏观，尚未聚焦到具体技术产业领域的差异性，专利情报作为产业和技术发展的有价值信息，在专利产业化战略评价方面的应用还比较少，对专利技术产业化战略的技术性评价不应缺少系统的专利情报分析方法的应用。为了建立上位于个体指标的评价维度，实现对技术产业化基础与外部环境的综合考量，我们将产业化评价的落脚点放在对机会与障碍的剖析和度量上，这种建立在专利情报分析基础上、面向专利技术产业化机会与障碍的研究在以往文献中尚未发现。此外，战略性评价、技术性评价和制度性评价作为产业化研究的重要路径，在以往研究中往往分立呈现，本书试图建立面向机会与障碍研究分析思路，将三种维度进行系统整合，挖掘专利技术产业化的驱动与限制性因素，实现对其现状的综合检视。

（4）3D 打印面临着大规模产业化的历史节点，然而尚未有文献从专利视角对其产业化的基础条件进行剖析，同时对工业级 3D 打印和桌面级 3D 打印未作明显区分，这无疑存在着潜在的技术风险、法律政策风险与认知风险。本书选取 3D 打印作为研究的具体技术对象和载体，关注战略性新兴技术产业创新系统的特异性和复杂性，以及 3D 打印作为新兴技术与知识产权尤其是专利制度的紧密关联性。只有聚焦具体技术领域的产业化问题才能构建特定机制，指导产业创新系统的完善。面向 3D 打印技术直接产业化的专利视角研究是对战略性新兴技术和产业研究的重要支撑，有助于引导技术产业化决策与产业专利战略的制定。

第三章　3D 打印专利技术产业化机会与障碍研究框架的提出

3.1　3D 打印的技术特点与工艺

3.1.1　主要技术特点

3D 打印作为一种新型的智能制造技术,被誉为是"20 世纪的思想,21 世纪的市场",由于其具备的多方面优越的技术特点和可预见的市场化潜力,欧美主要发达国家纷纷不惜投入巨资加以研究和开发,并大力推进技术的产业化,而从目前来看,其产业化的关键瓶颈:①取决于制造成本的降低;②取决于应用市场的挖掘。根据其应用领域的不同,又可划分为桌面级 3D 打印和工业级 3D 打印。所谓桌面级 3D 打印,就是指中小尺寸的增材制造,主要应用于创客的模型设计和简单个性化结构制造,多见于民用生活领域,产品的工业实用性不强但社会参与程度高,其所带动的共享经济、众创理念和知识产权侵权风险,使桌面级 3D 打印具备颠覆传统制造业商业模式的潜力。所谓工业级 3D 打印,主要是指大尺寸或精密尺寸增材制造,其制造的产品主要应用于工业生产领域,以金属材料的 3D 打印居多,其产品的工业实用性较强,可应用的产业领域较多,但技术门槛也相对较高,工业级 3D 打印所带动的智能制造领域的工艺进步对传统制造业的生产模式具有一定的颠覆性。3D 打印的主要技术特点体现在以下几个方面。

(1)较高的制造精度:主流工业级 3D 打印设备的制造精度已经达到 0.1mm,双光子光刻工艺和连续液态界面制造等先进工艺的制造精度已达到纳米级别。

(2)较短的制造周期:基于逐层添加的制造原理,省去了传统制造业的开模环节,大大缩短了产品的制造周期,依据产品结构的复杂程度和打印工艺,其制造时间也从数分钟到数小时不等。

(3)节约原材料:较之于传统智能机床的切削加工,3D 打印按照软件设计蓝图中的物体形状逐层添加制造,精准的"给料"使得产品的制造过程几乎不产生切削废料,大大降低了原材料投入量和原材料的生产、运输成本,具备节能环保的特点。

(4)制造材料多样:一个 3D 打印制造系统在很多情况下可实现多种相似材料的打印,目前可用于 3D 打印的材料主要包含了石膏、树脂、塑料、聚乳酸、复合砂、陶瓷、金属和合金粉末、生物细胞等,未来在打印材料领域的研发突破将带来 3D 打印在更多产业领域的拓展应用。

(5)大规模个性化定制:3D 打印不受模型的限制,从理论上讲,在制造精度可实现的条件下,只要设计出可供打印的计算机蓝图,就可快速制造出与之相同形状的产品,满足用户对产品的个性化需求。

(6)较大的成本压缩空间：3D 打印省去了开模环节，同时，当 3D 打印制造网络建立之时，对设计蓝图的互联网传输将大大低于成型产品或模具的运输成本，甚至产品的物流环节亦将消失，而由设计蓝图的互联网传输所取代。此外，产品可实现即用即打，仓储环节产生的成本也会大幅下降。

(7)高精度复制更加容易：通过对物体三维结构的扫描，即可生成该物体的三维结构数据文件，执行 3D 打印技术就可以实现对复杂结构物体的高精度修复和无差别复制；在生物医疗领域，还能实现人体器官的精准修复和再生制造。

3.1.2　技术分解

3D 打印是一个将打印物体从分层离散到材料堆积成型的过程。在 3D 打印技术系统中，将打印对象的三维实体模型进行数据离散化，得到物体分层模式的数字文件，根据不同工艺进行填充得到扫描矢量文件，生成计算机辅助设计文件。在 3D 打印制造过程中，快速成型设备在数控代码控制下，逐层加工堆积得到物理原形，这一根据数字形态信息生成实际的物理实体的过程称为信息物化，而将物理实体的几何信息数字化的过程称

表 3-1　3D 打印技术分解表

一级分支	二级分支	三级分支	四级分支
分层离散	数字建模	计算机建模	无
		反求建模	
		STL 数字标准文件解析	
	实物分层解析	直接分层	
		反求分层	
材料堆积	高能束流加工	激光器	光固化成型(SLA)
			分层实体制造(LOM)
			选择性激光烧融(SLS/SLM)
			激光近净成型(LENS)
			直接金属烧结(DMLS)
			直接光制造(DLF)
			直接金属沉积(DMD)
			激光熔覆成型(LCF)
			激光诱发热应力成型(LF)
		高能电子束投影	电子束选区熔化(EBM)
			电子束熔丝沉积(EBF)
材料堆积	高能束流加工	等离子发射器	铸锻铣复合制造(CFMIM)
	喷头给料	喷出黏结剂	三维打印(3DP)
			无木模铸造成型(PCM)
		喷出成型材料	熔融沉积成型(FDM)
			数码累积成型(DBL)
			弹道微粒制造(BMP)

为实物信化。离散过程是将三维模型分解成点、线、面，堆积过程是根据离散过程得到的点、线、面将材料堆积成三维模型。离散后的数据传输给成型机，在成型机中堆积形成三维实体，分层离散和材料堆积是 3D 打印的两个必要步骤。

通过企业调研与专家咨询，综合考虑技术特点和专利检索的需要，将材料堆积过程根据堆积的方式不同确定二级技术分支，分为高能束流加工和用喷头喷出的方式的加工。高能束流加工根据能量来源的不同确定三级技术分支；用喷头喷出的方式的加工根据喷出的材料的不同确定三级技术分支，再根据具体的快速成型方法确定四级技术分支，最终形成如下技术分解表（表 3-1）。

3.1.3　主流工艺介绍

1）熔融沉积成型

熔融沉积成型（fused deposition modeling，FDM）工艺是一种最基础的 3D 打印技术，也是著名 3D 打印巨头 Stratasys 公司的起步技术工艺，它诞生于 20 世纪 80 年代，目前该工艺的核心专利已过期。如图 3-1 所示，其基本原理可概括为将线状打印耗材加热融

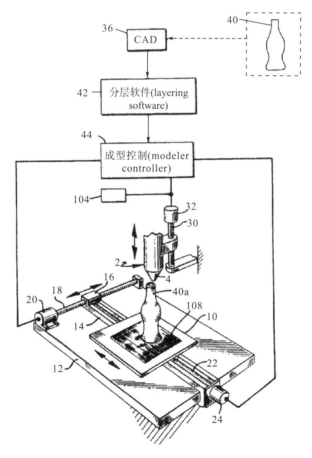

图 3-1　熔融沉积成型工艺的工作原理图
注：图中序号为原始专利文件中的图示细节编号。

化,再喷剂逐层成型(图 3-1)。这种工艺无须激光系统,而是通过电加热源将打印喷嘴处的线材融化,喷嘴水平移动,并通过与垂直方向下移的支撑平台的配合,完成打印制造。该工艺原理简单,打印设备技术门槛较低,适于初级创客自行操作;劣势在于其打印耗材以塑料为主,打印精度较低,约为 0.1mm,速率较慢,打印成型的物品表面较粗糙,工业应用潜力受限,适合于桌面级的科普、教学和娱乐使用。

2)立体光刻

立体光刻(stereo lithography appearance,SLA)工艺的基本原理为液态树脂光固化成型,即以液态光敏树脂为打印材料,通过紫外光对光敏树脂的照射使其固化、塑型。该工艺是由知名 3D 打印巨头 3D Systems 公司在 1986 年诞生之初研发而成,亦是 3D Systems 公司的基础性技术和诞生最早的 3D 打印工艺,由于其技术工艺的原理性专利已经超过保护期限,立体光刻已成为一项公有领域的技术。具体而言,紫外光源根据预先设定的程序对液态树脂的表面层进行扫描照射,扫描区域随即固化,盛有液态树脂的液体槽逐层垂直下降,紫外光源再对下一层进行光照固化,逐层叠加后即可形成一个三维结构物体,多用于中小尺寸的模具制造。由于该工艺使用的是液态打印材料,所以其打印精度不受固体颗粒尺寸的限制,一般而言具有微米级的打印精度;同时,该工艺技术成熟度相对较高,但打印材料目前仅以液态的树脂、塑料为主,材料的强度、刚性和耐热点有限,市场应用范围受材料种类所限。

3)选择性激光烧结

选择性激光烧结(selective laser sintering,SLS)与熔融沉积成型是同时代诞生的 3D 打印技术,是由美国德克萨斯大学奥斯汀分校的研究团队在 1989 年开发的一种主要基于粉末的激光烧结或融化成型技术,其核心专利已过期,面临大规模产业化的起点。其原理是通过激光对粉末材料的烧结至融化后,将粉末固化成型,并在计算机软件的控制之下,逐层铺粉并通过升降机控制承物平台追至下移,烧结后的粉末层层堆叠即可生成特定形状。该工艺需要使用激光器对打印耗材进行加热,一般使用 CO_2 激光器。目前该工艺在工业打印领域使用最为广泛,这主要是由于其具有成型材料种类较多,包含了金属、高分子陶瓷、覆膜砂等,能够制造具备一定物理性能的工业零部件、首饰等产品,但主要劣势在于制造尺寸和精度受限于现有的加工工艺,大功率激光器的成本较高、能耗较大,对粉末的烧结会产生部分有毒气体不利于环保。专利 US4863538B 公开了一种用红外激光作为热源来烧结粉末材料成型的快速成型技术,也即公开了选择性激光烧结的基本原理(图 3-2、图 3-3):利用粉末材料,例如金属粉末、非金属粉末,采用激光照射的烧结原理,按照计算机输出的产品模型的分层轮廓,采用激光束,按照指定路径,在选择区域内扫描和熔融工作台上已均匀铺层的材料粉末,处于扫描区域内的粉末被激光束熔融后,形成一层烧结层,逐层烧结后,再去掉多余的粉末即获得产品模型。

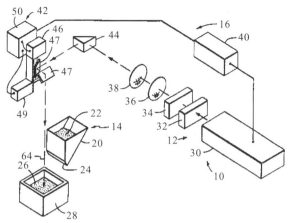

图 3-2　选择性激光烧结工艺原理

注：图中序号为原始专利文件中的图示细节编号。

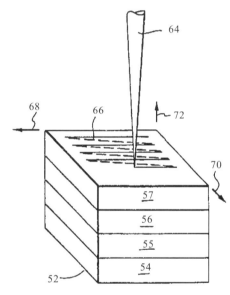

图 3-3　选择性激光烧结过程示意图

注：图中序号为原始专利文件中的图示细节编号。

4）数字光处理

　　数字光处理（digital light processing，DLP）最早由德州仪器公司研制开发，与立体光刻工艺原理基本相同，不同点在于光源选择上，数字光处理工艺使用数字光处理投影仪，较之于立体光刻工艺中的紫外光源扫描过程，其特点在于通过数字光投影仪的投射原理，对液态树脂表面层进行照射，这是对三维物体一个层切面的整体固化，一个面照射完毕后立即进行下一个面的照射固化，大大提高了液态树脂的照射固化效率。由此可见，这项工艺的核心技术在于 3D 打印设备的投影照射系统。其优点首先在于光源方面，投影照射系统的使用大大降低了使用激光系统作为光源的能耗，成型效率更高，一些先进的数字光处理工艺（例如，双光子光刻技术）的打印精度已经达到纳米级别；同时，作为目前桌面级 3D 打印的主流工艺，其在创客群体中的受关注度较高，在文化创意领域的产业化潜力较大，劣势仍在于材料种类受限，更多具有产业实用性的功能性材料有待进一步开发。专利 US4041476A 的主要内容如图 3-4 所示，其通过激光干涉测量法先测得激光的控制方式，然后通过计算机控制激光照射容器内的介质，最终获得三维物体。该方法需要使用两束或多束激光，并需要在特定的坐标点交汇，并且为了此特定点固化而形成三维物体需要控制光束同时在该点交汇，或者先后在此点交汇，并且还需要选择两束激光的波长相同或不同。这种方法在实现时存在着许多困难，如随着在液体中深度的增加，交汇点的控制、能量的传输、分散和控制能都会存在各种问题，同时成本比较高。因而需要一种快速、可靠的光固化成型方式。

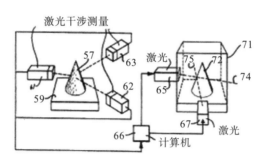

图 3-4 专利 US4041476A 的技术原理图

注：图中序号为原始专利文件中的图示细节编号。

5）选择性激光熔融

选择性激光熔融（selective laser melting，SLM）是在选择性激光烧结的基础上发展起来的一项新的金属打印工艺。与选择性激光烧结相比，它的进步之处在于不需要黏结剂对成型的粉体进行黏结，而是直接通过激光熔化使粉体黏结，成型的精度较高，产品密度高而均匀、拉伸强度大、表面平整无颗粒，综合性能优于选择性激光烧结工艺制造的产品。该工艺与选择性激光烧结工艺同样，也起步于美国德克萨斯大学奥斯汀分校，并于 1986 年申请专利，德国夫琅和费研究所于 1995 年申请了该工艺设备的相关专利。可用材料包括奥氏体不锈钢、镍合金、钛合金、钴铬合金等金属材料，但多为单一材料，在医疗植入领域市场化前景广阔。该工艺的成型过程需要准确把握激光功率、扫描速率、粉层厚度等，通过不同参数的优化组合控制产品的制造质量和效果。

6）电子束熔融

电子束熔融工艺（electron beam melting，EBM）可以解决激光烧结工艺中成型物密度不均匀的问题。具体而言，它是通过电子枪发射高能电子束实现对打印粉末的熔化，进而制造物体。高能电子束具有极大的动能，遇到打印粉末后快速转化为势能并释放热量熔化粉末，升降机控制粉槽垂直下移。该工艺在真空环境下进行，适合于打印易与空气产生氧化反应的材料。该工艺的优势在于打印速率较快，这主要是由于电子束加热效率高，同时，电子束熔融工艺成型的产品内部结构致密，产品物理性能突出，适用于一些特殊工业部门，但由于电子束散射，致使产品的制造精度（0.1～0.2mm）和表面质量较低，需要后期对表面进行处理。目前该工艺在全球有 2000 多件专利申请。

7）激光近净成型

激光近净成型（laser engineering net shaping，LENS）又称为直接光制造，由美国 Sandia 国家实验室研发。该实验室长期致力于美国国防安全领域的技术与战略研究。较之于选择性激光熔融，激光近净成型的最大特点就是将激光照射与喷嘴输送金属粉末同时进行，大功率激光照射在金属基体上形成熔池，随着熔池的移动实现材料在金属基体上的沉积成型，而无须垂直移动的粉床构造。在输粉过程中，喷头将金属粉末喷到激光交点处进行熔化堆积，粉末输送路径由惰性气体保护实现与空气隔离，避免技术粉末氧化。该工艺是激光熔覆表面强化技术在 3D 打印领域的应用，可直接用于制造复杂功能性金属零部件，例如航空航天、核能、导弹等，并可实现异质金属材料的冶金融合，打印复合材料金属构件，具有较强的工业实用性。此外，在医疗领域，该工艺可被用于制造与人体兼容的可植入部件。美国 Optomec 公司最早在 2000 年申请了专利 WO2000US09287，并第一次提出了整个 LENS 系统的完整全框架，其中的激光工程化净成型系统共由四部分组成：计算机、高功率激光器、喷嘴式铺粉器和三维工作台组成，该专利被施引 130 次，是 LENS 相关专利技术中被引用频次最高的一项专利。

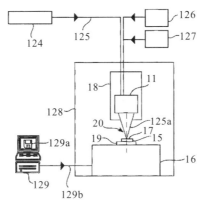

图 3-5　专利 WO2000US09287 中的激光近净成型系统

注：图中序号为原始专利文件中的图示细节编号。

8）直接金属激光烧结

将选择性激光烧结（direct metal laser sintering，DMLS）工艺中的塑料黏结剂改为金属黏结剂，就形成了直接金属激光烧结工艺。此外，直接金属激光烧结是一边铺粉一边烧结，而选择性激光烧结是铺完整层粉末后再激光扫描烧结。该工艺由世界 3D 打印的另一巨头——德国 EOS 公司研制，并于 1999 年申请专利。目前全球专利数量约有 700 件，其制造成型所使用的粉末颗粒直径仅为 0.02mm，因此，成型件精度很高，表面平整无毛糙，可用材料包含铝、钛、镍、钴、铬等合金粉末。

9）电子束直接制造

电子束直接制造（electron beam direct manufacturing，EBDM）工艺的原理类似于激光近净成型，都是对打印材料一边喷挤一边加热熔融，区别在于热源不同。电子束直接制造顾名思义,就是用电子束作为热源,通过释放高能电子束对打印材料进行加热。该工艺由美国 Sciaky 公司研发,该公司早在 1996 年就开始开发其独创性的电子束增材制造技术,并于 2009 年获得该工艺专利。该工艺是目前最快的 3D 打印技术,可制造最长为 19 英尺(约合 6m)的金属零部件。从 CAD 软件设计 3D 模型开始,电子枪将金属层层沉积,直到部件达到接近净形的形态并可精加工为止。Sciaky 还获得了一项 3D 打印的闭环控制技术专利,能够确保产品从第一个到最后一个,所有部件在几何形状、力学性能、微观结构、金属化学性质等方面具备一致性。该工艺的标准沉积速率为每小时 7~20 磅(3~9kg),工作速度优于其他大多数主流工艺,从广义上说,是成本效益较高的金属打印工艺。其还有一大优势是不产生废料,对于产业化中降低原材料成本具有突出意义,已被美国应用到 F35 战斗机零部件的生产制造中。

10)铸锻铣复合制造

铸锻铣复合制造(castng forging and milling integrated manufacturing,CFMIM)工艺诞生于 2016 年,由华中科技大学张海鸥教授团队研发而成,全称为智能微铸锻铣复合制造。常规 3D 打印金属零件的过程是打印、铸造、锻压三者分开进行,即前一个步骤完毕,后一个步骤方能开始,中间还需预留金属冷却的时间;而智能微铸锻技术可以同时进行上述步骤,打印完成了,铸锻也就同时完成了。铸锻铣复合制造工艺以等离子替代激光作为热源,降低了能耗,提高了产品成形率,打破传统金属 3D 打印制造模式,全面提高了金属制件的强度、韧性、疲劳寿命和可靠性。该工艺以金属丝材为原料,材料利用率超过 80%,丝材料价格成本为激光扑粉粉材的 1/10 左右。此外,这一工艺能同时控制打印零件的形状、尺寸和组织性能,大大缩小了产品制造周期。例如,制造一个两吨重的大型金属铸件,仅需 10 天左右,该工艺已在发动机、航空航天、舰船制造、核电工业、武器装备、海洋、石化、高铁、汽车、冶金及环保等行业实现初级产业化。

3.2　3D 打印专利技术产业化战略性机会与障碍的发掘

迈克尔·波特指出零散型产业主要包括服务业、零售业、分销业、木材和金属制作加工业、"创造性"的行业以及农产品业(波特,1988)。这些零散型产业面临着高初始成本和后期成本急剧下降、无规模经济或经验曲线、技术和商业模式的不确定性、行业法律法规不健全等战略不确定性,同时存在进入壁垒低、产品质量不稳定、对顾客无规模优势、产品差异化高、知识产权风险高等产业化障碍。基于对 3D 打印上下游产业链的研究可以发现,零散型产业与 3D 打印涉及的产业有着鲜明的对应关系,通过 3D 打印技术的产业化,可以实现对零散型产业的整合,整合路径如图 3-6 所示,这是推动 3D 打印技术产业化的基本产业需求。因此,对 3D 打印技术产业化路径形成机理以及其机会与障碍的探索性分析应与 3D 打印对零散型产业的整合关联起来,从市场与技术空间、与传统产业的融合、与互联网的融合、商业模式创新等角度解析。

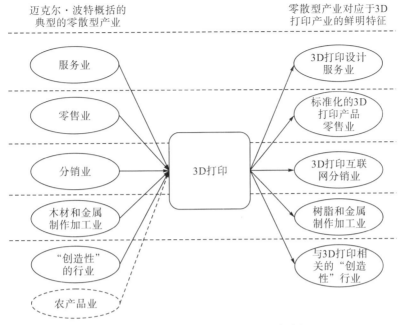

图 3-6　3D打印对零散型产业的整合路径

3.2.1　3D 打印技术产业化的市场与技术空间

长期以来，中国的大规模批量化生产由于其成本和劳动力等方面的价格优势在全球有着不可替代的地位，但随着许多产业个性化、精细定制的需求逐渐旺盛，大规模批量化生产已经难以满足客户的多样化需求，3D打印的优势之处还体现在它缩短了市场交货时间和仓储库存，这是由 3D打印对产品生产流程创新所带来的变化，设计与制造的一体化进行使得原本的开模、返修、再开模的环节变成了线上的活动，个性化精细定制也使得仓储没有产品囤积。

3D打印的技术发展空间也能够影响其产业化的市场规模和可能。3D打印技术虽然诞生于 30 年前，但其大规模应用还受到技术工艺的限制。作者通过对国内多家 3D打印企业的走访和调研，梳理了目前 3D打印技术的优势和劣势特征，总结凝练了相应技术优势所带来的产业化优势以及技术缺陷的突破途径。较之于传统制造技术，3D打印在复杂结构设计制造、产品设计、设备一体化、制造一体化、节能减排和产品个性化方面优势明显，但同时在制造精度、尺寸、材料、软件、表面处理等方面也存在缺陷，这些对于技术的产业化应用和未来的专利申请和布局有着重要的指示作用(表 3-2)。

专利作为技术发展与产业化量化度量的最佳载体，对于揭示技术产业化的市场与技术空间有着重要启示。参考技术分解表并结合技术专家咨询意见，我们构建了囊括 3D打印主流技术工艺与核心技术关键词的专利检索策略，并在 IncoPat 系统中进行了检索(检索式：TIAB＝((((3D print＊)OR(three dimension＊print＊)OR("additive manufact＊")OR(selective laser sintering)OR(direct metal laser sintering)OR(fused deposit model＊)OR(stereolithograph＊)OR(digital light processing)OR(fused filament fabricat＊)OR(melted extrusion model＊)OR(laminated object＊manufact＊)OR(electron＊beam freeform fabricat＊)OR(selective heat sintering)OR(powder bed inkjet head)))),将年限

设定为 1997～2016 年；并基于发明专利申请的统计，可知在过去 20 年间 3D 打印全球发明专利申请总量达到 34604 件，中国受理的发明申请占其中的 9656 件，是全球专利申请热点地区和最大的目标技术市场国。基于发明专利的申请年份可见，3D 打印专利申请从 1997 年起至今均保持在 700 件/年以上；从 2006 年起，"3D 打印"这一更富商业化的词汇逐渐替代"增材制造"，全球由技术研发转向研发与商业化并举的态势，市场逐渐繁荣，全球进入 3D 打印专利申请激增态势(图 3-7)；2014 年达到 3500 件申请的峰值，中国的专利申请的激增趋势显著于其他国家和地区，反映出当前中国 3D 打印专利竞争呈急速趋热态势(图 3-8)。通过对技术文献阅读梳理和行业专家咨询，我们归纳整理了全球 3D 打印的 19 种主要工艺及其技术路线图的时间轴演进，对与每一种工艺相关的专利申请数量进行了统计(图 3-9)。其中，数字光处理(DLP)、立体光刻(SLA)、选择性激光烧结/选择性热烧结(SLS/SHS)、电子束熔炼(EBM)和分层实体制造(LOM)相关的专利数量最多，这些工艺都具备较好的专利技术基础和产业化所需的专利规模，这几大工艺也正是当前应用最广泛的 3D 打印工艺；而连续界面液态制造(CLIP)技术作为一种新的光固化技术，产生于 2015 年，较其他工艺技术的打印速率快 25～100 倍，有着较大的市场潜力。

表 3-2　3D 打印技术产业化的技术优劣势与专利布局突破路径

3D 打印技术的 优势特征	3D 打印技术的 缺陷特征	技术优势所带来的 产业化优势	以产业化为目的的 专利布局突破途径
提高复杂结构部件的 加工速度且成本更低	简单结构部件制造 速度较慢	与传统制造业融合，在复杂零部件制造环节上引入 3D 打印技术	简单结构部件的批量生产仍采用传统制造方法
设计效率更高	制造精度目前较低	3D 数字创意设计产业有较大前景	成型工艺与数控技术的发展
设计性能更高	直接制造的部件大 小受限	产品的结构设计能够较大程度摆脱制造设备的局限，为市场提供更多结构多样的功能性产品	通过技术创新提升 3D 打印设备的制造自由度
制造设备简化	制造过程控制软件 须提高	3D 打印设备对传统设备的替代性增强，市场空间增大	3D 打印控制软件的研发创新
一体化制造成型	一体化制造成型的产品 表面处理技术落后	减少组装环节，生产效率提高，增加 3D 打印的产业化优势	3D 打印的表面处理技术有待突破
减少耗材，节约能源	打印材料性能、种 类有限	节能减排，增加 3D 打印的产业化优势	3D 打印材料有待扩展
产品个性化程度提高	不适用于大规模批 量生产	产品受众范围扩大，用户体验提高，带动"大众创业、万众创新"	简单结构部件的批量生产仍采用传统制造方法

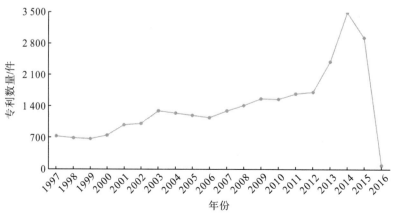

图 3-7　全球 3D 打印发明专利申请总量趋势图

数据来源：IncoPat 专利数据库；检索时间：2016 年 5 月 27 日。

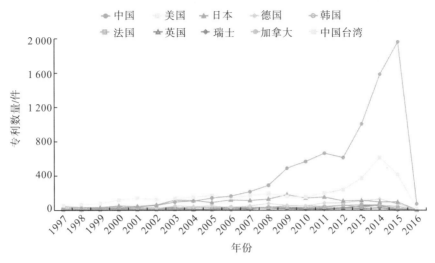

图 3-8　全球 3D 打印发明专利申请受理国家和地区的趋势对比图

数据来源：IncoPat 专利数据库；检索时间：2016 年 5 月 27 日。

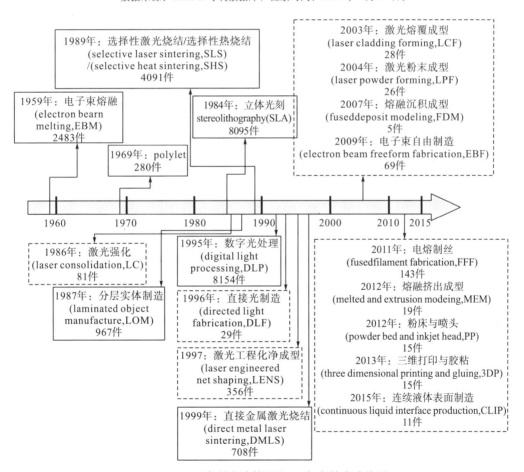

图 3-9　基于专利申请数量的 3D 打印技术路线图

数据来源：IncoPat 专利数据库；检索时间：2016 年 3 月 5 日；根据专利申请数量，定义实线表示成熟技术工艺，虚线表示欠成熟技术工艺。

3.2.2　3D 打印与传统产业融合的产业化路径

技术变迁对于产业的影响有时是革命性的，这种"革命性"主要是由于新技术的产生对传统的技术生态系统带来了更多不确定性，打破了原有技术生态系统的稳定性，相关产业可能会在新的技术轨道上继续延续发展，这种技术路径的转轨或中断会给以原始技术为主导的产业的价值创造与掘取带来较大冲击。技术生态系统被新技术的扰动也会使产业格局发生重大调整（Sandstrom，2011）。3D 打印相对传统制造技术在工艺上的革新亦将对原始技术生态系统带来扰动，对传统制造业技术创新和产业格局的影响也将是必然。法国科技观察所、法国国家工业产权局与德国弗朗霍夫系统和创新研究所共同编制的《国际专利分类号与技术领域对照表》将产业与专利对应起来（Schmoch，2008），通过对上节检索得到的全球 34604 件 3D 打印发明专利申请的 IPC 与制造业所涵盖的 IPC 进行关联统计（表 3-3），可发现 3D 打印与制造业相关的专利申请从 2002 年起就一直保持较高水平，从 2012 年起增长显著，初步说明 3D 打印与制造业的融合与日俱增（图 3-10）。

表 3-3　与制造业产业相关的专利 IPC 类别

IV	机械工程（mechanical engineering）	
25	装卸（handling）	B25J，B65B，B65C，B65D，B65G，B65H，B66♯，B67♯
26	机器工具（machine tools）	B21♯，B23♯，B24♯，B26D，B26F，B27♯，B30♯，B25B，B25C，B25D，B25F，B25G，B25H，B26B
27	引擎、泵、涡轮（engines，pumps，turbines）	F01B，F01C，F01D，F01K，F01L，F01M，F01P，F02♯，F03♯，F04♯，F23R，G21♯，F99Z
28	纺织与造纸机械（textile and paper machines）	A41H，A43D，A46D，C14B，D01♯，D02♯，D03♯，D04B，D04C，D04G，D04H，D05♯，D06G，D06H，D06J，D06M，D06P，D06Q，D99Z，B31♯，D21♯，B41♯
29	其他特殊机械（other special machines）	A01B，A01C，A01D，A01F，A01G，A01J，A01K，A01L，A01M，A21B，A21C，A22♯，A23N，A23P，B02B，C12L，C13C，C13G，C13H，B28♯，B29♯，C03B，C08J，B99z，F41♯，F42♯
30	热工过程与装置（thermal processes and apparatus）	F22♯，F23B，F23C，F23D，F23H，F23K，F23L，F23M，F23N，F23Q，F24♯，F25B，F25C，F27♯，F28♯
31	机器零部件（mechanical elements）	F15♯，F16♯，F17♯，G05G
32	运输工具（transport）	B60♯，B61♯，B62♯，B63B，B63C，B63G，B63H，B63J，B64♯

注：来源于《国际专利分类号与技术领域对照表》。

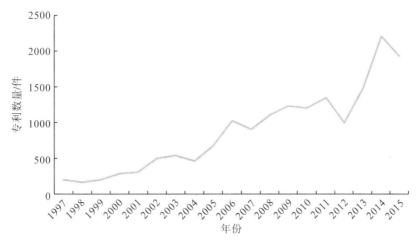

图 3-10 全球 3D 打印专利申请中与制造业相关的专利申请趋势

数据来源：IncoPat 专利数据库；检索时间：2016 年 5 月 28 日。

3D 打印技术与传统产业的融合应具有以下几方面条件。

(1)传统产业制造工艺应具备与 3D 打印工艺原理的关联性，这是促使 3D 打印产业化应用的基础动机。助听器是一种形状影响功能的产品，也就是说，这类产品的形状对其使用效果有着决定性作用，这与 3D 打印擅长于制造复杂结构的特点密切重合。但是，由于在 20 世纪 90 年代初期 3D 打印工艺技术还不成熟，西门子早期的可行性研究认为投在每一个助听器外壳的成本远高于其手工制造的助听器外壳成本。因此，3D 打印技术在这一领域的应用就暂时搁置了。与西门子公司类似，丹麦的 Widex 公司于 1992 年申请了一件基于立体光刻工艺的助听器外壳制造方法专利，较早地占据了助听器外壳的立体光刻制造高地。从 2000 年开始，原始的耳后助听器逐渐被耳道内助听器所取代，因为后者的使用效果更好，产品创意的进步也就带来了技术工艺的创新。耳道内助听器对于助听器外壳的形状与人耳的匹配度要求更高，3D 打印技术就有了更大的应用空间。西门子公司趁势与另一家助听器生产企业瑞士 Phonak 公司以及致力于 3D 打印软件和设备研发制造的比利时 Materialise 公司形成战略联盟，将 3D 打印技术深度融入助听器外壳制造，也带动了 3D 打印产业的快速发展。

(2)3D 打印技术工艺的创新可以为传统制造工艺带来明显进步，可使得产品性能更优，那么 3D 打印产业化应具有市场前景。3D 打印发展到今天，已形成了十多种工艺路径，技术工艺的创新能够克服现有工艺在产业应用中的不足。3D 打印与传统助听器产业的融合过程中，助听器产品性能和制造效率的提升就与 3D 打印工艺进步、材料创新升级的过程密不可分。立体光刻(SLA)工艺的一大劣势是材料的限制，即无法打印具有生物兼容性材料的助听器，因此无法在助听器产业推广这种 3D 打印工艺，而选择性激光烧结技术(SLS)则能克服这一点。西门子公司在 21 世纪初的几年里选择采用了选择性激光烧结技术作为主要生产工艺，并购置了大量选择性激光烧结 3D 打印机，但随着立体光刻技术的发展，逐渐克服了不能打印生物兼容性材料的缺陷，这种对于打印材料的创新给助听器产业带来了不小的冲击。随后，这种工艺的更新也就引发了立体光刻 3D 打印设备、材料、软件等相关企业的快速发展，3D 打印和助听器两个市场格局均发生了快速调整。

可以发现，如果 3D 打印的技术进步仅仅停留在其本身领域内，对其他关联和发生融合的产业没有带来明显进步，那么这种 3D 打印技术工艺的产业化前景将是不明朗或是缓慢的。

(3)3D 打印技术与传统制造业融合时，具有压缩传统制造业原有成本的空间和潜力。产业化是市场选择的结果，生产成本是影响一项技术产业化可能和规模的最重要因素之一。与选择性激光烧结技术相比，选择性光调制技术(SLA)的产生和应用可大大降低助听器的制造成本，这一技术诞生于 2002 年，由 GN ReSound 公司开发。Envisiontec 公司随后将其应用于 3D 打印设备上，使得可用于制造助听器外壳的 3D 打印机价格大幅下降，最终，Envisiontec 公司占领了专用于助听器外壳制造的 3D 打印设备 60％以上的市场份额。可见，中国的 3D 打印技术产业化的路径选择可依托传统制造业转型升级的需求，探索技术、工艺、材料、成本的综合效益，由传统制造业的需求带动 3D 打印技术全链条的产业化。

从 3D 打印与助听器产业的融合案例中可以发现，3D 打印技术的产业化应用为传统助听器产业带来了如下进步：①提高了生产效率；②产品更加个性化；③3D 打印所使用的材料更加舒适，提升了用户体验；④省去了模具实物保存对空间的占用需求，实现了"大数据"管理；⑤3D 打印能够降低制造成本，机器替代人工的过程减少了低端劳动力的密集度，也减小了生产过程中产生有毒有害气体对人的伤害，但仍缺乏在不同产业应用的技术标准。总结起来，如果 3D 打印技术能够提高生产效率，建立跨行业的技术标准，就能辅助传统产业制造出更好的产品，其产业化的潜力也就更大。

3.2.3　3D 打印与互联网融合的产业化路径

3D 打印是一项充分依赖互联网的技术，从 3D 打印产品的数字化模型构建，到设计文件的传播与共享，再到 3D 打印机与计算机设备的互联与控制，都离不开互联网的支撑。在"互联网＋"的背景之下，互联网与传统产业的融合扩大了传统产业的受众范围和影响程度。作者通过对检索得到的全球 3D 打印发明专利申请的 IPC 与互联网所涵盖的 IPC 进行关联统计，发现 3D 打印技术中与互联网技术相关的专利申请从 2010 年起显著增加，这一时间与媒体对 3D 打印的关注基本一致，标志着 3D 打印与互联网融合的开始，随后的下降趋势则与桌面级 3D 打印技术门槛降低和商业模式不成熟紧密相关。未来随着技术瓶颈的突破带来的需求扩张，"互联网＋3D 打印"有着较大的市场空间(表 3-4，图 3-11)。

与互联网融合的 3D 打印产业化平台的盈利模式主要伴随两个问题的解决：①3D 打印数字模型的设计；②将数字模型的设计文件打印成实物，即制造。有些用户拥有 3D 设计蓝图和创意但却没有 3D 打印机；而有些用户则相反，拥有 3D 打印机却缺乏设计创造；还有些用户对 3D 打印产品有着消费和使用需求，但却既没有设计创意也没有打印设备。围绕这三方的不同需求，本书形成了如表 3-5 所示的 3D 打印产业化互联网平台分类，包含了提供和交流设计构思平台、设计构思交易平台、个性化定制平台、合作设计平台、众包设计平台、依托电子商务的 3D 打印制造平台、3D 打印设备与耗材销售平台、众包 3D 打印产品制造平台等。随着中国 3D 打印技术和产业的发展，中国也形成了一大批互联网产业化运作平台，这些 3D 打印与互联网融合所形成的商业平台为 3D 打印创意设计、设备、材料、产品的商品化、市场化和产业化提供了新的营销渠道与行业空间，每一种平台又具有其特定的供货方、消费群、商品载体、技术支撑和盈利模式，这种互联网视野下的 3D 打印产业化模式是对主要依赖研发创新和传统营销、物流渠道的传统制造业产业化模式的创新，也能够为"互联网＋制造"的产业化运作提供新的机遇。

表 3-4　与互联网产业相关的专利 IPC 类别

I	电气工程(electrical engineering)	
1	电气设备、装置、能源 (electrical machinery，apparatus，energy)	F21♯，H01B，H01C，H01F，H01G，H01H，H01J，H01K，H01M，H01R，H01T，H02♯，H05B，H05C，H05F，H99Z
2	视听技术(audio-visual technology)	G09F，G09G，G11B，H04N-003，H04N-005，H04N-009，H04N-013，H04N-015，H04N-017，H04R，H04S，H05K
3	电子通讯(telecommunications)	G08C，H01P，H01Q，H04B，H04H，H04J，H04K，H04M，H04N-001，H04N-007，H04N-011，H04Q
4	数字通讯(digital communication)	H04L
5	基本电子电路 (basic communication processes)	H03♯
6	计算机技术(computer technology)	(G06♯ not G06Q)，G11C，G10L
7	面向管理的(数据)处理系统或方位 (IT methods for management)	G06Q
8	半导体(semiconductors)	H01L

表 3-5　中国 3D 打印互联网平台的主要功能描述

平台主要功能	特征描述	中国相关平台发展现状
设计		
提供和交流设计构思	展示 3D 设计模型，开源 3D 打印设计软件共享，提供 DIY 设计爱好者和设计师交流平台	每一个 3D 打印互联网平台都有该功能
设计构思交易	作为网络第三方平台出售或免费提供 3D 设计构思	淘宝网、筑梦创客、光神王市场
个性化定制设计	按照客户需求进行的个性化设计或用户自行体验个性化设计	忆典定制、虚拟现实、叁迪网、亨嘉创客俱乐部
合作设计	帮助用户进行 3D 设计或促进用户之间的合作设计	筑梦创客、亨嘉创客俱乐部、3D 打印机论坛
众包设计	提供众创的空间，将一个设计点子通过更多人的创意叠加得以完善	筑梦创客、虚拟现实、天工社、3D 打印机论坛
制造		
3D 打印制造	根据客户需求通过 3D 打印制造产品，再通过物流配送给客户	淘宝网、亨嘉创客俱乐部
3D 打印设备与耗材销售	桌面级或工业级 3D 打印机销售，为个人家庭制造或工业生产提供设备	淘宝网、京东商城、苏宁易购、3D 沙虫网、中国 3D 打印网、叁迪网、光神王市场、3DSWAY
众包 3D 打印产品制造	为桌面级 3D 打印设备拥有者和 3D 打印产品需求者提供中介对接服务	3D 打印机论坛(目前还处于起步阶段)

注：根据对全国多家 3D 打印企业与网络平台调研整理所得。

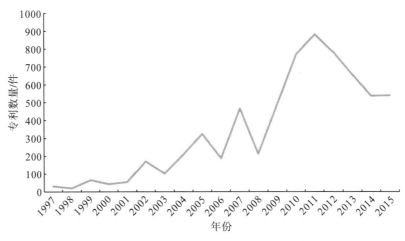

图 3-11　全球 3D 打印专利申请中与互联网相关的专利申请趋势

数据来源：IncoPat 专利数据库；检索时间：2016 年 5 月 28 日。

3.2.4　对传统制造业的影响与商业模式创新

3D 打印技术与应用发展的每个阶段对于商业和产业都产生了不同程度的影响。在前人研究的基础上，本书将其概括为五个阶段(表 3-6)。其发展的早期阶段由于打印材料以塑料为主，主要被用于快速成型，3D 打印的应用加速了中小企业产品尤其是功能性外观设计产品价值主张的建立；随着耐热聚合物和金属合金材料的应用，3D 打印大大缩减了传统开模时间和对于传统金属的依赖，也凸显了材料创新在 3D 打印产业化应用领域的关键意义；到 21 世纪，3D 打印在直接制造领域的应用得到较大程度拓展，消费者参与创新过程的大规模个性化定制和数字化"线上"制造、物流、仓储是这一时期的典型特征，3D 打印与传统制造业的融合成为主流的产业化推广应用模式；第四阶段是 3D 打印"家庭制造"，桌面级 3D 打印机的普及和技术的不断发展使得先进、快速的制造能力不再被少数制造企业所垄断，分散化的中小微 3D 打印产品与服务供应商将促使传统制造业向高附加值转型；目前 3D 打印发展的可预见的终极阶段是在家庭制造基础上发挥互联网传播力而产生的众创制造，"创客"与制造业巨头在产业格局中将共存共生，技术创新将内化为 3D 打印产业化路径选择的首要因素。

3D 打印对传统制造业的影响可从两方面进行讨论：①新技术对传统技术和产业本身的影响；②新技术产业化对传统产业市场竞争环境的影响。通过 3D 打印技术生产出了更好的工业产品外形，而产品的核心部件诸如电路、芯片等却无法通过 3D 打印制造。比如助听器的核心部件即声音信号处理器就未受 3D 打印技术的影响，汽车的外形之外的电子设备、发动机等的制造由于材料和技术限制也还未完全受到 3D 打印技术的较大影响。因此，3D 打印与传统产业融合创新很大程度是对产品部件的创新，而非对整个产业的颠覆式创新；同时，应构建以需求为导向的技术创新模式，带动 3D 打印的技术研发与商业模式形成。

表 3-6　3D 打印技术应用的演变及其对产业化路径的启示

年份	应用	特征	对商业的影响	产业化路径启示
1990~1995	快速成型	以塑料为材料的精度较低的简单结构模具制造	帮助中小企业建立围绕产品设计的核心竞争力	通过降低 3D 打印机成本来加速中小企业产品价值主张的建立
1996~2000	快速制模	耐热聚合物和金属合金为打印材料的使用	减少开模所需时间,降低模具对于钢、铝等传统金属的依赖	3D 打印对于新市场的拓展应与 3D 打印材料的发展同步
2001~2010	直接制造	打印设备和工艺的制造精度提升,材料多元化	对传统生产过程和物流过程的变革	消费者成为价值网络中的重要参与者,产品边际成本提高
2011~2020	家庭制造	桌面级 3D 打印机、3D 设计软件和互联网平台的发展	自给自足式的"作坊"生产将在制造业格局中占一席之地	价值传递渠道的分散化促使传统制造业向高附加值转型
2021~	众创制造	互联网与物联网与社会发展的深度融合	"国民创意"与"国民制造"	产业中的知识产权保护将面临复杂形势,"创客"在产业格局中的地位进一步凸显

注:内容由作者自行整理所得。

3.2.5　产业化在商业模式上机会与障碍的提出

综上所述,3D 打印产业化路径的形成机理可以概括为对迈克尔·波特理论下的零散型产业的整合、市场与技术空间的拓展、与传统产业的融合以及与互联网的融合四个组成部分,通过技术创新对商业模式创新的引领,最终形成以 3D 打印技术为主导的个人化大规模定制上下游产业链。

1)在商业模式上的机会

21 世纪开启的直接制造、家庭制造和众创制造较大程度上依赖新技术与新商业模式,而商业模式的实现最终还是依托于技术的发展。因此,3D 打印产业化路径在商业模式上的机会有以下几个方面。

(1)零散型产业整合机会。技术产业化的商业模式受政府决策的较大影响,而 3D 打印对零散型产业的整合是对迈克尔·波特竞争战略的理论拓展。它通过一个单项技术实现对多个产业的整合与延伸,能够对目前全球大多数国家粗放、劳动力密集的零散型产业的变革与转型提供有利于政府决策和国家经济发展的机会选择,为 3D 打印产业化路径的形成与完善提供国家政府层面需求保障。

(2)市场与技术机会。商业模式的建立离不开技术创新,3D 打印专利申请的快速增长,体现出全球 3D 打印技术市场的活跃度和空间,为大众创新创业与技术产业化路径的形成提供技术支撑。相关研发与市场主体对 3D 打印技术专利的布局是其产业化路径中不可或缺的环节,尤其是在 3D 打印材料、19 种主流技术工艺、3D 打印设备、软件等方面的研发与专利申请,为技术产业化的规模化实施提供技术机会,这也预示着即将到来的 3D 打印产业的巨大市场潜力。

(3)与传统产业和互联网融合的机会。产业融合发展对于新旧产业来说都会面临机遇和挑战,与传统产业和互联网的融合是 3D 打印产业化路径的有效实施途径之一,是对具有较高附加值的大规模个性化定制商业模式的补充与发展,其在技术上对于一些产业的颠覆性也是比较有限的。3D 打印产业化在与传统产业的结合方式、盈利模式、功能性互联网平台构建等方面已具备较好的商业模式基础,未来应将产业化路径拓展的重点放在市场需求的挖掘和对接上。

2)商业模式上的障碍

然而,机会与障碍并存。通过本章的分析和论述,可以看出,3D 打印产业化路径在商业模式上的障碍主要体现在以下方面。

(1)零散型产业的标准化障碍。3D 打印对零散型产业的整合是多个行业和产品标准化的过程,从专利视角来看,就是相关专利技术与技术标准、行业标准、国际标准等结合的过程,而这个过程又存在法律的兼容性、市场有序竞争、地方法规、产业政策、技术创新水平等多方面协调的问题,无论是对于商业模式的形成还是对于产业化路径的实施都是一个挑战,但若没有形成产品、工艺、渠道等的标准化整合,3D 打印在零散型产业中就难以发挥其整合作用,低的市场准入门槛也将不利于 3D 打印产业的繁荣和有序发展。

(2)市场需求与技术不成熟障碍。由于 3D 打印在"创造性"行业,例如复杂结构制造、CAD 系统开发、数字创意设计、工业产品修复、文化创意产品等领域的大众创新创业有较大市场空间,但具体细分市场还尚未形成规模,在许多行业,3D 打印产品与应用的需求对接还不够明确;技术成熟度方面,3D 打印在制造精度、打印材料、打印控制与设计软件、表面处理等方面还有较大发展空间,从专利角度看,立体光刻、数字光处理、选择性激光烧结等工艺的相关专利起步较早,积累了产业化的基础,而电子束自由制造、三维打印与胶粘、直接金属激光烧结、电熔制丝、激光粉末成型、粉床喷墨头等工艺则起步较晚,产业化实施的专利基础较为薄弱,不利于在这些后发的具体工艺上实现产业化和成熟的商业模式。

(3)传统产业对 3D 打印技术兼容性的障碍。3D 打印对于一些传统产业的颠覆性是"温和的",传统产业与 3D 打印融合的必要性目前仅体现在复杂零部件制造和个性化定制上,对于 3D 打印技术选择的障碍根源来自于技术使用成本依然较高,使用需求还不够明确。因此,专利布局和技术创新仍是破解这些问题的关键。

(4)新商业模式下的知识产权风险障碍。3D 打印与互联网的融合并借助互联网平台进行推广应用的产业化路径,在目前的互联网知识产权风险高发与互联网立法欠缺的时期,3D 打印会带来的个人设计、创意分享、家庭化制造等热潮使得知识产权保护难度加大,复制仿冒等行为变得门槛更低,而侵权证据收集在互联网环境下又更为困难,进而引发新的互联网知识产权尤其是专利权侵权高发态势,这不利于 3D 打印产业的健康良性发展,须通过立法形式规范相关商业模式下的知识产权保护问题,促进商业模式创新与技术创新的互动融合。

3.3　以发明人为主体的专利技术产业化——以华科三维为例

随着 2013 年末起一系列例如"通过选择性烧结制造零部件的机器"(US5597589)、"热光固化"(US5569349)、"用于除去熔融沉积成型的支撑的工艺"(US5503785)等核心专利的到期，原有的专利技术门槛被打破，3D打印在中国的产业化发展迎来了机遇期。加之通过对国家自然科学基金获批项目的统计，对我国政府对高校研发支持的演进分析，发现政府对高校3D打印基础研发的支持虽从2013年起才开始出现，但项目数量和金额呈爆发增长，这一年正是3D打印技术产业化的元年。仅2016年一年资助金额就达到3147万元，资助项目达到55项，2013~2016年总资助金额达8676万元，充分体现出3D打印的新兴态势和未来巨大的产业化潜力(图3-12)。

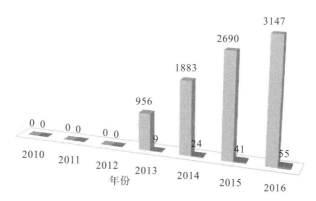

图3-12　国家自然科学基金对高校3D打印研发支持的演进

数据来源：作者在国家自然科学基金委网站查询统计所得

综上对3D打印技术和产业情报的搜集归纳，发现目前中国3D打印技术产业化的两大特点。

(1)基于前文的专利检索，对中国3D打印已授权发明专利申请人统计发现，中国前十位的专利申请人机构仅有一家企业，且为日本企业，其他均为中国的高校和科研院所，3D打印核心专利技术在中国主要集中在高校科研院所。企业作为市场运作和技术产业化的主体较科研院所有着更短的"市场距离"，对于跨越核心技术成果转化的"达尔文之海"起着更为关键的作用，中国企业的发明专利申请和布局现状堪忧。

(2)3D打印技术作为一项复杂的高新技术，高校和科研院所研究人员多以专利发明人身份掌握技术，例如华中科技大学的史玉升团队、西北工业大学的黄卫东团队、西安交通大学卢秉恒团队、北京航空航天大学王华明团队等，高校和科研院所对发明专利技术的持有量占比超过75%，企业和个人则占较少部分。由于目前中国的技术成熟度和产业化还处于初级阶段，这种以发明人为主导的专利技术自行或合作实施的产业化模式预期还将持续一段时间直到市场对该技术的接受度显著增强以及技术门槛的显著降低。高校和科研院所作为3D打印主要技术来源一方面主要取决于高校和科研院所承担了大量国家自然科学基金等基础研究课题，处于技术攻关或产业化早期阶段；另一方面，其作为一项由"减材"到"增材"的制造理念颠覆性创新，需大量的探索性、基础性研发投入，从实验室到产业过渡需要一定的适应转化周期和不确定性，产业创新系统正在形成。随着新《科技成果转化法》和地方性科技成果转化条例的出台，以高校和科研院所人员为主体对其 3D 打印专利技术的转化实施是目前中国 3D 打印技术产业化的一大特点。

案例研究可以验证理论、评价理论，也可以构建理论(Dodgson et al.，2006)。本章选取华中科技大学 3D 打印专利技术产业化(自行实施)主体——华科三维公司为案例，通过对该公司为期近两个月的实地调研和对技术与管理团队(企业总经理、首席技术官、销售总监、市场总监和专利管理人员)的面对面和电话访谈，收集企业、行业一手数据和二手资料，结合产业创新系统和知识产权战略理论凝练当前我国 3D 打印专利技术产业化机会与障碍的要素构成与分析框架。

华科三维公司是华中地区规模最大的工业 3D 打印装备研发制造平台，公司注册资本6000 万元人民币，其技术团队起始于华中科技大学 1991 年的快速成型技术研究团队，也是我国最早开始研究快速成型的团队；1996 年成立校内技术中试平台，加速了 3D 打印成果的产业化；2001 年团队快速成型系统制件精度达到国际同类水平；2008 年团队研制成功世界最大台面的激光粉末烧结设备，工业 3D 打印设备初步成形；2011 年成功推出全球最大台面粉末烧结快速成型设备，被评选为"2011 中国十大科技进展"；2013 年，习主席考察该研发团队的 3D 打印成果时指出要"要抓紧实现 3D 打印的产业化"；2014年，湖北省武汉市为加快 3D 打印技术的产业化，将华中科技大学 3D 打印专利技术成果和科研团队整体植入，成立华科三维科技有限公司，公司目前共有员工 60 人，其中研发人员占 25%，专职专利管理人员 1 人，是中国高校以发明人为主体的 3D 打印专利技术直接产业化的代表性案例。

调研了解到，以华科三维研发团队核心成员为发明人的中国发明专利 87 件、实用新型 18 件、外观设计 1 件，其中与 3D 打印技术直接相关的有效发明专利 35 件，实用新型1 件，实施审查已生效的发明专利 27 件。企业的专利主要围绕选择性激光烧结技术，主营产品包括基于 PS 和覆膜砂材料的 S 型、基于 PA、PP 材料的 P 型、基于陶瓷粉末的 C型、基于光敏树脂材料的 L 型和基于合金粉末的 M 型 5 个系列的 3D 打印机，主营产品与以上专利中的 6 项直接相关。

3.3.1　发明人主导 3D 打印专利技术产业化的必要性

中国的 3D 打印研究起步于科研院所，3D 打印的显性与隐性知识更多的掌握在科研院所发明人手中，尽管 2015 年起以企业为主体的桌面级 3D 打印机制造商发展迅速(源于技术门槛较低、市场饱和)，但制约 3D 打印技术发展的瓶颈与前沿仍在工业级 3D 打印机上，即仍依赖于具备研发实力的科研院所。在发明人视角进行中国 3D 打印专利技术产业化研究的立足点源于该技术在我国发展的特殊背景，与 3D 打印专利技术的合理开发、合理布局、合理转化实施密切相关。

发明人主导 3D 打印专利技术直接产业化既有商业模式的特殊性，也有技术背景的特殊性。任何一项专利技术成果都包含了显性知识与隐性知识两部分(Bernard，1999)。例如，专利文本公开的内容是显性技术，而确保专利技术效果实施的技术秘密和经验则是隐性知识。技术研发人员头脑中的隐性知识具有经验性、复杂性、不易传递性，是实现技术成果产业化的关键，在专利申请过程中，发明人与专利代理人的全程互动使发明人对于专利权利要求的保护范围和实施方式有着较深的了解与把握，只有保障研究人员对技术成果产业化的全程参与，实现研发主体与转化主体的结合，探索发明人主导的技术成果产业化，才能破解当前中国新兴技术成果的产业化困境。此外，新兴技术的技术认知跨度、市场接受跨度和融资距离都较大，须实现显性知识与隐性知识控制权的统一，这有利于产业化主体根据技术发展以及市场与投资者的需要改进和完善技术成果，这是3D打印发明人作为产业化主体必要性的理论依据。

3.3.2　以发明人为主体的3D打印专利技术产业化中的知识扩散

　　3D打印作为一项在中国刚步入产业化的高新技术，涉及工程技术与创新管理的多学科领域，其在中国目前的研发创新主要依托于能够充分实现多学科交叉集成的科研院所，2015年的专利申请人中企业主体的增加也多是集中在技术门槛较低、市场相对饱和的桌面级3D打印领域。因此，科研院所在这项技术的未来发展和产业化中处在核心地位。专利的发明人依托科研院所平台产出与3D打印技术相关的显性知识和隐性知识，具体来说：显性知识包含专利、学术论文、3D打印试验设备等；而3D打印隐性知识的内容则更为丰富，包含国际技术前沿、技术秘密、操作经验对上下游技术的了解和对3D打印技术管理、商业模式的深刻领悟，在知识扩散的过程中寻求技术产业化的机会。显性知识向桌面级3D打印技术领域的扩散通常是企业通过专利技术的许可或对到期专利的实施而实现的，由于在精度、材料和制造尺寸上的限制，桌面级的现有市场需求和利润空间有限；而隐性知识不易向桌面级领域扩散主要是由于技术门槛较低、技术已较为成熟，企业单纯的显性知识投入或依托转化主体的显性知识引入已不足以推动产业突破现有瓶颈。真正推动当前制造业变革的、研发与市场热点所在的工业级3D打印技术，从专利申请可见其在中国的研发始于科研院所，显性知识与隐性知识相对集中统一，显性知识归属于科研院所、控制于发明人，而隐性知识归属和控制于发明人，3D打印技术的先进性与复杂性决定了显性知识与隐性知识的同等重要性，两种知识的扩散可以通过发明人与转化主体的合作或发明人作为转化主体，实现专利技术的产业化。除了知识的扩散之外，显性知识与隐性知识向研发领域的回流又会作为知识基础分别反哺科研院所相关学科研发优势和市场优势的培育，形成良性回路孕育新的技术产业化增长点(图3-13)。

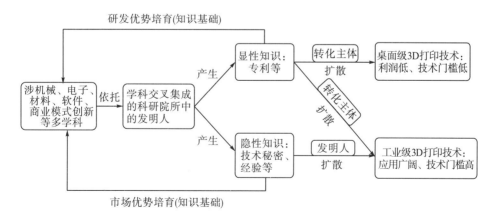

图3-13　以发明人为主体3D打印专利技术产业化中的知识扩散路径

3.4   基于案例的 3D 打印专利技术产业化机会与障碍研究框架

华科三维公司(以下简称华科三维)的专利技术产业化过程可归纳为 4 个阶段。

(1)第一阶段(1991~2006 年)是技术起步。华科三维的技术研发可追溯到华中科技大学快速成型系统研究团队。1991~2006 年,该研究团队聚焦增材制造技术、紧跟国际前沿,将最具工业应用潜力的选择性激光烧结技术作为研究重点,承担了国家科技支撑计划、863、自然科学基金等多项专项课题,其间团队研发人员发表论文 80 余篇,获得专利 10 多项,并多次获得国家科技进步奖、省部级科技进步奖和科技发明奖,在 3D 打印装备、材料及工艺方面的专注研究使其积累了丰富的研发经验与知识基础。技术起步阶段充分依赖于华中科技大学在材料、测量、机械、光电等领域的跨学科交叉优势,研发团队成员间深度融合,形成了相对固定的团队合作模式和管理体系,这种知识的快速积累尤其是隐性知识的积累,为后续发明人主导的专利产业化创造了条件,即一方面团队在隐性知识扩散迁移时的整体带入,降低了企业研发团队的适应成本,在企业成立初期就依托已有的科研成果形成了以选择性激光烧结为主要工艺的技术知识基础并延续至今,形成以技术研发为引领的商业模式雏形,奠定了专利技术自行产业化实施的基础条件和技术路径。第一阶段的发展中,企业经历了商业模式战略选择与知识积累的过程,从单纯的技术研发再许可的模式逐渐转向研发、生产、设计一条龙的商业模式。

(2)第二阶段(2006~2014 年)为专利发展阶段。通过 IncoPat 专利数据库的检索统计,2006~2014 年是该研究团队专利申请最集中的时间段,目前的有效专利 90% 为这个时间段申请的,专利包含了三维空间的测量、3D 打印工艺方法、金属与非金属材料的制备方法、快速成型的设备系统与零部件以及在航空、发动机等领域的 3D 打印技术应用等立体多元的专利保护网,该专利网中的 36 件有效专利设计了 28 个 IPC 大组、30 个 IPC 小组,基本囊括了 3D 打印设备产业化的核心和外围技术,形成了科学的专利布局,降低了产业化中的专利风险并建立了系统的专利组合保护策略。在与华科三维公司专利负责人的访谈中,他提到研究团队布局和申请专利的最重要目的就是通过技术自行产业化实施获利,之所以建立起专利组合布局,得益于在研发的同时对国内外 3D 打印产业进行过专利预警分析、竞争对手分析、产业技术前沿分析,找准了专利布局的要点,而专利产品的自行产业化实施是企业获得和保持技术领导地位的关键。因此,华科三维研发团队的专利是以适应市场需求、功能性强、易于产业化应用为导向的布局,这为后期华科三维公司的快速组建与产业化实现奠定了坚实的以专利为代表的显性知识基础。应当说,实现以使用价值和功能为导向的专利申请和布局一方面避免了垃圾专利的产生;另一方面可以快速实现专利技术的转化实施,使"沉睡"的专利创造经济效益。华科三维团队在该阶段着眼于专利技术的申请布局,立足于单件专利与专利组合的潜在可实施性及其与其他产业的结合,为产业化奠定专利基础。

(3)第三阶段(2014~2016 年)是规模跃升阶段。华科三维成立于 2014 年,但技术研发不是从零开始的;而是实现了以发明人为主体,将选择性激光烧结 3D 打印的显性和隐性知识基础整体带入并转化为市场化运作的产学研平台,由华中科技大学、华中数控、华工投资、合旭控股和发明人团队联合控股(发明人团队控股 20%),对于实现转化的 3D

打印专利技术，发明人团队和大学按照合同以较高的比例进行收益分配，发明人团队对企业的技术控股和有效激励促使企业成立初期便开始实现规模跃增，2014年当年便销售40多台设备，实现销售收入500多万元；到2016年，公司销售额达5000多万元，500多台3D打印机远销国内外，预计到2018年销售额将突破1亿元，对传统产业的替代作用将日益显现。专利和研发团队是华科三维初创的核心资源。通过对企业客户资料的整理发现，在企业目前的208家客户中，制造业企业有58家，占比28%，其他以科研院所为主，在这些制造业企业中，包含了船舶制造、发动机、飞机、汽车、泵、模具加工、仪器仪表、光电等行业，这显示了目前工业级3D打印机的市场应用领域主要存在于制造业的零部件加工环节上，科研院所客户占多数反映了目前在我国3D打印还处于市场应用的开拓挖掘和技术研发阶段。华科三维的销售总监表示，企业打印材料与工艺的研发经历了由覆膜砂、PA到氧化铝、氧化锆金属合金再到碳化硅陶瓷材料的转变升级，这是基于团队已有的知识基础，将研发与市场需求的紧密对接，企业长期立足于湖北主要考虑到湖北在中部地区的区域技术优势。由于中国3D打印的市场需求还不明朗，因此企业的商业模式定位为对零散型产业的整合和对传统制造业3%～5%的替代。为此，目前企业的R&D投入占到总收入的50%，目的是将研发、中试与市场化应用结合起来，"摸着石头过河"。由于3D打印涉及了多个产业的技术，且在应用上也涉及多个产业，是名副其实的技术融合型产业，且国内不同区域的技术发展程度存在差异，产业和区域在专利属性上的不同是3D打印专利产业化的过程中的一个重要外部因素，华科三维在对接市场需求时有着对产业和区域进行技术属性测量的实际需求，以进一步引导企业在不同行业的技术布局。企业在该阶段更加注重技术的外部性和区域性特征。

（4）第四阶段（2014年起）是产业可持续发展的阶段。企业技术创新的可持续发展离不开对技术发展态势、产业前沿与规律和知识产权立法律政策的综合把握（许培源等，2014），这也是3D打印隐性知识的重要组成。3D打印从技术的诞生之日起就与知识产权建立了密切联系，甚至在某些方面对现有知识产权制度存在挑战，尤其与专利实施有着较强的互动关系（Liu et al.，2015）。华科三维从创办之初就十分关注3D打印与知识产权制度尤其是专利制度之间的关系，如华科三维的首席技术官所述，这"关系到企业的长远生存问题"，也是"3D打印产业所特有的"。从2014年起企业主要技术力量就开始深度参与华中科技大学主持的国家社会科学基金重大专项"3D打印产业发展与知识产权制度变革研究"，企业也作为重要合作咨询方参与2016年"3D打印快速成型技术"国家知识产权局专利战略推进工程项目，参与3D打印制度建设并站在知识产权理论研究的前沿，为企业发展厘清知识产权法律政策障碍并从技术进步角度推进法律政策完善。华科三维是高校发明人主导的专利技术产业化的成功范例，其实施模式中尤其是关于知识产权归属、权属分割、利益分享以及发明人在专利成果产业化中的地位和作用的成功实践对于高校科技成果转化条例、职务发明条例和专利法中对职务发明的规定条款都有着重要的启示意义。因此，在产业可持续发展阶段，华科三维的3D打印专利技术产业化实践制约于并影响到专利法律政策的制修订，制度的完善又反过来对技术和产业的发展起着决定性作用。该阶段影响企业发展的关键在于制度性相关的因素。

综上所述，华科三维作为我国有代表性的3D打印企业，通过对其发展的案例分析，从专利视角下可凝练出符合产业创新系统理论内涵的我国3D打印专利技术产业化机会与障碍的五构件维度,即"战略性—功能性—外部性—区域性—制度性"(图 3-14),分别对应了 Malerba 的产业创新系统五构件框架,即产业系统的淘汰与多样化生成、基本技术、组织间的交互、知识基础、制度,进一步对五构件框架进行简化,可生成战略性(产业系统的淘汰与多样化生成,亦可归纳为商业模式)、技术性(含基本技术、组织间的交互、知识基础,分别对应功能性、外部性、区域性)、制度性(即指制度)的三构件框架。本书的分析框架就是建立在 Malerba 的产业创新系统五构件及其简化后的三构件理论基础之上。

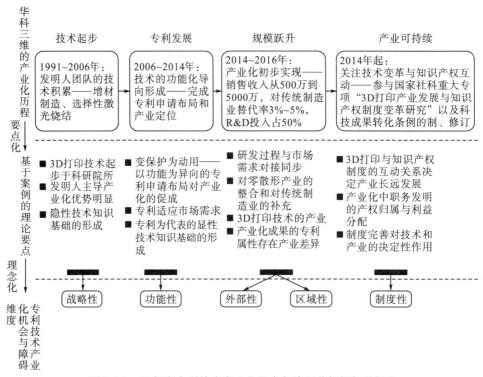

图 3-14　3D 打印专利技术产业化机会与障碍分析框架的提出

3.5　本章小结

商业模式的形成机理是对产业化的现状、趋势、模式的综述研究。研究发现,3D 打印的商业模式总体上讲是对零散型产业的整合,其市场空间主要体现在制造环节和服务环节两部分,专利情报可以刻画其技术发展空间。3.1 节的研究发现,3D 打印产业化的商业模式机会包含了对零散型产业整合的机会、市场与技术空间机会、与传统制造业和互联网融合的机会,相应的障碍则包括零散型产业的标准化障碍、市场需求与技术不成熟障碍、传统产业对 3D 打印技术兼容性的障碍和互联网商业模式下的知识产权风险障碍。如前所述,案例是构建理论的有力支撑,3.2 节、3.3 节、3.4 节以华科三维公司的 3D 打印专利技术产业化为案例,基于产业创新系统理论和案例研究提出 3D 打印专利技术产业化机会与障碍的分析框架构成要素,即"战略性—功能性—外部性—区域性—制度性"的五构件分析框架。其中,战略性(即商业模式)部分已在 3.1 节论述,功能性、外部性、区域性统称为技术性(即技术发展),其理论与实证将在接下来的章节进行探讨。

第四章　3D 打印专利技术产业化技术性机会与障碍的分析机制

　　根据迈克尔·波特的《竞争战略》中对产业环境和产业化路径的论述，可结合我们对 3D 打印所掌握的信息将其对应归到战略不确定性较大的零散型和新兴产业两个类别中。由于 3D 打印技术真正规模化经营起步较晚，产业中的企业类型多以中小型企业构成，不存在左右整个产业活动的市场领袖（罗军，2014），符合零散型产业的基本特征。从战略制定的观点来看，3D 打印技术产业形成不久，暂未形成固定范式的竞争规则，战略不确定性对其产业化而言既是机会又是障碍（图 4-1）。商业模式、技术、政策并称为推动技术产业化的"三驾马车"，三者之间可以形成以技术创新为衔接的融合互动模式，即技术创新支撑和驱动商业模式创新，商业模式创新推动技术成果转化应用，政策创新为技术创新和商业模式创新保驾护航。结合第三章的案例分析，在产业创新系统视角下对 3D 打印专利产业化机会与障碍的探索性分析可从战略性、功能性、外部性、区域性和制度性五构件建立一个基础框架，分别对应专利视角下的商业模式、技术功能属性、产业专利属性、技术知识基础和法律政策环境五方面（图 4-2）。

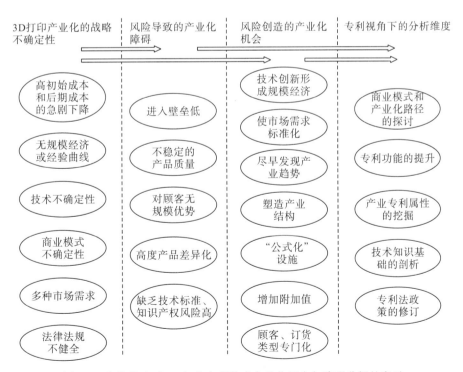

图 4-1　竞争战略对 3D 打印专利技术产业化机会与障碍分析的启示

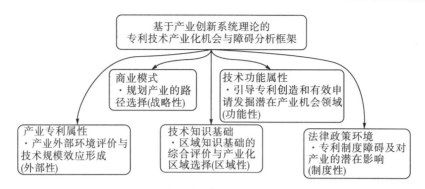

图 4-2　基于产业创新系统的专利技术产业化机会与障碍"五构件"分析框架

4.1　专利竞争情报在技术产业化分析中的应用

技术产业化的发展与专利规模的扩张往往相生相伴。专利竞争情报作为一种具有法律性质的技术与商业情报，在技术和产业规模测量、技术分析与预测、技术交易中的风险预警、企业和行业发展态势、国家与产业技术竞争等方面的研究已成为最具价值的数据样本和情报来源。专利情报分析则是对专利情报中所包含信息的抽取、整理、加工、分析和利用的过程，通过统计和计量的方法，将分散的专利情报信息聚合和再现。随着全球知识产权保护与创新体系的完善，专利引领技术创新的轨迹愈加明显，专利与技术市场的关系愈加紧密，将专利情报应用于技术市场的产品化、商业化、产业化分析与监测已成为一种新动向（Rassenfosse et al.，2016）。

（1）专利情报在创新成果开发和产业化各阶段的应用。创新成果开发转化各阶段包括创新探讨、基础实验、工厂实验、商品化等，创新探讨阶段的专利信息应用事项主要是专利调查、技术动向跟踪、制作专利地图（patent map）、市场调查、拟定研究开发方针；本阶段基于专利信息应用的申请专利、将创新成果权利化的工作主要有研究设计前就考虑专利实现问题，即新颖性、创造性、实用性、技术特征可专利条件；设计专利保护的范围、力度，以及专利规避设计；对其他公司策略的专利信息应用主要是专利技术调查及制作专利关系图，确定其他公司有无基本专利及其保护期限。研发实验阶段的专利信息应用事项主要是修正研究开发方向，确立技术的基础理论；本阶段基于专利信息应用的申请专利、将创新成果权利化的工作主要有基本专利申请，应用性、改良性专利申请等工作；对其他公司策略的专利信息应用主要是继续追踪其他公司的专利动向。

工厂实验阶段的专利信息应用事项主要是研究设备与装置，确立生产系统所需专门技术，产品新用途开发、提供样本供使用对象评价、共同研究；本阶段基于专利信息应用的申请专利、将创新成果权利化的工作主要有基装置、系统、生产方法技术申请专利，产品新用途专利申请，适当布置专利网，加强 know-how 管理等；本阶段研究对其他公司策略的专利信息应用主要是针对所采用的技术进行详细的专利调查，制定防御措施：回避，取得新专利，撤销、异议、无效、交叉许可，继续追踪调查。创新成果商品化阶段的专利信息应用事项主要是建立生产厂（或车间、生产线），制造销售，回收 R&D 费用，开始对相关应用技术的研究开发；本阶段基于专利信息利用的申请专利、将创新成果权利化的工作主要有监视其他公司的动向和侵权行为，再度评价已申请的专利，落实发明报酬、奖励等工作；本阶段研究对其他公司策略的专利信息应用主要是确保先用权的对策，追踪调查其他公司的专利动向。

（2）专利情报在创新成果许可与实施中的应用。创新成果技术许可与成果转化中的专利信息应用，主要体现在专利许可、专利实施、专利转让以及强制许可等情形下的专利信息利用中。专利实施许可通常包括独占实施许可、排他实施许可、普通实施许可、以及强制性实施许可和国家计划实施许可。在专利实施许可合同中，专利信息检索被应用在以下重要的方面，包括发明创造的名称和内容、实施许可的范围、合同标的的相关事项、保密事项、技术服务内容、验收标准和方式、使用费及支付方式、违约金或损失赔偿、后续技术改进的提供及分享、争议的解决途径，双方当事人的权利与义务等。

专利信息的检索和分析也适用于专利许可战略中的应用。在转让专利权和转让专利申请权合同中，专利信息主要应用在研究发明创造的名称和内容、合同标的事项、实施和实施许可情况、技术资料、价款及支付方式、违约金或损失赔偿的计算方法、争议的解决，专利权转让合同成立的条件，专利权被无效风险的预先分析等方面。在申请人专利申请权转让合同内容中，专利信息主要应用在研究发明创造名称和内容、影响其专利性或专利价值的现有技术、法律状态及性质、技术实施情况、技术资料、申请被驳回的责任、价款及支付方式、违约金或损失赔偿的计算方法、争议的解决、专利申请权转让合同成立的条件、专利申请被驳回风险等方面。专利信息的应用还可以带来解决捆绑技术秘密问题，在对某项专利的许可谈判中，许可方表示该项专利中附带了若干技术秘密，若要实施该件专利必须同时实施若干项技术秘密。那么在这种情况下如何明确与共享这部分技术秘密成为被许可人的一大难题，解决方法的核心就是准确的专利信息分析工作，界定出已有的知识产权界限，为技术秘密的可能范围厘定较为准确的空间。创新成果的专利许可或转让中的专利信息应用还体现在研究后续改进技术成果的回授问题；而基于专利信息分析在处理这样的合同条款时，必须明确三个问题：要明确后续改进的技术成果的知识产权界限；回授的范围是否包括其关联主体；结合知识产权有效期等因素明确回授的截止期限。

创新成果转移过程中的专利信息检索，主要是通过计算机检索等多种途径，检索与发明技术、科研成果相关的对比文献，并运用综合分析和对比的方法，评价发明技术、科研成果的"新颖性、创造性"工作，对比技术成果涉及的专利信息，研究技术成果是否能专利申请，以及分析制定标准所涉及的专利信息，从而应用于创新技术引进、合作共享、标准必要专利的策略研究。

（3）专利情报在创新成果引进中的应用。创新成果技术引进在相关主体的发展中具有重要的作用。引进外来先进技术，尽快实现产品的更新换代是相关主体赢得竞争优势的捷径。技术引进与专利信息应用存在着密切的联系。相关主体的技术引进工作是一个对引进技术以及引进模式的选择过程，在这个过程中我们可以充分利用专利信息，指导技术引进工作。创新成果的专利技术引进工作是一个不断选择的过程，这一过程包括创新成果技术的选择、引进方式的选择、合作方的选择等。其中选择引进的创新技术成果是技术引进工作的首要问题，它关系到相关主体技术引进工作的成败，专利文献是报道最新发明创造最直接的信息源，同时也是世界上最精确、最严密的追溯性资料。相关主体在进行创新成果技术引进工作时要充分利用专利文献，选择合适的技术。创新成果技术引进中专利信息应用战略包括专利信息调查战略、利用失权专利信息战略、有转化或许可记录的专利引进战略等。

创新成果技术引进方可以运用专利信息，了解技术成果的各项状态指标，以决定引进何种技术以及引进的价格。调查的内容主要包括：①本领域技术动向调查。它是指在广泛搜集过去及新近出现的技术信息的基础上，分析当代技术水平并预测今后技术发展动向而进行的调查。通过对技术动向的调查可把握需引进的技术所处的层次，明确企业技术引进的总体方向。②同行业先进技术调查。它主要包括：对同行业某项特定技术是否是专利技术、是何种专利技术、是否是有效专利、专利权的期限还有多长，以及特定技术和特定专利之间的关系等情况的调查；调查技术所处的生命周期（开发期、成长期、成熟期、衰退期）。该项调查，对企业能否进行引进、引进价格高低具有很好的参考意义。③具体的可行性调查，首先是进行适用性情况调查。一般来说，衡量技术适用性的标准主要有目标的适用性、产品的适用性、工艺过程的适用性和文化与环境的适用性；其次是进行可靠性情况调查，即引进的技术是否成熟，生产工艺、产品质量是否可靠，是否可以实现产业化；最后是进行剩余市场调查以及市场发展趋势调查，通过产品信息、客户名单，了解暂时未被其他主体占有的市场，以及相关主体引进该技术后可能占有的市场份额。

利用失权专利战略是指在某项他人的专利临近失权或提前失权时，利用该项专利进行开发实施的准备工作，一旦该专利失权，立即实施。由于专利失权原因的多样性，很多失权的专利依然具有较高的使用价值和开发价值以及广阔的市场前景、利用失权专利可免付使用费从而降低技术成本，风险系数较低，效率较高。从研发创新技术成果的角度讲，也可在该失权专利技术的基础上，进行二次开发，充分利用它的价值，当然这应注意作好市场调查和预测，预防其中的不确定性。

在创新成果转移中的专利信息应用应当服务于相关主体的市场地位和业务所需的专利引进战略。一般地，技术引进有以下的具体目标：①直接利用引进技术，迅速占据国内市场，填补企业技术空白；②对引进技术进行改进创新，生产出较原有产品更具竞争力的新产品，以占领国内外市场；③引进尖端专利技术，利用企业技术优势，实现技术的成熟化、市场化，抢占市场优势地位。通过专利信息应用的调查比较，摸清相关主体的战略定位，走引进、消化吸收、创新、扩散、再引进、再创新之路，先在主要技术领域达到先进水平，积蓄后发优势，再瞄准突破，在前沿技术领域寻求突破，以实现技术发展的跨越。

概括而言，专利信息分析可概括为两个大类，即专利统计分析和专利计量分析（刘鑫等，2015）。其中，专利统计分析侧重于对专利文本中包含的显性信息进行提取和简单统计，这些显性信息包含专利数量与发展趋势、专利权人/发明人、技术领域分布、专利法律状态信息等，通过对文本的加工、提取和简单统计获得企业、产业和区域的技术现状、趋势、分布、来源等信息，对比相关主体的技术竞争优势。专利计量分析是在统计分析基础上对专利文本中的情报进行深入挖掘的一类路径方法的总称，如果说专利统计分析是一种较为初级的专利层分析，那么专利计量分析则可以将专利信息的利用上升到产品层和产业层，发掘潜藏于专利显性文本背后的深层次信息，专利信息与技术产业化之间的关联正是建立在专利计量分析的基础上。在产品层，专利计量分析中的自然语言处理、文本挖掘与聚类、专利地图能够起到产品的技术性评价产品化机会识别的作用；在产业层，通过专利文献计量与文本挖掘、专利指标学测量和其他产业测量方法和理论，可以实现绘制技术和产业发展路线图、对技术与产业发展进行测量、产业化机会与风险识别以及对技术产业化潜力进行评价（表4-1）。

表 4-1　专利信息分析与技术产业化——与本书相关的分析功能与方法汇总

层级	功能	主要方法	相关文献
专利层 （初级层）	技术态势与布局	专利统计分析	刘鑫等（2015）
	竞争对手识别	专利统计分析	高继平等（2012）
	技术合作	社会网络与专利引文分析	Lee 等（2012）
产品层 （中级层）	产品的技术性评价	自然语言处理与文本挖掘	Gerken 等（2012）
	产品化机会识别	文本聚类与专利地图	Yoon 等（2016）
产业层 （高级层）	产业发展测量	Delphi 法和联想规则挖掘，专利指标学	Daim 等（2006）；Fontana 等（2013）
	技术和产业演进路线	专利共被引与文献计量	陈美超（2009）
	产业化机会与风险识别	专利文本挖掘与专利地图	Park 等（2013）
	技术产业化潜力评价	模糊综合决策	Nuray 等（2006）

面向市场的专利信息又可称为专利竞争情报。专利竞争情报分析对技术产业化的作用机制主要是指通过专利情报分析对技术产业化中潜在的技术性机会与障碍进行识别、分析、利用和规避，引导研发和技术布局，提出驱动技术产业化的合理化、策略性和操作性建议（图4-3）。归纳起来，专利情报视角系下技术产业化的技术性机会与障碍主要存在于：①专利数量体现出的技术和产业发展态势怎样？②国内外有哪些专利权人正在活跃于技术和产业竞争，其特点如何？③我国与技术先进国家的在专利技术上的优劣势和差距如何？技术演化路径有何区别？④专利技术的发展前沿在哪里？⑤应着重在哪些产

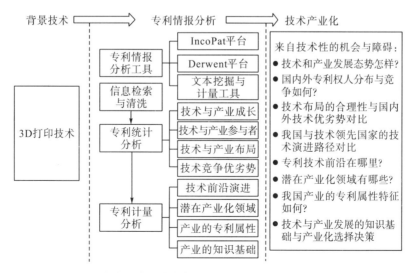

图 4-3　本书中专利竞争情报应用于技术产业化的分析机制

业领域推动专利技术的产业化优先发展？⑥我国的专利技术产业化的外部环境怎样？有哪些特征？⑦我国推动专利技术产业化的基础条件在区域和技术工艺上有什么特点？如何进行选择决策？在本章剩下的部分和第五章的实证研究部分会尝试解答这些问题。

4.2　技术功能属性在专利产业化适用性分析中的作用

技术产业化的发展有赖于专利功能内涵的提升。从专利个体层面讲，专利技术的产业化一方面能够为专利权人创造收益，另一方面可将专利个体的技术功能转化为社会经济效益。可以说，专利技术产业化的实现是以专利个体在某产业领域内特有技术功能的实现为前提的，在法律意义上对专利"实用性"的要求也印证了这一点。只有在功能上满足产业、市场和技术再创新需求的专利，才具备产业化的强大潜力（刘鑫等，2016）。从产业创新系统的理论视角看，技术及其系统的功能是保障产业共性和关键技术有效供给的支点（张治河，2003）。3D 打印涉及多个技术与产业领域，其功能性专利亦可在多领域实现产业化。因此，从专利文本中挖掘与技术功能和产业相关的内容，并对这些内容进行量化评价，就成了以解决技术问题为导向，为专利个体寻找产业化机会路径的一条出路。

4.2.1　专利技术功能属性的提出

目前专利文本挖掘技术主要包含了以下方面。①自然语言处理。即借助计算机对专利电子文本中的文字信息进行分析与表征，从专利文本数据中提取特定的语义结构，将技术信息转换为简单的语言结构。②基于规则的文本挖掘。该方法主体上包括模糊推断规则法和联想规则法，适用于对从海量专利数据中萃取的语义结构进行创造性的、意图明确的联想。③基于语义分析的挖掘。该方法依托对相关知识域的了解，创造该域内具体概念之间的关系，可以帮助有效识别专利相似性，预测技术的未来走向。④神经网络分析法。主要应用于专利分类与技术预测，该方法是将后向传播神经网络法则与Kohonen 网络学习法则应用于专利引用网络的构建与分析。⑤专利"属性-功能"分析法。它是通过对专利文本进行语法分析，提取其中表征属性和功能的词语。

技术功能属性的基础理论源自 Miles 指出的工程技术领域对于提升产品价值的不懈追求（Miles，1961）。第二次世界大战结束后，美国通用电气公司面临生产原材料不足，进而需解决原材料采购的替换选择问题，面向功能的技术分析需求也由此萌生。与这一事件几乎并行产生的另一个著名理论——"发明问题解决理论"（简称 TRIZ）（Altshuller，1984），也为专利技术功能分析提供了理论支撑。依据 TRIZ 的基本哲学思想，任何一个发明问题都可以表示为需求和不能满足这些需求的原始系统之间的冲突，为探索冲突问题解决方案，技术功能和可能实现该功能对应知识库可以成为冲突问题解的指针。而从技术观察和使用者的角度，我们认为这种冲突具体可以体现为技术功能滞后与技术需求进步之间的矛盾。TRIZ 的另一个基本哲学思想指出，无论是一个简单产品抑或是复杂系统，其核心技术的发展都遵循一定的客观规律，而这种规律体现在技术应用层面可以概括为以技术功能变迁和技术效果改进为主线的客观演进规律。

4.2.2　技术功能属性与专利产业化的关联性

技术产业化的最终目的就是将科学技术转化为现实生产力，即通过知识产权外部输出，为研发主体创造知识产权的价值利润。专利作为科技成果的法律存在形式之一，以其在法律的稳定性、权属的明确性、技术的先进性、产业的实用性方面的优势，已成为技术成果产业化的重要载体。

从技术进化的理论出发，产业化与技术之间的互动是一个复杂的作用机理，我们把专利技术与产业化看作两个互动集合，用集合映射理论揭示二者之间的关系。结合专利技术产业化的特点简化了技术功能视角下的专利产业化模型（图4-4），即专利通过技术功能的实现而具备产业化的可能，产业对专利的选择又可概括为对技术功能的选择。

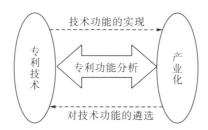

图 4-4　技术功能分析在专利技术及其产业化之间的纽带作用

专利的技术属性体现在人类将其所包含的功能赋予工业产品，并通过使用产品再将其功能属性应用于生产和生活，最终实现促进技术发展和社会进步。每项技术或系统都有其要实现的特定功能，功能也是技术使用者最直接的效果体验和代表产品基本属性的显性特征。因此，专利的技术功能分析可以定义为以专利文献中特定的功能性术语为研究对象、以文本挖掘为主要研究方法的专利分析技术。一般的专利统计分析方法虽能从专利的统计学特征显示专利竞争态势，但难以反映专利文献所包含的深层信息，技术功能分析可锁定专利的功能特征，帮助挖掘专利技术产业化潜在领域，对专利成果转化起到引领作用。

4.2.3　技术功能分析在专利产业化机会评价中的实现路径

若能将具备特定功能的专利与实现该功能的产业进行关联，则一方面能促进专利向产业的流动，另一方面也会促进相关产业向技术密集型转化。可通过以下步骤实现这一目标：专利技术功能的定义与提取；专利技术产业化领域识别；专利技术产业化适用性评价（图4-5）。

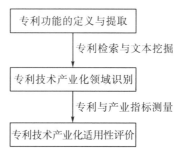

图 4-5　技术功能分析在专利产业化评价中的实现路径

1)语义测量

对于技术功能的定义与分类可参考美国国家科学技术研究所(NIST)的技术功能分类法,以动宾结构(AO structure)为文本挖掘的目标结构。按照这一分类法的原则可知,动宾短语体现功能特征,宾语体现技术特征。在该分类中,技术功能可分为 8 个大类,分别为分支(branch)、渠道(channel)、连接(connect)、量级控制(control magnitude)、转换(convert)、规定(provision)、示意(signal)、支持(support),这 8 个大类又可依树状结构再细分为诸多二级功能、三级功能。由于专利中包含了大量的动宾结构,是技术功能分类的重要应用实施例,因此以该分类法对功能的定义为理论依据是可行的。

在对专利文献中的功能性词汇进行提取时,将使用功能相似性测量工具汇总与我们定义的功能性词汇意义相近的词组,此处以 Wu 等(1994)提出的概念相似性度量方程为据,即在计算机自然语言处理过程中,概念 c_1 与 c_2 的相似程度可通过上式来检验:

$$\text{SIM}(c_1, c_2) \cdot \frac{2 \times d(c_3)}{d(c_1) + d(c_2)} \tag{4-1}$$

其中,$d(c_n)$ 代表概念分类系统起始点到概念 c_n 的路径距离,c_3 为 c_1 和 c_2 最邻近的上位义项,通过设定 SIM 值的下限来筛选语义相近的词汇,一般选取 0.8 为下限值,若 SIM 值大于 0.8 则表明二者具有近似语义(Wu et al. ,1994)。

2)技术功能效用的 S 指数

根据技术演进的 S 曲线与 TRIZ 理论对于技术功能效果的描述,遵循罗杰斯曲线特征的经典 S 曲线的纵坐标所代表的技术累计效用体现着技术的功能效用,经概念推演可知,技术的功能效用演进同样遵循 S 曲线特征,即随着原有技术功能的衰老,新的功能又会不断产生,并在效用上实现替代和进化,技术累计效用与功能效用之间有着相似的演进规律,且在某种程度上具有概念的可替换性。因此,在专利技术功能视角下可改进 S 曲线如图 4-6 所示。在一定的技术领域内,由于新技术功能可能产生于旧技术功能发展的任何一个阶段,S 曲线有多条同时存在的可能。与经典技术演进的 S 曲线类似,图

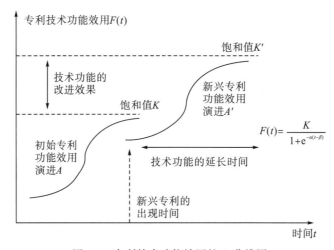

图 4-6　专利技术功能效用的 S 曲线图

中 A 和 A' 代表两条专利技术功能效用演进曲线，$F(t)$ 表示专利技术的功能效用，K 和 K' 则代表两条曲线的饱和值，α、t、β 分别表示曲线的成长率、成长时间和曲线的反曲点。基于以上分析，我们定义了衡量专利技术功能效用发展水平的 S 指数（S-index），即

$$S = \frac{N_f}{N_t} \tag{4-2}$$

其中，N_f 代表具备特定功能特征（动宾短语）的专利数，N_t 代表该具备特定技术特征（特定宾语）的专利数。

若 S 指数处于 $0 \sim 0.2$ 则代表专利技术功能效用的萌芽期，$0.2 \sim 0.8$ 为成长期、$0.8 \sim 1$ 则为成熟期（Prickett et al.，2012）。

3）专利技术产业化适用性评价模型

不同产业对于具备某种特定功能的专利有着不同的需求程度，也就是说，专利的功能属性在不同产业中的有着不同的适用性（applicability，后文简写为 A），为了度量和评价这种适用性，有学者建立了包括功能在产业中的绝对重要性（absolute importance，AI）、相对重要性（relative importance，RI）以及技术功能的质量（function quality，FQ）三个维度的测量指标（Park et al.，2013），该指标体系中的 FQ 表示在具备特定功能性词汇的专利文献中，该功能性词汇出现的频率。然而，专利中特定功能性词汇出现的频率存在诸多外部干扰因素，若仅从专利的摘要中挖掘取词，这项指标则不具备代表性，难以说明该功能在专利中的显示度（或质量）。我们将这一指标替换为上文中表示专利技术功能效果发展水平的 S 指数，若 S 指数越高，则代表该功能的效用在某一产业中发挥得越好，S 指数愈接近 1，表示该功能在产业中发挥的效用愈趋成熟，而新的替代性技术功能亦可能随之出现。换言之，若 S 指数趋近于 0，则表示该功能在产业中发挥的效用还处于萌芽起步阶段，具备该功能的专利技术在产业中还有着较大的研发创新空间。S、AI、RI 共同构成了评价专利技术产业化适用性改进模型的三维指标体系。

（1）专利技术功能效用的 S 指数：具体表示形式和意义可参考上中的论述。

（2）专利技术功能在产业中的绝对重要性指数（AI）：即一定时期内某产业中包含特定功能专利的实际数量，表示为

$$AI_c = \sum_{i=1}^{N_c} P_{ic} \tag{4-3}$$

其中，就是将产业 c 中具有某特定功能的专利数 P_{ic} 求和，越大，则该功能在这一产业中的绝对重要性越强。

（3）专利技术功能在产业中的相对重要性指数（RI）：即一定时期内某产业中包含特定功能专利的实际数量在该产业专利总数中的占比，表示为

$$RI_c = \frac{1}{N_c} \sum_{i=1}^{N_c} P_{ic} \tag{4-4}$$

其中，N_c 表示该产业中所拥有的专利总量。同样地，越大，则该功能在这一产业中的相对重要性越强。

因此，专利技术产业化适用性可表示为

$$A = S + AI + RI \tag{4-5}$$

A 越大，则具备某种功能的专利技术在某产业中的适应性越强，实现产业化的潜力也就越大；A 越小，则这种适应性就越弱，产业化的潜力也就相对较小。第五章将利用上述理论与方法路径，对中国 3D 打印专利进行技术功能分析的实证研究，实现从专利个体层面对 3D 打印专利技术产业化的适用性进行评价，发现存在于专利个体层面的我国 3D 打印技术产业化潜在机会与障碍。

4.3　产业专利属性维度下技术产业化机会与障碍的识别

专利技术的产业化应是专利申请的终极目标，但在诸多产业领域，专利并不是所有主体从创新中获得利润的典型途径，这也就造成不同产业的专利属性和结构存在差异，进而对不同产业的专利技术产业化产生影响。对于技术涉及了多个产业的 3D 打印来说，其专利技术产业化问题的研究须着重从产业环境维度对技术产业化成果所涉及产业的专利属性和结构进行探析，以求挖掘专利技术产业化的公共发展环境信息，指导 3D 打印知识产权的行业布局与结构优化。

4.3.1　产业专利属性的界定

专利偏好（patent propensity）在一些文献中被定义为专利产出与研发支出的比值（又可译作"专利申请倾向"）（Scherer，1983），这一界定主要阐释了专利产出与创新支出的关系，但并未反映出一件创新成果是否申请专利的主客观影响因素，诸如与不同专利申请主体策略和不同产业特点的相关性。后来的研究进一步明确了专利偏好的界定，即在特定时间范围内，专利化的创新成果占总创新成果的比值（Moser，2012）。为了进行实证研究，探索一种量化创新成果的方法就显得十分必要，最重要的就是将创新成果与专利、产业建立对应关系。

不同产业由于其本身所具有的特定历史原因、行业和地域特点、技术产出模式、人力资源成本、效益规模等方面的差异，专利在其中发挥的作用亦有所区别。一项发明创造通过申请、授权程序转变为具有法律状态的专利，从专利权人的角度来讲，其主要目的之一是通过对专利的单独或合作实施获取经济利益，实现专利产品化、产品商业化、商业产业化。由于影响专利技术产业化的因素包含了技术本身、相关主体和外部环境等诸多方面，是一个综合作用的过程。基于此，我们将产业的专利偏好定义为度量不同产业技术领域中专利技术成果在创新成果中所占比重的数据指标，不同产业技术产业化成果的专利偏好就可定义为一定时期内特定产业的技术产业化成果中包含的专利数量与技术产业化成果数量的比值。此外，专利技术产业化活动离不开相关主体间的合作，合作意味着资源和优势的互补，决定产业化项目的性质和走向，对项目合作的研究有利于发掘产业化主体合作模式的规律性，即专利技术产业化的主体合作模式特征。

若给产业专利属性增加一个技术类别的维度，则可以通过技术融合的理论和测量方法衡量一个产业中特定技术对其他不同技术的整合吸纳程度（Matti et al.，2012），亦指产业中不同技术轨道的整合所导致的技术元素的整合的过程（李丫丫等，2016）。Rosenberg 基于对美国机械产业与通用技术整合的研究，最早于 20 世纪 60 年代提出"技术融合"的概念，并由此开启了"产业融合"领域的研究。产业融合建立在规模化的技术融合基础上，是技术融合在产业层面的体现，也是技术进入新的产业领域的表征。3D打印从专利的产业分类角度看涵盖了特殊机械、材料冶金、医学技术、纺织和造纸机器、计算机技术、高分子化学聚合物等六大产业领域，从市场应用角度看则涉及先进制造、软件、生物、材料、电子、互联网等产业大类，是一项典型的多领域技术交叉融合型产业，是对多技术轨道进行融合创新的代表性产物。在产业层面下，对特定产业的跨产业交叉融合度进行定义和测量，就形成了产业技术融合度的概念。因此，产业的专利属性可以构建基于"产业化成果的专利偏好—产业化主体合作模式—产业技术融合"的三维测量结构(图4-7)。

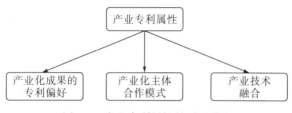

图4-7　产业专利属性的测量维度

4.3.2　产业化成果的专利偏好及其影响因素

不同产业和机构及其合作主体对于选择以何种方式保护其创新成果存在策略性差异，进而导致不同机构申请专利的动机产生不同；同时，由于不同国家和地区的专利体系和制度差异，导致各个地区专利保护强度的不同，使产业专利属性存在区域和合作上的差异性(Boldrin et al.，2008)。由于产业化作为技术创新的最终体现形式，在技术转化实施时，不同产业类别和合作特征的产业化成果对专利的偏好就有所不同，可反映在技术产业化成果的产业差异性上。

基于同一时期的同一个专利保护体系下而言，技术产业化成果专利偏好的产业差异性主要取决于技术和产业两方面因素(图4-8)。①从技术因素看，技术发展水平即技术成熟度决定了产品(即产业化成果)中专利的基本规模(张惠琴等，2014)。随着技术发展规模的扩张，技术竞争加剧，在特定产品中的技术竞争者逐渐增多并形成以替代性和竞争性专利扩张为代表的"专利竞赛"(Gao et al.，2010)，产品的专利技术特点体现在替代性和竞争性专利的可衍生和开发难易程度上，进而逐渐形成基于专利偏好特征的产业化成果的技术特点差异性(Clarkson，2005)。②从产业因素看，不同产业在商业模式、创新模式和组织模式上的差异亦会影响其产品(即产业化成果)的专利偏好。例如，对于完全依托商业模式创新的形成产品而言，专利在其中发挥的作用就较弱(Lee et al.，2013)。同样，开放式的创新模式和组织模式相对于传统的封闭或半封闭式模式而言，专利作为具有垄断性的技术载体的功能和存在也会被弱化(Bhaskarabhatla et al.，2014)。目前对于中国的产业专利偏好研究还略显匮乏，尤其是对技术产业化成果中专利分布特征及其公共发展环境的研究还处于空白，这不利于较好地引导3D打印等新兴专利技术与产业对接。

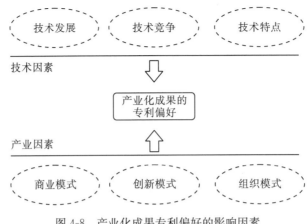

图 4-8　产业化成果专利偏好的影响因素

4.3.3　产业专利属性在机会与障碍分析中的研究问题

对于中国 3D 打印专利技术涉及产业的专利属性的研究，有利于导航 3D 打印相关产业的专利机会与障碍，推动 3D 打印产业在我国的合理规划和实施。

产业的专利属性能够刻画和度量某个特定区域内不同产业的专利偏好程度，再结合产业技术融合度的测量，就能够对特定技术在特定区域内的产业化前景与环境进行量化研究，对于相关研发主体而言，能够更好地识别专利技术产业化成果的产业环境特征，这种产业的专利属性差异是基于对产业化成果进行测量而得到的，决定了专利权人的产业化领域选择与产业化决策方向。每个产业在特定时间、特定区域内的专利偏好具有差异性，那么对中国 3D 打印专利技术产业化适用性的评价就应建立在对中国 3D 打印相关产业的专利偏好量化测量的基础上，实现从产业化成果的专利属性维度对产业化机会与障碍的分析。综上所述，面向技术产业化成果的专利属性研究专利产业化的机会与障碍，可形成如下研究问题。

(1)中国 3D 打印涉及的六大产业领域(其他特殊机械、材料冶金、医学技术、纺织和造纸机器、计算机技术、高分子化学聚合物)近年产业化成果的专利偏好程度如何？

本书的背景情景是中国的技术产业化环境，中国技术产业化的相关主体包括科研院所、高校和企业。3D 打印在中国的产业化环境还需对相关产业化主体的专利偏好、合作关系等特征模式进行分析，这对 3D 打印技术在中国的产业化模式亦将带来启示。

(2)在中国专利技术产业化成果的相关主体中，企业、科研院所和高校的专利偏好如何？企业与科研院所、企业与高校、科研院所与高校之间在产业化成果合作方面的紧密程度如何？

3D 打印对不同产业的技术进行融合发展时，会吸纳整合其他产业及其技术参与自身发展，产生产业交叉融合的态势。随着中国 3D 打印应用市场的不断拓展，3D 打印在对多产业技术进行吸纳整合及对接市场需求时，横跨并融合的产业也将越来越多，这对于技术的规模化发展和应用市场的拓展至关重要。

(3)当前中国 3D 打印产业的技术融合态势有何特点？以上三个研究问题将在第五章的实证部分展开探究。

4.4　知识基础维度下专利技术产业化机会与障碍的评价

技术产业化的发展依托于专利的空间和工艺布局的优化。如果说产业专利属性是从技术广度的角度切入，那么知识基础则是面向技术产业化背景对技术深度进行的探索（图4-9）。技术产业化能够得以实施需要相关创新主体具备技术创新的一些基础条件，其中最为重要的莫过于技术知识的基础，一些关于技术知识基础的研究主要包括了技术知识基础对技术创新绩效的影响（Yayavaram et al.，2008）、技术知识基础广度与技术创新产出的相关性（Cantner et al.，2010）、产业技术知识基础测量（刘岩等，2014）等。技术知识的基础是技术创新与产业化的起点和技术经济测量的手段，这决定了技术未来的产业化发展空间和集群。一项创新成果的形成依赖于已有的知识成果，可被视为是对以往知识重组的结果，不同的区域、组织和技术领域都有其相对独特的知识基础构成，并且具有一定的路径依赖性，知识基础与知识吸收能力、搜索能力、创新行为、创新产出等都有密切关联性。专利技术的产业化不是单一专利能够完成的，而是基于已有的多件专利形成不同的技术组合，再实现产品的规模化和持续性，最终形成一条完整的技术价值链，这种由零散专利到不同技术组合的形成需要以专利的知识基础累积为保证。技术的产业化是创新活动的延伸，依赖于技术知识基础的形成和逐渐成熟，专利代表了新的知识，也是知识产出和累积的重要指标，对于产业的专利技术知识基础的研究有利于深入挖掘专利产业化的基础性特征。

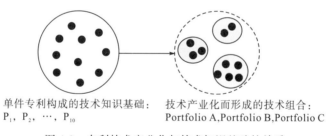

单件专利构成的技术知识基础：　　技术产业化而形成的技术组合：
P_1，P_2，…，P_{10}　　　　　Portfolio A,Portfolio B,Portfolio C

图 4-9　专利技术产业化与技术知识基础的关系

3D打印技术在中国起步虽然较晚，但依托具有技术优势的高校和科研院所，目前在国内已初步形成了以广东省、江苏省、北京市、上海市、浙江省、台湾省、山东省、陕西省、湖北省、四川省为代表的3D打印技术优势区域（表4-2）。同时，3D打印技术在不同工艺上亦存在明显的专利优势对比（图3-9），即数字光处理（DLP）、立体光刻（SLA）、选择性激光烧结（SLS）、电子束熔炼（EBM）和分层实体制造（LOM）工艺位居全球专利数量前列，属于较为成熟的工艺，选择何种在中国进行产业化实施，则有必要从技术知识基础的角度进行量化评价与选择。本节的专利数据依托于3.1.1节的检索式与检索结果（中国的发明专利申请共9656件，这些均构成了中国3D打印专利技术知识基础）。本书将对3D打印的区域和工艺技术知识基础进行研究，量化分析其专利技术产业化的机会与障碍。

表 4-2　中国 3D 打印发明专利优势省(直辖市)统计　　　　　　　　(单位：件)

统计内容	省(直辖市)								
	广东省	江苏省	北京市	上海市	浙江省	台湾省	山东省	陕西省	湖北省
发明申请	1298	1170	1089	860	454	751	337	326	296
发明授权	308	295	378	242	165	125	103	113	97

数据来源：IncoPat 专利数据库；检索时间：2016 年 5 月 28 日。

Edquist 将创新系统广义地定义为所有对创新的发展、扩散、使用产生影响的经济、社会、政治、组织等因素的总称(Edquist，1997)。创新系统存在的空间邻近效应造就了创新系统的区域差异性，区域技术知识基础(RTKB)的概念由此产生。区域技术知识基础是由区域内的创新主体的技术知识基础组合而成的，它对于区域的创新能力和创新产出都有重要影响。尤其在技术产业化的情境下，出于"资源成本最小化"和知识的邻近效应理论，域内创新主体间的联系会紧密于域内主体与域外主体间的联系，也会造成不同区域的技术知识基础存在广度、深度、网络特征等差异性。3D 打印的各类产业园区、研发中心、技术基地等在中国诸多省区市落地上马，产业化风潮正兴，对于中国各省区市的 3D 打印区域技术知识基础测量与分析对其产业化研究具有现实意义(图 4-10)。

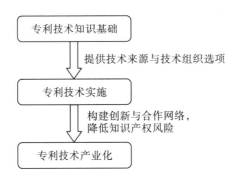

图 4-10　专利技术知识基础推动技术产业化的机制

(1)专利创新网络。域内或行业内的创新主体间及其与域外或行业外进行的知识、信息交流和转移而形成的网络。专利申请通常是用来构建这一网络的数据基础，专利申请人则构成网络的各个节点。专利作为技术的法律体现形式，是产业化情境下知识基础的重要载体，区域和行业的创新网络中不同创新主体作为专利申请人提出专利申请，其背后是研发、组织战略、商业行为的综合体现。该网络通过节点与节点之间的连接而成型，其连接方式则是知识流动和转移的主要形式，从专利指标学的角度讲，专利的联合申请是技术合作、知识转移的重要指征，反映出相关主体之间存在某种形式的协作，构成区域和行业的创新网络节点之间的连接。此外，创新网络具有地域属性和时间属性，会随着时空演化而演化，在实证研究部分将对时空环境进行限定。

(2)区域知识基础。区域知识基础的形成源自知识的邻近效应。专利视角下的区域知识基础测量包含知识基础的广度、多元度、深度等，通过这些维度的测量对不同区域的知识基础差异进行量化度量，对比不同区域在 3D 打印技术知识基础方面的优劣势，进而为技术产业化的区域选择提供参考。知识基础的广度泛指规模，可用一定时间内专利申请的数量来度量(专利申请是专利的未确权状态,但能客观地反映研发产出,是知识基础的组成);知识基础的多元度是刻画一定区域内专利的异质性和技术构成的指标,可通过专利的 IPC 分类、赫芬德尔指数或信息熵的方法进行度量;知识基础的深度揭示产业、行业对自身已有技术知识的熟悉程度,如果某产业或某行业在某技术领域的知识积累越多,则其知识基础的深度就越大。

(3)工艺知识基础。目前从技术工艺角度的知识基础研究则较为鲜见,尤其对于 3D 打印这项包含数十项技术工艺的技术来说,不同工艺知识基础的差异对于其后续的产业化有着制约性影响,产业化是技术的规模化运作,因此在选择适合产业化的技术工艺时,应选择具备良好知识基础的工艺,工艺的技术知识基础是产业化中技术选择的判断标准之一。对于 3D 打印不同工艺的技术知识基础比较研究与测量,有利于发现产业化中的机会与障碍。对于技术知识基础的测量理论与方法,与区域的技术知识基础测量的方法相同。

以专利为载体的技术知识基础对于技术的产业化实施起着决定性作用。由于技术实施需要不同技术之间的组合使用,在产品化和产业化中,技术的实施更意味着在特定区域内或特定技术工艺背景下的技术合作与协同,单一的一项技术很难满足产业化这一系统性目标。特定区域的知识有着一定的封闭性,域内的技术知识基础越强,则技术知识越成熟,且不同技术的组合越易实现,技术的实施也越容易,在成熟的知识基础背景下,市场催生新产品、新需求的动能也更大。尤其对于专利技术而言,知识基础的薄弱会导致专利在实施时受制于人,一项技术可能被其他域内的权利人持有并"锁死",在此基础上的研发创新和产业化投入都可能是徒劳。因此,产业化能否有效实现并可持续运转,在专利视角下很大程度上取决于区域和工艺的专利技术知识基础是否具备,盲目地推动产业化会导致产业陷入"知识匮乏"与知识产权风险(Woo et al.,2015)。第 5 章实证部分将从区域和工艺两方面对我国 3D 打印的专利技术知识基础进行分析,挖掘产业化的潜在机会与障碍。

4.5　本章小结

本章分别从专利竞争情报、个体专利的功能属性、产业的专利属性、区域和工艺的技术知识基础四个方面对 3D 打印专利技术产业化潜在机会与障碍因素的来源进行了理论溯源。4.1 节构建了面向技术产业化的专利竞争情报分析模型,将专利竞争情报分析划分为统计分析和计量分析两个层面。4.2 节立足于专利个体层面的技术功能属性,提出只有在功能上满足产业、市场和技术再创新需求的专利,才具备产业化的较大潜力。通过文本挖掘技术,建立专利技术功能分析的模型和路径,将专利技术与产业对接起来,对个体专利的技术产业化潜力进行评价,发现产业化的机会领域。4.3 节着眼于产业层面,提出对中国的产业专利偏好环境进行测量的必要性,由于 3D 打印涉及材料、机电、控制、软件等多个产业,其专利技术产业化机会与障碍的研究须从产业环境维度对技术所涉及产业的专利属性进行探析,提出了产业维度下产业化的机会与障碍的三个研究问题,以期在实证研究部分找到答案。技术知识的基础是技术创新与产业化的起点和技术经济测量的手段,决定了技术未来的产业化发展空间和集群,知识基础好则潜力机会大,知识基础薄弱则障碍风险大。4.4 节从知识基础层面提出量化分析 3D 打印技术产业化机会与障碍的可行路径,产业化机会与障碍存在于中国各省区市和不同技术工艺的 3D 打印技术知识基础高低程度不同。本章搭建了对 3D 打印专利技术产业化技术性机会与障碍的理论框架,为第五章的实证研究提供理论和方法基础。

第五章　3D 打印专利技术产业化技术性机会与障碍的度量与评价

本章是对第三章、第四章的专利技术产业化技术性机会与障碍分析框架、技术性机会与障碍理论溯源的实证研究。第一节对 3D 打印的全球专利竞争态势与产业技术成长进行统计学分析，为产业化机会与障碍研究提供宏观的产业竞争态势比较；第二节依托第三章的技术功能属性理论与适用性评价模型对 3D 打印专利个体进行文本挖掘、功能分析和产业化评价，驱动面向产业的专利研发与应用；第三节、第四节的实证研究则分别针对 3D 打印专利产业化的产业专利属性和知识基础进行实证分析。

5.1　中外 3D 打印专利竞争态势与产业技术成长比较

专利可以反映技术的发展态势和优势对比，其被认为是研究技术创新和变革的重要数据资源，也承载着丰富的产业信息，而专利情报分析是对专利文献中包含的各种信息进行定向选择和科学抽象的过程，将专利情报分析应用于 3D 打印技术的研究对于技术研发、产业发展乃至政策制定都具有战略意义。

5.1.1　专利统计分析

本节利用 IncoPat 专利数据库，原因在于其涵盖了全球 102 个国家和地区的一亿多件专利数据，对 22 个主要国家的专利数据进行特殊收录和加工处理，支持中英文双语检索且数据更新及时，便于得出准确的统计分析结果。在 3.2.1，已利用 IncoPat 专利数据库并结合专家意见，对全球 3D 打印发明专利申请进行了检索，初步揭示了全球和中国的技术市场态势与发展空间。基于相同的检索策略，进一步筛选已授权的发明专利共 19966 件。按照相同的检索策略，命中中国已授权的有效的三种专利(发明、实用新型、外观设计)6992 件，其中发明专利 2491 件，发明专利占比 35.6％(检索时间 2016 年 5 月 27 日)，与一般发达国家发明专利占比 80％以上还有较大差距。为了客观反映 3D 打印技术发展与竞争态势，以下的专利统计分析是基于已授权的发明专利进行的。

1)专利数量

从总量上看，在过去 20 年美国以 2594 件位居专利申请人所在国第一位，中国(2491)、日本(1800)、德国(836)、韩国(457)、法国(453)、瑞士(224)、俄罗斯(189)、英国(159)分列其后(图 5-1)。从国家竞争角度讲，中国作为制造业大国，面临着振兴本国制造业的历史性课题，高度重视发展以 3D 打印为代表的先进制造技术。日本作为传统高技术强国，确立了以发展金属快速成型制造为代表的 3D 打印与家电制造相结合的产业战略，日本政府内阁会议还通过了《制造业白皮书》，确立了 3D 打印的优先发展地位；

3D 打印在美国的快速发展与金融危机后时任美国奥巴马政府宣布重振制造业、实施"再工业化、再制造化"战略有着密切关系。2012 年 3D 打印被纳入中国《国家高技术研究发展计划（863 计划）和国家科技支撑计划制造领域 2014 年度备选项目征集指南》，成为国家重点支持的科技领域并被提升到国家战略层面，作为对产业发展重大机遇的专利回应，2012 年中国 3D 打印专利申请突破 1000 件，呈现激增。

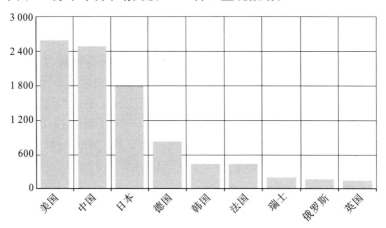

图 5-1　全球 3D 打印已授权发明专利的申请人所在国排名

　　中国是最大的发明专利申请受理国，而在华发明专利布局中，中国申请人申请并授权了 2443 件，占所有在华发明专利的 78.1%。可见，中国拥有较强的数量竞争力。但以日本、美国、韩国、德国、瑞士、荷兰、法国、意大利、加拿大等为代表的发达国家在中国的 3D 打印专利布局的步伐和专利竞赛已经开启，应引起本国专利权人高度重视（表 5-1、图 5-2）。

表 5-1　各国申请人在华发明专利布局（基于已授权的发明专利）

专利申请人国别	专利数量/件	专利申请人国别	专利数量/件
中国	2443	法国	31
日本	343	荷兰	28
美国	124	瑞士	17
德国	62	英国	12
韩国	58	丹麦	10

数据来源：IncoPat 专利数据库；检索时间：2016 年 5 月 27 日。

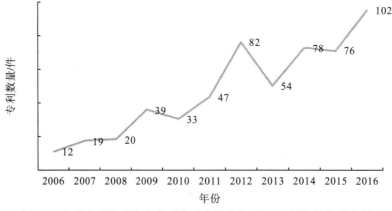

图 5-2　海外专利权人在华发明专利布局趋势（基于已授权的发明专利）

2）专利权人

从专利权人角度看，美欧日专利权人依然引领 3D 打印技术和产业发展。美国的 3D Systems、Stratasys、德国的 EOS 分别以 197 件、192 件和 127 件已授权发明专利成为 3D 打印技术领导者，韩国三星公司位居第四，中国的清华大学未进入全球前 10 位，位列第 11 位。值得注意的是，美欧日主要发明专利权人除了在专利数量上具有优势之外，也十分重视专利的全球化布局，这是其实现技术市场化运作和产业布局的重要步骤。中国已授权且有效的发明专利权人以高校科研院所为主，数量占比达 76%，前十位专利权人中有九家是高校科研院所，企业还未在专利技术上占有领先优势，且我国的专利权人还处在优先在本国实现专利布局的阶段，3D 打印专利的国际化意识有待加强（表 5-2、表 5-3）。

表 5-2 处于领先地位的全球 3D 打印专利权人（基于已授权的发明专利）

专利权人	所在国	专利数量/件	在全球占比/%	专利布局国家和地区
3D Systems	美国	197	1	美国、中国、欧洲等
Stratasys	美国	192	0.9	美国、中国、欧洲等
EOS Gmbh	德国	127	0.64	美国、中国、欧洲等
Samsung Electronics	韩国	106	0.53	美国、韩国、欧洲等
Micron Technology	美国	105	0.53	美国、欧洲
大日本印刷株式会社	日本	100	0.5	日本、中国
松下	日本	95	0.48	日本、中国
Metrologic Instruments	美国	69	0.35	美国、欧洲、加拿大
索尼	日本	65	0.33	日本、中国、韩国
东芝	日本	65	0.33	日本、中国、韩国
清华大学	中国	61	0.32	中国

数据来源：IncoPat 专利数据库；检索时间：2016 年 5 月 27 日。

表 5-3 中国 3D 打印专利权人（基于已授权的发明专利）

机构名称	机构类别	专利数量/件	在中国占比/%	布局国家
清华大学	科研院所	61	2.5	中国
西安交通大学	科研院所	49	2	中国
北京航空航天大学	科研院所	40	1.6	中国
浙江大学	科研院所	36	1.5	中国
上海交通大学	科研院所	33	1	中国
华中科技大学	科研院所	32	0.9	中国
松下电器产业株式会社	企业	32	0.9	中国、美国、日本
天津大学	科研院所	31	0.9	中国
哈尔滨工业大学	科研院所	22	0.9	中国
中国科学院	科研院所	20	0.8	中国

数据来源：IncoPat 专利数据库；检索时间：2016 年 5 月 27 日。

3）技术构成

通过对检索结果的专利分类的统计，可以实现对 3D 打印专利所属技术领域的识别，以掌握其技术构成现状。在 IncoPat 系统中发现 3D 打印技术的全球专利申请（含中国实用新型和外观设计专利）涉及的最新国际专利分类号（cooperative patent classification，CPC）前 20 位依次为 B29C67、B22F3、B33Y30、A61F2、B41J2、A61L27、G06F17、B28B1、B29C41、A61C13、B29C35、B33Y10、G06F3、B41J3、A61K9、C08K3、G06T17、A61B17、B41M3、G06F19。将这些专利分类号通过《国际专利分类号与技术领域对照表》（下称"对照表"）的查询，可将 3D 打印专利技术及其所属相关产业进行一一对应（表 5-4）。B33Y（增材制造技术，即 3D 打印）是伴随 CPC 分类而出现全新分类，因此根据《对照表》的技术与产业分类标准和特征，我们将其归为第 29 类——"其他特殊机械类"领域。由表 5-4 可知，3D 打印专利技术所涉及的技术产业小类领域包括了其他

表 5-4　全球 3D 打印专利技术居前的技术和产业类别

国际专利分类号	具体技术内容	对应产业小类	对应产业大类
B29C67	不包含在 B29C 39/00 至 B29C 65/00，B29C 70/00 或 B29C 73/00 组中的成型技术	其他特殊机械	机械工程
B22F3	由金属粉末制造工件或制品，其特点为用压实或烧结的方法；所用的专用设备	材料、冶金	化工
B33Y30	增材制造设备及其附件（IPC 分类中无此类别）	其他特殊机械	机械工程
A61F2	可植入血管中的滤器；假体，即用于人体各部分的人造代用品或取代物；用于假体与人体相连的器械；对人体管状结构提供开口或防止塌陷的装置，例如支架	医学技术	仪器
B41J2	以打印或标记工艺为特征而设计的打字机或选择性印刷机构	纺织和造纸机器	机械工程
A61L27	假体材料或假体被覆材料	医学技术	仪器
G06F17	特别适用于特定功能的数字计算设备或数据处理设备或数据处理方法	计算机技术	电气工程
B28B1	由材料生产成型制品	其他特殊机械	机械工程
B29C41	涂覆模型、型芯或其他基底成型，即用沉积材料和剥离成型制品的方法；所用的设备	其他特殊机械	机械工程
A61C13	牙科假体；其制造	医学技术	仪器
B29C35	加热、冷却或凝固，如交联、硫化；所用的设备	其他特殊机械	机械工程
B33Y10	增材制造工艺过程（IPC 分类中无此类别）	其他特殊机械	机械工程
G06F3	用于将所要处理的数据转变成为计算机能够处理的形式的输入装置；用于将数据从处理机传送到输出设备的输出装置，例如，接口装置	计算机技术	电气工程
B41J3	以用途为特征而构造的打字机或选择性印刷机构	纺织和造纸机器	机械工程
A61K9	以特殊物理形状为特征的医药配制品	医学技术	仪器
C08K3	使用无机配料	高分子化学、聚合物	化工
G06T17	用于计算机制图的 3D 建模	计算机技术	电气工程
A61B17	外科器械、装置或方法，例如止血带	医学技术	仪器
B41M3	生产特殊品种印刷品的印刷过程，例如图画	纺织和造纸机器	机械工程
G06F19	专门适用于特定应用的数字计算或数据处理的设备或方法	计算机技术	电气工程

注：根据《国际专利分类号与技术领域对照表》将专利与产业领域对应。

特殊机械、材料冶金、医学技术、纺织和造纸机器、计算机技术、高分子化学聚合物等六大产业领域。

对19966件已授权发明专利的公开国进行分析，对比了美国、日本、欧洲和中国四大专利受理局的技术构成特点(图5-3)。四方专利中均以B29C67类别为最多，这体现了全球3D打印专利技术所在领域基本一致。然而，四方中不同受理局亦存在各自的技术优势与差异。例如，美国在G06F19(专门适用于特定应用的数字计算或数据处理的设备或方法)、B41J2(以打印或标记工艺为特征而设计的打字机或选择性印刷机构)领域优势突出；日本在G06F17(特别适用于特定功能的数字计算设备或数据处理设备或数据处理方法)、H01L25(由多个单个半导体或其他固态器件组成的组装件)领域具有专利占比的相对优势；欧洲和中国则分别在B22F3(由金属粉末制造工件或制品，其特点为用压实或烧结的方法；所用的专用设备)和G02B27(其他光学系统；其他光学仪器)方面有一定的技术优势。

图5-3　美、欧、日、中四方专利局授权的发明专利技术构成对比

5.1.2　专利计量分析

为了深化3D打印专利分析的客观性与准确性，本节选取美国与中国两个3D打印专利大国为研究对象，实现了3D打印专利的跨库组合检索，即利用DII专利平台和CiteSpaceⅢ知识可视化软件(陈美超，2009)，针对中美3D打印的已授权发明专利文献开展了基于文本挖掘和共被引的计量分析，通过不同专利平台的组合使用且与专利统计分析的综合，对比中美两国在技术路径和研究热点等方面的异同。

1)专利引用的时间切片分析

在 CiteSpaceⅢ 中选取了时域为 1994～2014 年的 3D 打印发明专利数据进行文本挖掘分析,以每两年为一个时间切片,并设置阈值为(4,3,20;5,4,20;4,4,20)。考虑到 3D 打印技术发展的阶段性特征和可视化图像效果,我们按照上文中美国 3D 打印专利发展的几个节点将时间切片划分为:专利起步期(1994～2002 年)、平稳增长期(2003～2006 年)和快速发展期(2007～2014 年)。图 5-4 分别显示了不同时期内全球 3D 打印专利文献的引用与技术聚类。图中圆圈的圆心所在的水平连线代表专利所属的技术领域(按德温特手工代码),纵向连线代表所处的年份,圆圈的直径大小和色环宽度则代表该技术领域专利被在不同年份申请的专利所引用的频次,圆圈之间的连线则代表存在引用关系。在专利起步期,1994～1995 年的 a32 领域(即聚合物加工,如模压、挤出、成型、层压、纺)成为被引最为集中的区域,3D 打印所囊括的技术领域也从 1994 年的 a32、a81(胶粘剂和黏合剂)发展到 2002 年的 a97(包括造纸、唱片、洗涤、食品和石油以及应用)、a32、p74(印刷)、a81、a35(硫化、塑料和胶粘剂过程焊接)、w04(视频音频系统),一些 3D 打印的外围技术开始出现;在平稳增长期,处于 2003～2004 年的 p82(摄影器材)成为专利引用热点,并在 2006 年实现专利的多技术领域和跨学科覆盖;在快速发展期,3D 打印相关专利所在的技术领域及其相互之间的引用情况更为复杂和密集,从另一个侧面反映出 3D 打印技术的蓬勃发展。

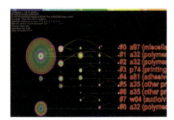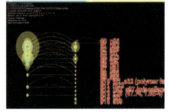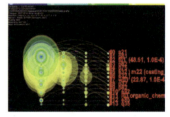

(a)专利起步期(1994～2002 年)　　(b)平稳增长期(2003～2006 年)　　(c)快速发展期(2007 年以后)

注:a97-混合物;a32-聚合物;　　注:a32-聚合物;a97-混合物　　注:m22-铸件;i03-有机化合物
p74-打印设备;a81-黏合剂;
a35-其他打印材料;w04-视听

图 5-4　中美 3D 打印发明专利引用的时间切片分析

2)德温特手工代码解析与聚类比较

在 DII 平台中检索得已授权美国发明专利 2431 件,中国发明专利 2320 件,由于跨平台组合检索分析是基于相同的检索策略,由此获得基于单一专利平台所不能实现的多维分析效果。表 5-5 对比了中美 3D 打印专利的引用热点,由此探寻在中美各自技术发展过程中的研究热点。对比发现,中国的专利引用热点主要为产品、装置或技术的应用,例如塑料打印、打印机、挤出控制装置;而美国的热点则更偏重于基础研发和相关的软件,例如立体成型技术、软件产品、3D 打印光源等。如图 5-5 所示,进一步对 3D 打印专利文献的摘要部分进行关键词提取和聚类,生成中美 3D 打印专利关键词聚类网络共现图,通过图形中的色块分布和提取的关键词,对比中美两国 3D 打印研究热词。中国专利摘要热词包括聚乳酸、放映机、挤出装置、光引发剂、3D 打印机、外管、金属套、人造骨骼托架、桌面、外壳、透镜组合、粉末补给系统、PCB板、分配单元；美国专利摘要热词包括牙科组件、翼型、透镜组合、剂量配型、蓝光分量、执行器、移动设备、工件、读卡器、胶粘剂。

表 5-5　中美 3D 打印专利引用热点比较

中国			美国		
手工代码	技术领域	频数	手工代码	技术领域	频数
A11-C04A	打印塑料	327	A11-B16	立体成型	250
S06-G10	喷墨打印技术应用	295	X26-U10	投影机	173
S06-K99C	打印机	250	T01-S03	软件产品	159
A09-D03	挤出机的设备控制、安全装置	188	W04-Q01B	光阀的使用	154
A11-B16	立体成型	173	A11-C02B	辐照交联	138

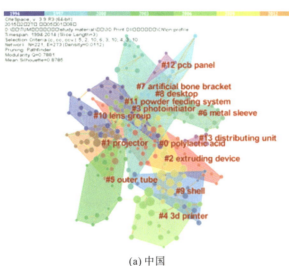

(a) 中国

注：＃0-聚乳酸；＃1-投影仪；＃2-挤出设备；＃3-光敏引发剂；＃4-3D打印机；＃5-外管；＃6-金属套筒；＃7-人造骨支架；＃8-桌面设备；＃9-外壳；＃10-透镜组；＃11-粉末补给系统；＃12-印刷电路板；＃13-分发单元

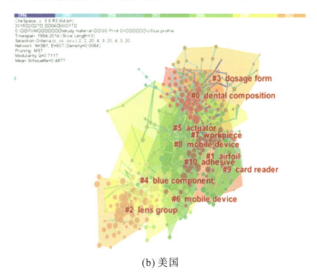

(b) 美国

注：＃0-牙科配件；＃1-机翼；＃2-透镜组；＃3-剂型；＃4-蓝牙组件；＃5-驱动器；＃6-移动设备；＃7-工作部件；＃8-移动设备；＃9-读卡器；＃10-黏合剂

图 5-5　3D 打印发明专利关键词聚类网络共现图

3）中美 3D 打印技术前沿演进路径比较

依照德温特手工代码确定了每一个时期内专利激增系数（Burst 值）最高的技术领域，对比中美 3D 打印专利技术前沿演进路径（表 5-6）。中国的技术前沿演进经历了光阀的使用、系统内部结构和散热、投影机、立体成型、照明与显示、聚合物表面处理、喷墨打印技术在 3D 打印的应用，从专利技术演进路径角度来看，中国专利落后于美国专利 4～6 年。CiteSpaceⅢ中的中介中心度（centrality）将可视化图形中节点的重要程度进行量化，反映专利的技术影响力和重要程度。根据中介中心度的意义，图 5-6 中节点的大小反映了该专利所在技术领域的中心度的大小，按照德温特手工代码归类，我们选取中介中心度大于 0.5 的美国 3D 打印最新专利所属领域，即当前美国 3D 打印研究前沿的 15 个领域，分别是 W01-C01D3C（便携式数据传输系统，中心度 1.23）、X25-B04（工业电加热自动切换设备，中心度 1.07）、L03-J02（设备外壳和包装材料，中心度 1.04）、V04-T03J（印刷电路加热装置，中心度 1.01）、T01-J08A（设备支持的数字处理系统，中心度 1.00）、

表 5-6　中美 3D 打印发明专利技术演进路线比较

时间（年） 国家	2000～2001	2002～2003	2004～2005	2006～2007	2008～2009	2010～2011	2012～2013	2014～2015
中国		W04-Q01B	W04-Q01H5	X26-U10	A11-B16	X26-U04A	A11-C04A	S06-G10
	光阀的使用	系统内部 结构和散热	投影机	立体成型	照明与显示	聚合物表 面处理	喷墨打印技术在 3D 打印的应用
美国	W04-Q01B7	X26-U10	X26-D01A	X26-U04A	A11-C04A	T01-S03	X25-A08	
	新光源技术	投影机	光源反射器	照明与显示	聚合物 表面处理	软件产品	快速成型和固体 自由曲面加工	

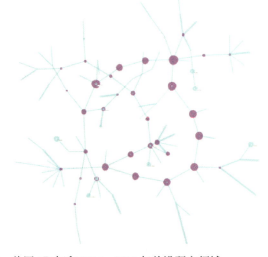

图 5-6　美国 3D 打印 2014～2015 年前沿研究领域

A12-W07F(应用聚合物的打印系统，中心度0.98)、L03-J09P(用于制造的电子器件和材料，中心度0.96)、A04-F06E(甲基丙烯酸酯聚合物的用途，中心度0.88)、T01-J05B2A(数字处理系统的图像存储，中心度0.82)、W04-Q01(视频投影机和投影显示器，中心度0.8)、S06-K07A4D(数字成像的压缩和带宽控制，中心度0.78)、S05-E(电子医疗设备，中心度0.65)、G06-G18(通过电离辐射的图像制成，中心度0.65)、G06-G17(感光性树脂系统，中心度0.53)、A11-C02B(辐照交联，中心度0.52)。

通过以上的专利统计与计量分析发现全球和中国3D打印专利申请呈快速趋热态势，中国是最大的发明专利申请受理国，美国是最大的发明专利申请人所在国，中国3D打印发明专利在中国三种专利中的占比较低，专利质量有待提高。中国在专利国际化布局意识方面与国外专利权人存在明显差距。3D打印专利涉及了其他特殊机械、材料冶金、医学技术、纺织和造纸机器、计算机技术、高分子化学聚合物等六大产业领域，是典型的技术融合性产业，且中美欧日四方具备各自的专利技术优势。中美两国在3D打印领域技术差距明显，目前我国的3D打印专利主要集中于传统制造和加工领域，配套软件开发、数控系统及产品应用滞后于美国，中国以高校为主要创新主体，而美国则以企业为主体，这一差异反映出中美在3D打印的产业化程度、规模和潜力等诸多方面存在差距。

5.2　驱动3D打印专利产业化应用的技术功能分析

如4.1节指出的，专利的功能是体现其使用价值的核心，对功能的强化也是促进专利技术产业化的关键。3D打印虽在短时间内无法完全取代传统制造业，但从上文的案例和理论分析可知，3D打印的产业化路径之一是与传统制造业的结合。技术功能分析有助于从专利当中识别其潜在应用领域，以及为产业遴选具备特定功能的专利，最终实现专利与产业的对接。本节以在IncoPat专利数据库中检索和下载的全球19966件3D打印已授权发明专利数据为基础，进一步筛选其中法律状态有效的中国发明专利2426件，对具有特定功能的3D打印中国专利开展功能分析，挖掘专利文本中的潜在产业化信息。

5.2.1　功能的定义与提取

根据3D打印产业界对3D打印技术通过提升自身工作效率进而提升传统制造业效率的呼声和需求，定义动宾结构"improve efficiency"为文本挖掘的功能性词组。鉴于IncoPat对专利文本进行了二次加工与英文翻译，标题和摘要部分足以阐释专利的新颖性、创造性、实用性特点。因此，本书的文本挖掘范围限于专利的标题和摘要。通过对自然语言处理工具的广泛研究，我们选取IBM开发的AlchemyAPI软件对检索得到的2624件中国3D打印发明专利文本进行语义提取和分析，该工具的优势在于其强大的语义识别功能和全面的词库系统。在对于功能性词汇的提取方面，选取依托概念相似性度量方程(SIM)理论构建的WordNet平台，起到筛选相似功能性词汇的作用(表5-7)提升技术功能分析的准确性。经过对检索得到的2624件中国3D打印专利文献的文本挖掘分析，共发现236件在标题或摘要中包含功能性词汇"improve efficiency"或其29个近义词组的专利。

表 5-7 WordNet 对功能性词组中动词近义词相似度测量提取结果

专利中定义的功能性词汇	功能性词汇的近义词或短语
improve	better, amend, ameliorate, meliorate, advance, lift, traction, gain, cultivate, enrich, refine, promote, progress, help appreciate, revise, mend, recover, enhance, develop, perfect, emend, strengthen, convalesce, increase, enhance, raise, heighten, step up

5.2.2 产业化领域的识别

将经过功能性词汇提取后得到的 236 件专利文本导入 AlchemyAPI 进行语义分析，可识别出与这些专利相关度较高的关键词和技术概念(表 5-8)，例如相关度较高的关键词包含"选择性激光""表面""废气""光源""物体定位模块""粉末供给""钛钼合金"等，可反映出这些专利在文本和技术上的一些重要特征；相关度较高的技术概念则包含"数字信号处理""粉末""激光""电子工程""图像处理""信号处理""控制系统"等，对相关技术概念的深入研究有利于加深对研究热点的认知，为创新研发提供新契机。利用 AlchemyAPI 的词库信息和对文本中实词的分类功能，本书从专利的语义分析结果中提取出与产业领域相关的实词，凝练出这类专利可能应用的 10 个潜在产业，从文本挖掘的词频分析结果可知，这类专利可能实现产业化的领域包括制造、医疗器械、特殊机械、飞机、交通工具、建筑、激光、图像处理、化工材料、核能核电等产业，这与 Wohlers Report 2013 发布并预测的应用领域验证基本一致(表 5-9)。

表 5-8 与具有"improve efficiency"功能的 3D 打印专利相关度较高的关键词与技术概念

关键词	相关度	技术概念	相关度
selective laser	0.946	digital signal processing	0.988
surface	0.817	powder	0.72
flue gas	0.775	laser	0.643
light source	0.761	electrical engineering	0.638
object locationmodule	0.741	image processing	0.626
powder supply	0.727	signal processing	0.602
titanium molybdenum alloy	0.72	control system	0.586

表 5-9 具有"improve efficiency"功能的 3D 打印专利技术产业化的潜在领域

序号	产业名称	相关度	序号	产业名称	相关度
1	manufacturing	0.723	6	data processing	0.514
2	medical instrument	0.701	7	laser	0.483
3	special machines	0.585	8	image processing	0.473
4	transportation	0.522	9	chemical materials	0.361
5	building	0.514	10	nuclear	0.359

5.2.3　产业化机会领域的评价

为了对专利技术产业化机会进行量化评价，首先需确定在不同产业背景下，"improve efficiency"这一功能效用的发展水平，即 S 指数。按照 NIST 制定的技术功能分类原则，动宾词组"improve efficiency"体现功能特征，"3D打印"体现技术特征，从表 5-9 中选取与具有"improve efficiency"功能的 3D 打印专利最为相关的 10 个产业领域作为评价对象，综合得出如表 5-10 所示的专利技术在不同产业背景下实施产业化的机会评价结果。需要说明的是，表 5-10 中"产业中专利总数（N_c）"一列的专利数据源于两种检索方法（限于已授权的中国发明专利）：①对于产业主题词在国际专利分类代码（IPC）中可查且完全对应的，根据该产业主题词及其对应或囊括的 IPC 分类号在 IncoPat 数据库中进行检索；②对于产业主题词在 IPC 中无一一对应的，则参照《国际专利分类号与技术领域对照表》，该表实现了将相对抽象的专利分类代码与形象化的技术或产业名词相对应。在此检索结果的基础上，基于每一产业中专利总数（N_c），对其中包含"3D打印"这一特定技术特征和"improve efficiency"这一特定功能特征的专利数量 N_t 和 N_f 进行二次检索、三次检索，可得表 5-10 中第三列和第四列的专利数量结果。

依据表 5-10 首行各个指标的定义，依据 4.1 节的模型进行简单运算，可知具有"improve efficiency"功能的 3D 打印专利技术在 10 个不同产业中的产业化适用性分值（$A=S+AI+RI$）由高到低依次为交通工具（0.44）、激光加工（0.44）、制造（0.41）、材料（0.39）、数字处理（0.33）、建筑（0.32）、核能核电（0.28）、医疗器械（0.2）、图像处理（0.14）、特殊机械（0.06），其中 3D 打印的"improve efficiency"功能效用处于萌芽期（S 在 0~0.2）的产业有特殊机械、图像处理、材料、核能核电，其余都是功能效用处于成长期的产业（S 在 0.2~0.8），暂无达到成熟期的产业（S 在 0.8~1）。具有"improve efficiency"功能的中国 3D 打印发明专利在上述技术领域有着较大的应用前景，产业化适用性分值较低的医疗器械、图像处理、特殊机械等领域仍需通过技术创新和专利的合理撰

表 5-10　3D打印"improve efficiency"功能专利技术产业化机会评价表（数据获取时间 2016 年 5 月 28 日）

产业名称	中国发明专利总数（N_c）	具备特定技术特征的专利数（N_t）	具备特定功能特征的专利数（N_f）	S 指数	专利技术功能效用发展阶段	AI 指数	RI 指数（10^{14}）	S（归一化后）	AI（归一化后）	RI（归一化后）	适用性 A
manufacturing	148731	46	10	0.22	成长期	10	0.07	0.11	0.24	0.06	0.41
medical instrument	8653	7	1	0.14	成长期	1	0.12	0.07	0.02	0.1	0.2
special machines	116190	16	1	0.06	萌芽期	1	0.01	0.03	0.02	0.01	0.06
transportation	7432	6	2	0.33	成长期	2	0.27	0.17	0.05	0.22	0.44
building	23223	11	3	0.27	成长期	3	0.13	0.14	0.07	0.11	0.32
data processing	63968	22	5	0.28	成长期	5	0.08	0.15	0.12	0.07	0.33
laser	27780	27	6	0.22	成长期	6	0.22	0.11	0.14	0.18	0.44
image processing	36288	6	1	0.17	萌芽期	1	0.03	0.09	0.02	0.02	0.14
chemical materials	200933	115	12	0.1	萌芽期	12	0.06	0.05	0.29	0.05	0.39
nuclear	4619	7	1	0.14	萌芽期	1	0.22	0.07	0.02	0.18	0.28

写、布局提升产业化潜力，对于中国专利权人来说，可以通过专利技术产业化机会评价分值判断适于专利产品化、规模化、产业化的机会领域，通过 S 指数判断具备研发创新空间的产业领域，为专利技术产业化和研发创新投入提供较为清晰的方向指引。

本节建立了专利与产业之间的关联，实现了为技术找市场、为产业选技术。专利的技术功能分析作为专利文本挖掘的具体形式之一，其核心在于对专利功能的准确定义和对语义的智能分析，这就为将来更为深度、先进的文本挖掘工具和专利分析方法提供了发展方向。我国正在推动 3D 打印专利技术效率提升及其与传统产业的融合，通过定义"improve efficiency"的 3D 打印技术功能进行专利的技术功能分析，对于政府科学决策、科研单位强化攻坚、产业层面加速专利技术推广应用有着迫切的现实意义。也可通过专利的技术功能分析思路提出功能和技术改进需求，遴选具备特定功能和产业化潜力的专利，有效引导专利技术向产业应用领域的转化。

5.3　测量 3D 打印产业化外部环境的产业专利属性分析

本节对 4.2 节中提出的关于 3D 打印产业化外部性的三个问题进行探究。

5.3.1　产业化成果的专利偏好

本节选取 2010~2014 年中国政府颁发的"国家科技进步奖"作为 3D 打印相关产业专利偏好的数据样本，基于以下几点考虑：①国家科技进步奖是中国最具权威性的官方最新科技成果体现，对产业发展有着重大指引作用；②该奖项尤其强调科技成果的推广应用和产业化效果，能够代表中国技术产业化的发展动态，是评价技术产业化成果中专利偏好与合作的最佳样本。为了科学地量化产业化成果的专利偏好（PP），即

$$PP = \frac{某产业中的专利数量（PI）}{某产业中的奖项数量（AI）} \tag{5-1}$$

约定每一个奖项根据其相关技术描述、机构背景和研发人员所属领域仅可归属到一个最相近产业，而对产业分类则可依照《国际专利分类号与技术领域对照表》。

通过对五年间的"国家科技进步奖"全部可查获奖名录的技术描述、单位和个人、获奖年份、奖项内容描述等信息的梳理，将全部与可查奖项相关的中国三种专利根据奖项的技术内容、完成单位、申请时间等条件在 IncoPat 数据库中进行检索，形成我国技术产业化成果中专利样本数据库。将个别技术表述不明确的奖项、非专利保护客体奖项、非技术类奖项进行排除，最终获得 5 年间共 829 项含有 8198 件中国专利的产业化成果。

统计可知，外观设计专利在产业化项目中所占比重逐年升高，发明专利比重略有下降，而实用新型专利则基本保持稳定，发明、实用新型、外观设计三种专利在产业化中的比例关系大致为 30：13：1。2010~2013 年科技成果的专利偏好呈明显快速上升趋势，2014 年这一指标大幅回落，反映出我国科技成果产业化由专利数量导向向专利质量导向的转变，逐步实现高质量发明成果的有效实施，促进专利成果向经济效益的转化（表 5-11、表 5-12）。

表 5-11 中国技术产业化成果中包含专利的变化情况 （单位：件）

专利类型	年份					比重均值/%
	2010 年	2011 年	2012 年	2013 年	2014 年	
发明专利	1109(68.88%)	1162(69%)	1406(69.6%)	1359(67.4%)	569(65.33%)	68.04
实用新型	490(30.43%)	489(29.07%)	597(29.55%)	610(30.27%)	252(28.93%)	29.65
外观设计	11(0.68%)	31(1.84%)	17(0.84%)	46(2.28%)	50(5.74%)	2.28
总计	1610	1682	2020	2015	871	

表 5-12 中国技术产业化成果中专利偏好的变化趋势

变化	年份					均值
	2010 年	2011 年	2012 年	2013 年	2014 年	
奖项中专利总数/件	1610	1682	2020	2015	871	1640
奖项总数/项	198	202	156	130	144	166
专利偏好	8.13	8.33	12.95	15.5	6.05	9.88

　　近年来，最具代表性的中国技术产业化成果分布较集中的前十大领域分别为医学技术(102 项)、生物技术(94 项)、环境技术(66 项)、测量(58 项)、土木工程(53 项)、材料冶金(48 项)、药品(45 项)、控制(30 项)、化学工程(30 项)、其他特殊机械(30 项)；专利偏好指标位于前十位的产业分别为装卸(24.50)、机器工具(24.42)、其他消费品(23)、运输(22.53)、电机电气装置电能(19.71)、电子信息(15.70)、控制(14.53)、土木工程(13.57)、高分子化学聚合物(13.11)、材料冶金(12.60)。表 5-13 从统计层面反映出近年来中国科技成果产业化的热点领域，产业的专利偏好反映出我国不同产业对专利技术的偏好程度。3D打印技术涉及的六大产业领域中，其他特殊机械(30 项)、材料冶金(48 项)、医学技术(102 项)是我国技术产业化成果分布最为集中的十大领域之一，而纺织和造纸机器(7 项)、计算机技术(11 项)、高分子化学聚合物(18 项)则不是我国当前产业化成果的热门领域，发展 3D 打印产业须重视对这三个产业的优先和重点培育，构建良好的产业化环境；从专利偏好的角度看，3D 打印技术所涉及的六大产业的产业化成果的专利偏好均未出现在专利偏好较高的产业序列。可见，中国的技术产业化热门领域仍以传统产业为主，在制约 3D 打印技术发展的纺织和造纸机器、计算机技术、高分子化学聚合物等领域仍需产业政策扶持，3D 打印产业化的外部环境仍未形成，其所涵盖的六大产业领域的产业化成果专利偏好普遍不高，即为非专利密集型技术产业化成果，国内专利尚未在技术产业化成果中发挥显著作用(表 5-14)。

表 5-13 中国技术产业化成果的产业领域与专利分布(2010~2014 年)

产业技术领域大类	产业技术领域小类	奖项在不同技术产业的分布/项	奖项中的发明专利数/件	奖项中的实用新型专利数/件	奖项中的外观设计专利数/件	奖项中的专利总数/件
(1)	(2)	(3)	(4)	(5)	(6)	(7)=(4)+(5)+(6)
I 电气工程	1 电机、电气装置、电能	28	210	328	14	552
	2 音像技术	8	78	2	0	80
	3 电子信息	10	128	28	1	157

产业技术 领域大类	产业技术 领域小类	奖项在不同技 术产业的分布 /项	奖项中的发明 专利数 /件	奖项中的实用 新型专利数 /件	奖项中的外观 设计专利数 /件	奖项中的专利 总数/件
Ⅰ电气 工程	4 数字通信	18	150	20	0	170
	5 基础通信程序	7	66	10	0	76
	6 计算机技术	11	87	1	0	88
	7 计算机技术管理方法	6	33	4	0	37
	8 半导体	5	9	1	0	10
	合计	93	761	394	15	1170
Ⅱ仪器	9 光学	10	82	16	0	98
	10 测量	58	419	179	2	600
	11 生物材料分析	1	7	4	0	11
	12 控制	30	298	107	31	436
	13 医学技术	102	187	76	32	294
	合计	201	993	382	65	1439
Ⅲ化工	14 有机精细化学	15	53	9	0	62
	15 生物技术	94	642	65	7	714
	16 药品	45	158	3	3	164
	17 高分子化学、聚合物	18	183	51	2	236
	18 食品化学	27	304	29	0	333
	19 基础材料化学	9	32	10	0	42
	20 材料、冶金	48	436	179	0	605
	21 表面加工技术、涂层	8	37	10	0	47
	22 显微结构和纳米技术	2	15	0	0	15
	23 化学工程	30	226	64	3	293
	24 环境技术	66	443	177	0	620
	合计	362	2529	597	15	3131
Ⅳ机械 工程	25 装卸	2	14	35	0	49
	26 机器工具	26	377	232	26	635
	27 发动机、泵、涡轮机	11	65	57	4	126
	28 纺织和造纸机器	7	23	5	2	30
	29 其他特殊机械	30	165	113	0	278
	30 热工过程和器具	14	97	58	0	155
	31 机器零件	10	33	39	15	87
	32 运输	19	182	229	17	428
Ⅴ其他	33 家具、游戏	109	966	768	64	1788
	34 其他消费品	1	14	9	0	23
	35 土木工程	53	386	333	0	719
	合计	54	400	342	0	742
总计		829	5639	2843	159	8270

表 5-14　中国技术产业化成果专利偏好的 k-means 定序

专利偏好等级	产业技术领域	产业的专利偏好分值(PP)
高专利偏好	25 装卸	24.5
	26 机器工具	24.42
	34 其他消费品	23
	32 运输	22.53
较高专利偏好	1 电机、电气装置、电能	19.71
	3 电子信息	15.7
中专利偏好	12 控制	14.53
	35 土木工程	13.57
	17 高分子化学、聚合物	13.11
	20 材料、冶金	12.6
	18 食品化学	12.33
	27 发动机、泵、涡轮机	11.45
	30 热工过程和器具	11.07
	11 生物材料分析	11
	5 基础通信程序	10.86
	10 测量	10.34
	2 音像技术	10
较低专利偏好	9 光学	9.8
	23 化学工程	9.77
	4 数字通信	9.44
	24 环境技术	9.39
	29 其他特殊机械	9.27
	31 机器零件	8.7
	6 计算机技术	8
	15 生物技术	7.6
	22 显微结构和纳米技术	7.5
	7 计算机技术管理方法	6.17
	21 表面加工技术、涂层	5.88
低专利偏好	19 基础材料化学	4.67
	28 纺织和造纸机器	4.29
	14 有机精细化学	4.13
	16 药品	3.64
	13 医学技术	2.88
	8 半导体	2

　　通过对中国最具代表性的产业化成果的专利偏好进行测量，刻画了与 3D 打印专利产业化相关的公共发展环境。样本反映的我国专利技术产业化热门领域仍以传统产业为主，3D 打印专利产业化的外部环境尚未完全形成，其所涵盖的特殊机械、材料冶金、医学技术、纺织和造纸机器、计算机技术、高分子化学聚合物六大产业领域的产业化成果专利偏好还并不高，国家科技进步奖作为我国技术产业化最高奖对于新兴技术产业化的导向作用并不明显，应强化国家科技进步奖作为对新兴技术和急需产业化技术培育、扶持的标杆作用。专利产业化成果运营机构的特征上，我国高校和科研院所的产业化成果的专利偏好明显低于企业，高校在专利产业化成果孵化、运营以及校企合作方面仍需加强，这对于揭示产生和发展于高校和科研院所的中国 3D 打印技术的产业化环境具有启示意义。新兴技术领域的技术产业化成果专利偏好较低的现象，在一定程度上验证了中国以生物技术、数字通信、精细化学、纳米技术等为代表的专利密集型产业存在潜在的"专利竞赛""专利丛林"和专利实施难的问题，即专利数量大、成果转化实施难、产业化效果不佳等，应引起专利行政部门和产业界的重视，制定科学合理的专利政策和成果转化政策，适度实现专利集中。在创新主体层面，应构建合理的专利申请动机与策略，实现以转化实施为目的的专利申请和布局，避免 3D 打印产业也走入"为专利而专利"的误区，前瞻性化解 3D 打印技术在后续的产业化和市场化中的大规模专利纠纷和制约产业健康发展的专利因素。

5.3.2　专利产业化主体的合作模式

　　按照传统的三螺旋理论模型，政府、高校和企业构成三螺旋结构的三个主体，这是基于对创新产出全过程的要素剖析的结果(Leydesdorff，1995)。然而，创新成果直接产业化的主体以科研机构、高校和企业为主体，在传统三螺旋理论中，将科研机构与高校看作相同机构，但实际上二者的社会职能、市场参与度和社会评价体系都有较大不同，有必要区别对待。因此，创新成果产业化视角下的三螺旋结构主体应为科研机构(XX 研究所或 XX 研究院，用 i 表示)、高校(XX 大学或 XX 学院，用 u 表示)和企业(用 e 表示)，以三类主体合作产出的产业化成果，量化测量三者之间的相互关系，探究我国专利技术产业化成果的主体合作关系差异。

　　为了使用三螺旋理论统计测量科研机构、高校和企业在专利产业化中的合作紧密度，我们引入熵(entropy)的概念，即平均信息量，通过对两两合作的二维熵和三者共同合作的三维熵的计算，得出二维和三维互信息值，根据三螺旋理论评价不同主体之间的合作的紧密度。

　　一维熵：

$$H = -\sum_{k} P_k \log_2 P_k \tag{5-2}$$

其中，H 表示一维熵值，P_k 表示第 k 个信息出现的概率。

　　二维熵：

$$H_{iu} = \sum_{i=0}^{1} \sum_{u=0}^{1} P_{iu} \log_2 P_{iu} \tag{5-3}$$

其中，下标 i、u 分别表示机构类型。

三维熵：

$$H_{\mathrm{iue}} = \sum_{\mathrm{i}=0}^{1} \sum_{\mathrm{u}=0}^{1} \sum_{\mathrm{e}=0}^{1} P_{\mathrm{iue}} \log_2 P_{\mathrm{iue}} \tag{5-4}$$

那么，二维互信息可表示为

$$T_{\mathrm{iu}} = H_{\mathrm{i}} + H_{\mathrm{u}} - H_{\mathrm{iu}} \tag{5-5}$$

二维互信息值越大，表明二者合作越紧密；

三维互信息则为

$$T_{\mathrm{iue}} = H_{\mathrm{i}} + H_{\mathrm{u}} + H_{\mathrm{e}} - H_{\mathrm{iu}} - H_{\mathrm{ie}} - H_{\mathrm{ue}} + H_{\mathrm{iue}} \tag{5-6}$$

　　由于一定时期内合作总量确定，二维合作对三维合作就会产生替代作用。因此，三维互信息值若为负值且越大，表明三者间两两作用越强，表明三者合作越紧密，若 T 为正值且越大，表明三者独立性越强，两两相互作用越弱(叶鹰等，2014)。

　　基于上节的样本数据，技术产业化成果的第一完成单位的机构类别分为科研机构、高校和企业，这也是目前我国技术直接产业化的三类主体。我国科技成果产业化的主体中，高校的技术产业化比重 2010～2013 年处于下降趋势，2014 年起有所抬头；科研机构则与高校情况相反，这一比重在 2010～2013 年处于上升趋势，但从 2014 年开始下降；而企业作为科技成果转化与应用的重要主体，技术产业化的比重总体上处于连续上升态势(表 5-15)。专利的市场化运作和以市场为导向的研发创新更加有利于产业化的实现，企业的专利偏好明显高于科研机构和高校，说明专利在企业的科技成果产业化中起到相对重要的作用，而高校科研院所的专利技术产业化力度应加强(图 5-7)。这对于主要起始于高校的中国 3D 打印技术是一个重要的启示，应将企业在专利技术产业化中的市场优势与高校和科研院所的知识优势相结合，推动专利技术向产业的转移。

表 5-15　三类机构作为技术产业化成果第一完成单位的奖项数量变化　　　　（单位：项）

机构	年份				
	2010	2011	2012	2013	2014
科研机构	51(26.84%)	59(29.21%)	55(35.26%)	52(40.31%)	46(31.94%)
高校	89(46.84%)	90(44.55%)	60(38.46%)	38(29.46%)	49(34.03%)
企业	50(26.32%)	53(26.24%)	41(26.28%)	39(30.23%)	49(34.03%)
总计	190	202	156	129	144

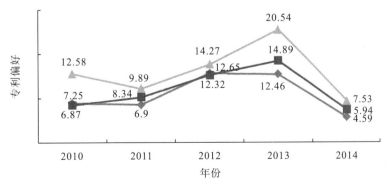

图 5-7　三类机构作为产业化成果第一完成单位的专利偏好变化(2010～2014 年)

根据上述的信息熵理论,在专利技术产业化成果的二维合作中,$T_{ie} > T_{iu} > T_{ue}$,即科研机构与企业(ie)间的合作最为紧密,其次是科研机构与高校(iu),高校与企业(ue)的产业化合作紧密度较低(表 5-16)。尽管近年来高校与企业在技术产业化中衔接与合作不断加强,不少校办企业依托高校科研优势集聚资源、发展迅速,但由于高校在产业化成果方面的管理机制困境,校企合作存在一定程度上的链条脱节,校企产业化合作水平仍不高,以华科三维为代表的发明人主导 3D 打印专利技术产业化模式应予以借鉴。相比之下,许多科研机构专注于某一具体行业,有些则隶属于大型企业,在面向专利成果产业化时对政策、市场和行业的适应性及灵活性较强。高校与科研机构的合作模式是研发上的"强强联合"会不断催生出好的技术成果,为技术产业化提供基础资源。

因此,在目前的技术产业化成果的主体合作关系中,ie 合作模式产出的专利技术具备较强的产业化适用性,我国应继续强化 iu 和 ue 合作的专利产出和产业化模式,寻找更强的技术产业化增长点。三维互信息熵的测量结果 T_{iue} 在 2010~2014 年均为负值且处于波动态势,这表明三种机构主体间存在合作关系,但紧密度并不稳定,我国的专利技术产业化合作模式还处于探索和自我更新过程中,并未形成相对固定的主体间合作关系模式,对于处于产业化起步阶段的中国 3D 打印技术而言,有必要通过政策引导,鼓励和强化以高校为主导的校企技术产业化合作渠道与模式,促进高校作为 3D 打印核心专利(主要指发明专利)持有者的技术市场化运营。

表 5-16　我国技术产业化主体间的合作关系　　　　　　　　　(单位:项)

年份	产业化主体							
	科研机构(i)	高校(u)	企业(e)	科研机构—高校(iu)	科研机构—企业(ie)	高校—企业(ue)	科研机构—高校—企业(iue)	产业化成果总计
2010	114	141	128	71	56	95	37	198
2011	122	138	143	76	75	103	52	202
2012	97	103	100	58	48	69	31	156
2013	80	82	94	49	49	58	29	130
2014	89	99	105	56	55	74	36	144

注:以每一项国家科技进步奖的共同完成单位为统计样本,若一项奖项中包含科研机构和企业两种主体,则该奖项的 i、e 和 ie 均累计一次,表明存在 i、e 以及 i 与 e 间的合作。

表 5-17　我国技术产业化主体间的三螺旋测量结果

年份	测量结果										
	T_{iue}	H_i	H_u	H_e	H_{iu}	H_{ie}	H_{ue}	H_{iue}	T_{iu}	T_{ie}	T_{ue}
2010	983.2	866.1	937.6	1810.2	1811.1	1797.2	2618.4	39.1	109.7	6.5	−13.2
2011	968.6	901.1	927.3	1850.6	1790.1	1824.5	2612.2	19.1	105.8	3.9	−56
2012	956.6	924.8	941.9	1860.6	1777.6	1861.7	2659	20.8	120.9	5	−17.6
2013	961.5	949.9	851.9	1909.8	1734.2	1800.2	2626.3	1.6	78.6	1	−55.2
2014	959.4	897.7	842.9	1835.7	1721.1	1735.8	2582.4	21.4	81.2	4.8	−10.2
均值	965.9	907.9	900.2	1853.4	1766.8	1803.9	2619.7	20.4	99.2	4.2	−30.4

5.3.3　3D 打印的产业专利技术融合度

产业专利属性的第二个方面是产业专利技术的融合度。依据 Curran 的技术融合演化路径(图 5-8)，知识融合带来的不同学科领域的交叉融合会催生面向应用的技术融合，缩短技术发展与应用科学之间的距离。而新的技术融合则又会引发新市场与新应用的融合，为技术的产业化带来机会。当新的技术实现了对新产品与新市场的创造和整合后，就会带来不同产业间的临近性增强，形成产业融合(Curran et al.，2010)。产业融合并不是知识融合的终结；相反，会继续作用于新知识的产生，孕育下一轮的新知识融合同时形成技术产业化的规模效应。3D 打印技术范式的产生正是知识融合、技术融合的结果，3D 打印技术产业化的推动有赖于市场融合与产业融合的形成。技术融合的量化研究方法包括文本挖掘与文献计量法、专利引文法、专利分类法、技术侧写法、价值链法等，综合而言专利分类法以专利情报为基础，符合本书的背景及将专利与产业对接的意图，涵盖的技术领域最为完整和规范，不受时间与技术差异性的影响，技术侧写法侧重于产业层面的技术结构分析。加之本书的实证部分是建立在《国际专利分类号与技术领域对照表》基础上，因此 3D 打印的产业技术融合度正是基于专利分类法和技术侧写法相结合进行并加以拓展的。本书力图在专利与产业之间建立对接，产业的技术融合测量是量化研究 3D 打印产业结构中机会与障碍的重要环节。

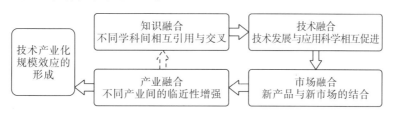

图 5-8　基于 Curran 的技术融合演化路径提出的改进循环演化路径

1)3D 打印的产业专利技术融合结构

如 5.1.1 节的专利技术类别统计和 5.3.1 节的产业技术领域分类表所述，3D 打印是一项典型的融合型技术，是对机械、电气、化工、仪器等不同技术轨道交叉融合的结果。将检索得到的 6263 件全球已授权且有效发明专利和其中的 2426 件中国发明专利的全部 IPC 进行人工统计归类，实现与《国际专利分类号与技术领域对照表》中的 35 个产业领域对应起来，就能够刻画全球和中国 3D 打印的产业专利技术融合结构，进而建立产业技术融合矩阵，厘清中国 3D 打印产业的专利交叉融合现状。例如，《对照表》中第 26 类机器工具对应的 IPC 包括 B21♯、B23♯、B24♯、B26D、B26F、B27♯、B30♯、B25B、B25C、B25D、B25F、B25G、B25H、B26B，对检索到的包含以上 IPC 分类的专利出现频次进行简单计数，得出表 5-18 显示的产业专利技术融合结构。发现 3D 打印产业的全球专利占比由高到低融合了机器工具、其他特殊机械、纺织和造纸机器、材料冶金、测量、化学工程、表面加工技术与涂层等 24 项关键产业领域，将全球与中国专利的技术融合结构进行对比可知，中国 3D 打印技术在传统机械工程和电气工程领域具有专利占比优势，而在材料冶金、化工、表面加工技术与涂层、医学技术、其他消费品、高分子化学与聚合物、半导体、测量、基础材料化学、家具与游戏、食品化学、发动机泵涡轮机等领域则与全球水平差距明显,这反映出中国 3D 打印专利在技术结构上存在一定的不均衡现象,尤其在 3D 打印材料、高精度 3D 打印(取决于表面加工和测量技术)和面向应用市场的医学技术、消费品、家具与游戏、发动机等领域,关键技术上的不足可能会制约专利技术商品化、市场化和产业化的实现。

表 5-18　3D 打印的产业专利技术融合结构(全球与中国的对比)

产业大类	产业小类	全球专利频次	全球专利占比/%	中国专利频次	中国专利占比/%	中国与全球占比差/%
Ⅰ 电气工程	3 电子信息	792	12.6	346	13.2	0.6
	6 计算机技术	425	6.8	220	8.4	1.6
	8 半导体	711	11.4	170	6.5	−4.9
Ⅱ 仪器	9 光学	957	15.3	385	14.7	−0.6
	10 测量	2655	42.4	987	37.6	−4.8
	12 控制	1172	18.7	535	20.4	−1.7
	13 医学技术	1601	25.6	262	10.1	−15.5
Ⅲ 化工	14 有机精细化学	129	2.1	10	0.4	−1.7
	17 高分子化学、聚合物	489	7.8	58	2.2	−5.6
	18 食品化学	302	4.8	45	1.7	−3.1
	19 基础材料化学	832	13.3	223	8.5	−4.8
	20 材料、冶金	2656	42.4	569	21.7	−20.7
	21 表面加工技术、涂层	2017	32.2	433	16.5	−15.7
	22 显微结构和纳米技术	189	2	0	0	−2
	23 化学工程	2198	35.1	499	19.1	−16
Ⅳ 机械工程	26 机器工具	3872	61.8	1955	74.5	12.7
	27 发动机、泵、涡轮机	287	4.6	50	1.9	−2.7
	28 纺织和造纸机器	2982	47.6	1685	64.2	16.6
	29 其他特殊机械	3433	54.8	1574	60.7	5.9
	32 运输	549	8.8	181	6.9	−1.9
Ⅴ 其他	33 家具、游戏	742	11.8	197	7.5	−4.3
	34 其他消费品	923	14.7	121	4.6	−10.1
	35 土木工程	240	3.8	52	2	−1.8

2)3D 打印的产业专利技术融合矩阵

从上述技术融合结构表可知,3D 打印融合了多个产业的多项关键技术,为了进一步刻画不同技术和产业间的融合紧密度,以 5 个产业大类中我国 3D 打印专利占比分别较大两个关键产业小类(共计 10 个产业小类)为坐标,构建产业专利技术融合矩阵,测量中国 3D 打印产业的专利技术融合度。表 5-19 中的数字为同时融合横纵坐标对应的两类产业的 3D 打印专利数,这一数值显示了专利在不同产业的共现和融合情况。

根据 Breschi 提出的量化研究技术融合度的余弦相似度法(Breschi et al.,2003),即

$$S_{xy} = \frac{\sum\limits_{m=1}^{n} C_{xm} C_{ym}}{\sqrt{\sum\limits_{m=1}^{n} C_{xm}^2} \sqrt{\sum\limits_{m=1}^{n} C_{ym}^2}} \tag{5-7}$$

其中,S_{xy} 代表了两项技术(或产业)x 和 y 基于共现理论与其他技术类别的关联度,m 代表技术(或产业)的类别,S_{xy} 值越趋近于 1,则反映 x 和 y 间的融合度越高,反之 S_{xy} 越趋近于 0,则融合度越低。

由此,对表 5-19 中的数值使用 SPSS 软件进行余弦相似度换算,可得如下技术融合度测量结果。由表 5-20 可见,我国 3D 打印专利所融合的十大产业(或称关键技术)之间的融合度高低差异分化明显,虽然技术融合呈现多样性,但关键技术之间的紧密度并不一致。比如,计算机与电子信息在 3D 打印产业的融合度为 0.79,机器工具与电子信息、计算机、测量、控制、材料冶金、化学工程的技术融合度普遍较高(大于 0.5 为显著),测量与电子信息、计算机技术的专利技术融合度分别为 0.86 和 0.96,位于较高水平,技术融合所体现的我国 3D 打印在上述领域的产业融合与技术协同创新已初步形成。而面向 3D 打印大众应用市场的家具游戏、其他消费品与其他产业的融合度则普遍偏低,反映出 3D 打印产业大众应用市场尚未完全打开,专利技术的大众市场应用性尚未完全发挥;代表 3D 打印材料技术的材料冶金和化学工程两个领域的融合度也基本均未达到 0.5,纺织造纸机器和测量技术与其他产业的融合度仅为 0.01,技术融合水平偏低,说明该领域的专利研发范畴相对独立,尚未形成与其他技术和产业的有效结合。以上体现出的产业专利环境现状构成了当前我国 3D 打印专利技术产业化的潜在机会与障碍,促进或制约着技术产业化的实施和推广。

表 5-19　中国 3D 打印产业的专利技术融合矩阵　　　　　　(单位:件)

十大产业	十大产业									
	电子信息	计算机技术	测量	控制	材料冶金	化学工程	机器工具	纺织造纸机器	家具游戏	其他消费品
电子信息	57									
计算机技术	77	35								
测量	154	56	223							
控制	123	190	421	196						
材料冶金	20	32	71	102	177					
化学工程	19	16	57	38	132	201				
机器工具	244	201	552	159	267	215	1031			
纺织造纸机器	62	90	168	216	79	127	443	959		
家具游戏	33	25	96	52	14	7	16	11	72	
其他消费品	10	13	28	22	7	16	17	9	12	29

表 5-20　中国 3D 打印产业的专利技术融合度

十大产业	十大产业									
	电子信息	计算机技术	测量	控制	材料冶金	化学工程	机器工具	纺织造纸机器	家具游戏	其他消费品
电子信息	1									
计算机技术	0.79*	1								
测量	0.86*	0.96*	1							
控制	0.32	0.77*	0.67*	1						
材料冶金	0.36	0.39	0.46	0.42	1					
化学工程	0.33	0.36	0.41	0.38	0.74*	1				
机器工具	0.70*	0.67*	0.70*	0.56*	0.72*	0.71*	1			
纺织造纸机器	0.09	0.11	0.01	0.57	0.04	0.28	0.3	1		
家具游戏	0.28	0.24	0.17	0.15	0.24	0.22	0.16	0.12	1	
其他消费品	0.33	0.25	0.25	0.24	0.22	0.16	0.14	0.1	0.06	1

5.4　决定 3D 打印产业化实施的专利技术知识基础分析

基于 4.3 节的理论论述，根据表 4-2 的中国 3D 打印发明专利优势省区市统计，根据专利权人所在地从我国东、中、西部分别选取一个代表性 3D 打印专利优势地区，即江苏省、湖北省、陕西省(该三省均建立了国家级或省级 3D 打印产业园)。江苏省作为中国经济最为活跃的长三角地区的代表省份，研发经费连续 12 年居全国之首，近十年来其历年专利申请与授权量均位居全国前三，同时也是中国制造业最为发达的地区；湖北省作为中国的科教大省，知识资源丰富，重型制造工业云集，在中部崛起的战略背景下面临着制造业转型升级的迫切使命，重点发展 3D 打印技术和产业；陕西省地处西部作为"一代一路"经济带的起点之一，也十分重视发展 3D 打印技术，成立了 3D 打印产业技术创新联盟，并建设了 3D 打印产业基地，对中西部地区有着较大的辐射作用和后发优势。以下将对比评价我国三个代表性区域的专利技术知识基础，量化比较各区域的专利产业化基础条件。除此之外，3D 打印拥有十多种不同的技术工艺路线，但并不是每种工艺都具备良好的产业化潜力，为了遴选知识基础最好的技术工艺进而推动产业化，在面向产业化的 3D 打印技术工艺的选择上，也有必要对其三种主流工艺——数字光处理、立体光刻、选择性激光烧结的专利技术知识基础进行对比。本节实证分析数据源于前文的检索式和检索结果(9656 件中国发明专利申请)。

5.4.1　专利技术知识基础评价指标设置与解释

根据前人对于技术知识基础的测量进展，我们在对不同行业技术知识基础测量指标的基础上，完善和构建了面向不同区域和工艺的技术知识基础测量指标，并实现对指标的综合模糊评价，具体指标如下。

(1)创新网络结构。如 4.3 节所述，创新网络反映了特定区域的技术知识基础的域外流动与跨区域合作程度，是衡量技术知识基础的特征性要素，较之于对行业或产业的评价，这一指标拓展了技术知识基础的评价维度。基于专利知识流动的理论，选取该区域或工艺与域外合作申请的发明专利申请数作为这一指标(IN)的量化方法(考虑到中国专利无引文)，更好地刻画区域和工艺技术知识基础的外部性，合作申请越多，区域和工艺的创新网络结构越优。

(2)知识基础规模。知识的规模在专利视角下可量化为专利的数量，为了相对客观评价技术知识基础，本指标及其他各项指标均是基于中国发明专利申请的统计，排除实用新型和外观设计中的大量低质量和低知识含量的专利；同时，发明专利申请较发明专利更能反映区域和工艺的"知识"产出，而专利的确权仅是从法律意义上对"知识"加以保护。因此，该指标定义为区域发明专利申请数。

(3)知识基础广度。"广度"即为知识的门类，区域或工艺的技术门类越多，产业链条就越易形成，进行技术产业化推广也就相对容易。考虑到 3D 打印专利技术的 IPC 类别分布情况，选择发明专利申请的 IPC 小类数作为统计口径。

(4)知识基础多元度。多元度定义为技术资源在特定域内的集中和分散，代表着域内或行业内技术知识基础的分配情况，在确定的技术和产业领域内，技术资源集中度越高，则多元度越低，反之亦然。面向产业化的技术知识基础需要相对较高的技术多元度，技术资源单一化分配不利于技术的实施和产业多样性的形成。赫芬达尔指数(HHI)是经济学上用来量化表征市场集中度的重要指标；同理，可以用来测量知识基础的多元度(数值范围为0~1)。为了呼应其他知识基础的指标及便于比较，此处的多元度(VR)取为不同技术类别中(IPC 小类)发明专利申请数量在该区域或工艺中所有发明专利申请数中占比的平方和的倒数(即 HHI 指数的倒数)。

(5)知识基础深度。"深度"表征区域或工艺对知识元素的熟悉程度。借鉴 Zhang 和 Fuller 的研究中对行业的知识基础"深度"测量，引申定义区域和工艺的知识基础深度。对区域而言，

$$\text{pro}_i = \frac{P_i}{\sum_{i=1}^{n} P_i} \tag{5-8}$$

其中，P_i 为区域中不同技术类别下(IPC 小类)3D 打印发明专利申请数，n 为 3D 打印专利申请的技术类别数；对工艺而言，P_i 为 3D 打印发明专利申请的不同技术类别下(IPC 小类)中该种工艺的专利申请数，n 与上同。

进一步，计算"深度"：

$$\text{depth} = \frac{\sigma}{\varepsilon} \tag{5-9}$$

其中，σ 为比例值的标准差，ε 为比例值的均值。

根据以上指标和计算规则，我国江苏省、湖北省、陕西省三省的 3D 打印专利技术知识基础构成要素量化结果如表 5-21 所示。表中数值的意义在于三省之间的相对比较值，即 IN：$a>b>c$，SC：$a>c>b$，ET：$a=b>c$，VR：$a<b<c$，DP：$c>a>b$。3D 打印三种主流工艺的知识基础各指标比较优势为：IN：$d<e<f$，SC：$d>f>e$，ET：$d=f>e$，VR：$d<e<f$，DP：$f>d>e$。

表 5-21　三省的 3D 打印专利技术知识基础

指标解释	区域创新网络结构(IN)	区域知识基础规模(SC)	区域知识基础广度(ET)	区域知识基础多元度(VR)	区域知识基础深度(DP)
	与域外合作申请的发明专利申请数	发明专利申请数	发明专利申请的 IPC 小类数	域内技术资源的分配	区域对知识元素的熟悉程度
江苏省(a)	83	1170	13	3.711	1.720
湖北省(b)	37	296	13	5.208	1.572
陕西省(c)	19	326	10	7.002	2.459

表 5-22　中国 3D 打印三种主流技术工艺的专利技术知识基础

指标解释	工艺创新网络结构(IN)	工艺知识基础规模(SC)	工艺知识基础广度(ET)	工艺知识基础多元度(VR)	工艺知识基础深度(DP)
	与国外合作申请的发明专利申请数	发明专利申请数	发明专利申请的 IPC 小类数	工艺的技术资源分配	工艺对知识元素的熟悉程度
数字光处理(d)	14	1057	7	3.288	3.208
立体光刻(e)	18	621	6	5.179	2.73
选择性激光烧结(f)	22	940	7	5.601	3.587

5.4.2　区域专利技术知识基础的综合评价与启示

为了评价江苏省、湖北省、陕西省三个区域和数字光处理、立体光刻、选择性激光烧结三种主流工艺的技术知识基础现状和比较优势，引导中国 3D 打印专利技术产业化区域和工艺的选择，有必要对表 5-22 中各指标进一步进行综合评价。由于区域和工艺的技术知识基础包含创新网络结构(IN)、知识基础规模(SC)、知识基础广度(ET)、知识基础多元度(VR)、知识基础深度(DP)五个指标，着眼于对三个区域和工艺、五个维度的综合对比评价，我们选取经济学中著名的选择博弈法则——孔多塞法则，来实现基于多指标对比的技术产业化区域和技术工艺评价选择，确定产业化决策中区域和技术工艺选择的优先次序。

孔多塞法则是由法国数学家孔多塞于 18 世纪提出的"投票"法则，也是最早的排序式投票法则。所谓排序式的投票制度，就是在投票决策时不仅要让投票人表达最希望哪些人或方案当选，还要让投票人说明他给这些心目中合格的候选人或方案进行排序，投票人通过投票表达出对各候选人或方案的偏好次序。这种从"个人选择"到"社会选择"转移的评价方法则适用于多种情境下的选择决策，用以选择多指标下的最佳"候选人"。例如，有 A、B、C 三个备选方案(或称"候选人")，由甲、乙、丙三人组成的决策群对A、B、C 方案进行成对甄选，如果甲和丙认为 B 方案优于 A 方案，那么 A 就会被淘汰，留下 B 方案与 C 方案进行比较，如果甲和乙认为 B 方案优于 C 方案，那么 B 方案就获得通过，成为最佳方案。在多选项甄选的实际情况中，如果不考虑"投票人"的票数权重(即指标权重)，则这种集体决策有助于对"候选"人或方案进行选择，多数原则将得到最大体现，且不受单个指标干扰，这取决于对每一个"投票人"的理性假设及其偏好的完备性和传递性，该方法可被用于最少两"候选人"和两指标的评价模型中。

三个区域(或技术工艺)可作为孔多塞投票法则中的三个"候选人"，五个指标维度类似于"投票人"，通过指标间的两两比较，对"候选人"的赢、平、负进行量化积分，得出三个区域(或技术工艺)的技术知识基础综合评价结果,该方法已被用于技术评价与预测的相关研究中(Nuray et al.,2006)。

表 5-23　中国区域和工艺的 3D 打印专利技术知识基础指标排序

指标	排序
创新网络结构(IN)	$a > b > c$，$f > e > d$
知识基础规模(SC)	$a > c > b$，$d > f > e$
知识基础广度(ET)	$a = b > c$，$d = f > e$
知识基础多元度(VR)	$c > b > a$，$f > e > d$
知识基础深度(DP)	$c > a > b$，$f > d > e$

将表 5-23 中的单一指标对比结果转化为孔多塞两两对比矩阵,将两两对比的胜、负、平的次数进行计数统计,结果如表 5-24 和表 5-25 所示。

表 5-24　区域专利技术知识基础的孔多塞两两对比矩阵

	a	b	c
a	—	(3，1，1)	(3，2，0)
b	(1，3，1)	—	(2，3，0)
c	(2，3，0)	(3，2，0)	—

注:a:江苏省;b:湖北省;c:陕西省。

表 5-25　工艺专利技术知识基础的孔多塞两两对比矩阵

	d	e	f
d	—	(3，2，0)	(3，1，1)
e	(2，3，0)	—	(0，5，0)
f	(1，3，1)	(5，0，0)	—

注:d:数字光处理;e:立体光刻;f:选择性激光烧结。

根据孔多塞原则,结合两两对比矩阵整理江苏省、湖北省、陕西省三区域专利技术知识基础的孔多塞分值,即,将每个选项与其他两个选项成对比较,击败所有其他两个选项的选项成为赢家,将其胜、负、平数计入表 5-26。可知,区域技术知识基础的综合评价中 $a > c > b$,即江苏省优于陕西省,陕西省优于湖北省,也就是说,从区域的专利技术知识基础角度看,3D 打印专利技术的在江苏的知识基础相对陕西和湖北更强,可提供的技术来源与组合、创新合作的基础更具优势,利于专利技术的实施和产业化的实现。从工艺上看,数字光处理(d)>选择性激光烧结(f)>立体光刻(e),即数字光处理的专利技术知识基础最优,选择性激光烧结次之,立体光刻在三者中居后,我国在产业化的工艺选择上,应考虑不同工艺的知识基础特性。尽管孔多塞原则在博弈理论中存在"悖论风险",但在 Linux 集团委托一家研究机构的评判中,依然被认为是最适合网络操作与评价的决策投票制度,也逐渐被重新应用于项目甄选与多指标综合评价(表 5-26、表 5-27)。

表 5-26	三省区的孔多塞分值			表 5-27	三种主流工艺的孔多塞分值		
	胜	负	平		胜	负	平
a	3	1	0	d	3	1	0
b	1	3	0	e	0	3	0
c	2	2	0	f	1	0	0

注：a：江苏省；b：湖北省；c：陕西省。

通过对中国 3D 打印的区域和工艺的专利技术知识基础的分析可知，不同区域和技术工艺在专利技术知识基础上存在差异，表现在知识基础测量的 5 个指标上，即创新网络结构、知识基础规模、知识基础广度、知识基础多元度、知识基础深度，仅从例如专利数量等单一指标已经很难判断一个区域专利技术产业化的基础条件，还应全面考虑与域外创新研发合作、专利技术组合与布局、域内技术资源的分配和技术熟悉程度。尽管江苏省的专利技术知识基础相对陕西省和湖北省更强，但在单一指标上，其多元度和深度上则并不突出，即域内技术资源分配过于集中和对技术要素的熟悉程度不高，这可能构成其未来技术产业化实施中的潜在障碍，例如技术资源配置不均衡可能导致的技术应用市场渐窄和行业技术垄断的形成，技术熟悉程度不高则可能导致技术实施和推广的难度较大，在关键技术与应用上受制于人。我国不同区域在 3D 打印技术与产业发展规划时，应站在产业系统布局的高度分门别类，培育产业化的知识基础与要素组合，客观看待专利数量在技术产业化中的作用，推动由专利技术的量变增长到产业的质量跃升，通过政策重点引导和扶持具备较好知识基础的区域和成熟的技术工艺优先发展产业化。综合来看，我国 3D 打印技术在不同区域和工艺上存在知识基础的显著差异，仅从专利数量等单一因素来判断该区域或技术工艺是否具备技术产业化的知识基础并以此为依据进行技术规划和投资显然是不客观的，也会导致产业的盲目上马造成资源浪费，本节实证研究重在提供一种研究思路，从知识基础维度揭示我国 3D 打印专利技术产业化的机会与障碍。

5.5　本章小结

本章立足于技术性分析，依托专利情报挖掘与技术测量的相关理论与实践，从专利竞争态势、专利技术功能、产业专利属性、区域技术知识基础四个方面实证研究了我国 3D 打印专利技术产业化的机会与障碍。在专利竞争态势方面，我国产业化的机会来自于激增的专利总量与技术市场的繁荣，我国在 3D 打印专利技术的"形式"和"数量"竞争上有一定优势，而伴随的产业化障碍可概括为国内专利质量有待提升、海外专利布局意识较弱、关键技术差距明显、国外专利权人在华布局力度加大与创新主体结构单一（以高校为主），反映出技术的"质量"优势不明显，技术与市场之间存在一定的信息不对称。技术功能分析建立了专利与产业之间的关联，基于文本挖掘与文献计量发掘了 3D 打印专利技术的潜在应用领域，产业化的机会主要来自于 3D 打印技术拥有诸多潜在的应用领域有待挖掘，在提升传统产业效率方面得到了专利情报的支持，作为新兴技术在"应用"竞争上还有一定上升空间。对于创新主体而言，在专利撰写中应强化对技术功能效果的强调。产业化障碍来自于我国3D打印技术在医疗器械、图像处理、特殊机械等领域应用的技术成熟度和产业化潜力依然不高，向产业演化的应用条件还不成熟。对中国技术产业化成果中专利属性进行的研究揭示了产业化的一系列外部性障碍，发现3D打印所涵盖的六大新兴产业领域的产业化成果的专利偏好普遍并不高，国内专利尚未在技术产业化成果中发挥显著作用。高校作为中国3D打印的主要技术来源，在技术产业化中应起到更为积极的作用。3D打印产业的技术融合呈现多样性，但关键技术之间的紧密度分化明显，面向3D打印技术应用市场的家具游戏、其他消费品与其他产业的融合度普遍偏低。对3D打印的区域和工艺的专利技术知识基础进行了量化分析，评价和对比了不同区域和工艺的产业化的专利技术条件与实施潜力，产业化的机会与障碍存在于区域和技术工艺的优势对比和决策选择上，避免技术产业化的"一哄而上"造成类似于光伏、LED产业的不科学决策和产能过剩局面。

第六章 3D 打印专利技术产业化制度性机会与障碍的影响与对策

  本章将着重从专利制度层面对我国 3D 打印技术产业化的机会与障碍进行论述。如文献综述部分所述,产业化的制度性因素与桌面级 3D 打印的关联更为密切。技术与法律政策的关系长久以来就密切互动,技术产业化热度的提升必然随之带来市场竞争的激烈和专利侵权案件的多发;同时,法律政策又反过来推动或制约着技术产业化。专利诉讼是竞争主体之间对抗方式的主要体现,其目的:①专利权人利用法律手段保护其自身权利不被侵害;②专利权人将专利侵权诉讼作为其商业策略的一部分。通过对近 10 年全球 3D 打印技术相关的美国专利侵权诉讼情报的统计,可以看出 3D 打印美国专利侵权诉讼案件呈高发的态势,其中以 2012 年、2013 年的 132 件、139 件诉讼案件为最多。对涉案专利进行内容分析后,发现其中以打印设备与工艺的专利侵权为最多,涉及选择性激光烧结、熔融沉积式、立体光刻等设备工艺,同时还包括一些打印外围技术和打印机的零部件侵权,例如图像处理、软件识别、材料挤出与给料装置等。随着 3D 打印在中国的大规模产业化,桌面级 3D 打印机在不久的将来会像电脑一样普及,与这项技术相关的专利侵权可能出现"井喷"。中国的专利法律政策环境直接影响着 3D 打印产业的发展,那么专利法律政策维度的专利风险分析也是产业化机会与障碍研究不可忽略的一个方面(图 6-1、表 6-1)。

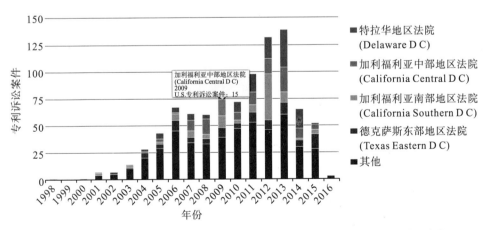

图 6-1 与 3D 打印技术相关(包括除 3D 打印机的外围技术)的美国专利诉讼案件

数据来源:Innography 专利平台;检索时间:2016 年 5 月 24 日

表 6-1　近年的较有影响的 3D 打印专利侵权诉讼案件与涉案专利

原告	被告	诉讼日期	相关专利	诉讼主题
DSM Desotech Inc.	3D System Inc.	2008 年 3 月 14 日	US6340297 US6733267	3D 打印设备
3D Systems Inc.	Envisiontec	2008 年 4 月 23 日	US6942830 US7052263 US7195472	3D 打印设备与工艺
EOS GmbH	Phenix Systems	2012 年 3 月 5 日	US5753274 US6042774 US6767499	3D 打印设备
3D System Inc.	Formlabs Inc.	2012 年 11 月 20 日	US5597520	3D 打印工艺(立体光刻)
3D System Inc.	Formlabs Inc.	2013 年 11 月 8 日	US5554336 US5569431 US5609812	3D 打印设备与工艺(立体光刻)
Stratasys Inc.	Afinia	2013 年 11 月 25 日	US5653925 US5866058 US6004124 US8349239	3D 打印设备中的零部件
ZHUHAI CTC ELECTRONIC CO.	ZHUHAI PRINT-RITE LLC	2014 年 5 月	ZL201320463657.2	3D 打印机零部件 (挤出与给料装置)
Microboards Technology	STRATASYS，INC.	2014 年 11 月 21 日	US8349239	3D 建模

内容来源：作者自行整理，内容整理截至 2016 年 5 月 24 日。

从专利制度的经济结构看，对技术创新采用专利的强保护还是弱保护直接决定了专利技术的研发力度和产业化潜力。这主要取决于专利权人的固定成本、进行外围发明的难易以及专利权人从强保护中所期待的额外收益(兰德斯，2005)。

如图 6-2 所示，某一产品或工艺 X，对其新产品或新工艺的专利保护使其制造成本降低到一个有利可图的水平。其中，D 是 X 的需求曲线，MR 是边际收入曲线，MC_1 和 MC_0 分别是专利技术创新之前和之后的边际成本或供给线。从 MC_1 到 MC_0 的变化源于使用新的专利技术降低了生产成本。在 MC_1 的供给条件下，均衡价格和产量分别为 P_1 和 X_0。在新专利技术使用的情况下，可通过低于 P_1 的价格生产 X_0 的产量，或通过 $P_1 - P_0$ 的使用费率进行专利许可，都会使得专利持有人在某一时期内、价格和产量不变的情况下产生净收益，即节约的成本减去开发的成本。如果需求的弹性足够大，且因发明产生的成本节约越多，则越可能价格低于 P_1 产量高于 X_0。这种传统分析未考虑专利是以公开换保护，即申请人一旦获得专利保护，就会使竞争者得知其技术信息，竞争者得知的越多，其生产成本就越低，即形成专利权人不完全持有该技术。那么，竞争者的边际成本就会下降到 MC_1 与 MC_0 之间。专利权人和竞争者分别作为主导和价格接受者的情形下，将产生一条更陡峭的需求曲线，使得专利权人在一个均衡的产量 X_p 和价格 P 上实现利润最大化。其中，X_p 大于 X_0，P 小于 P_1。

如果一项技术的研发固定成本越大，且基于该技术进行外围发明越易，那么专利保护的程度就应该越强，以此实现对创新者的充分激励和侵权风险合理防控，进而早日完成发明和产业化投资。3D 打印技术研发成本高、周期长，由于 3D 打印设备的核心专利过期且其机械原理易被模仿，外围改进发明也较容易，如果不在技术产业化的初期采取专利的强保护，则会产生市场和产业的结构混乱和无序发展。因此，面向 3D 打印专利技术产业化的制度性因素，本书认为应从专利的强保护出发进行制度再设计。

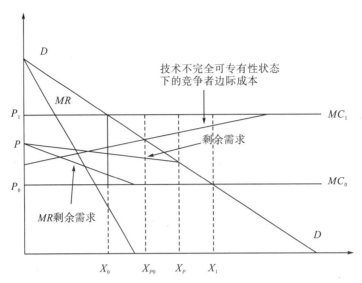

图 6-2　专利保护对技术复制影响的一般经济学模型

6.1　专利直接侵权制度对产业化的制约与对策

6.1.1　直接侵权制度对产业化的制约——"舆论障碍"

专利实施是指将已获得专利权的发明创造应用于工业生产，实施的通常含义是指制造专利产品或者使用专利方法（吴汉东，2002），任何专利技术的产业化实施都建立在这个概念框架下，这也是专利与产业在法律上的概念联系点。以一件中国专利CN102635887A 为例来论述专利实施的潜在风险所在。这是一件关于减震减噪的吸油烟机中国发明专利，由涡轮组件、吸油烟机外壳、烟道和减震装置四大构件组成。假使小王购买并使用了这件专利产品，由于使用不当造成吸油烟机的涡轮叶片损坏，而原厂更换涡轮叶片将产生很高的费用。小王便从一个 3D 打印设计网站发现了这台吸油烟机的3D 打印设计电子文件（CAD 图）并随即下载，再用自家的 3D 打印机"打印"了一件与原配件一模一样的吸油烟机涡轮叶片。

针对小王用 3D 打印机进行的个人制造专利产品的行为，且该行为不以生产经营为目的。中国专利法第 11 条，专利侵权须以"以生产经营为目的"为要件，中国专利法第 69条同时规定了专利侵权的五种例外情形。依照现有法条，利用 3D 打印机进行的个人制造专利产品的行为且仅供满足自身使用或是专为科学研究及实验而使用专利产品，并非以生产经营为目的，不构成专利侵权。中国这一法律现状与欧洲大部分国家相似，即私人非商业性使用不视为侵权，但美国法则没有此规定。由于 3D 打印时代使用 3D 打印机仅满足自身使用需求的制造专利产品的行为将越来越多，当这些行为产生的影响叠加起来，对专利权人造成的损失从效果上讲与一般商业性的专利侵权无异。在法律实践中，即使专利权人想要通过诉讼来维护自身权益，在诉讼对象的选择、侵权取证以及损失确定等方面都存在较大困难。

专利直接侵权对 3D 打印技术产业化的潜在影响包括以下两方面：①对产业发展制造"舆论障碍"，专利直接侵权认定的潜在困难容易使公众认为是 3D 打印技术降低了专利侵权复制的技术门槛，由此给 3D 打印产业赋予过高的知识产权风险论调和"万能制造机"的头衔，使产业在发展初期面临一定的"道德风险"；②促进立法、产业推进政策的制定，建立风险补给机制。3D 打印产业化可能会带来专利直接侵权认定的潜在困难，尽管现有知识产权保护体系还能够应对技术发展所带来的挑战，但从理论上的前瞻性思考会促进我国对现有法律政策给予更加明确的解释，预防潜在立法风险，保障产业的良性健康发展。

6.1.2　对专利直接侵权制度的建议

3D 打印技术将带来个人"自给自足"式的生产制造，这一状况将随着 3D 打印技术专利的激增和 3D 打印设备与产品商业化的加速而更加普遍。依照中国《专利法》第 11 条中"以生产经营为目的"的直接侵权要件，非生产经营目的下的制造、使用、许诺销售、销售、进口专利产品或依专利方法直接获得的产品等行为均难以受到规制，专利权人的合法权益就无法得到有效保障。3D 打印时代一方面带来了专利数字化，这种数字化、网络化本身就增加了专利权人保护、控制其专利的难度；另一方面 3D 打印时代的个人化制造的叠加和复制效应对专利权人的冲击更大。

TRIPs 协议第 28 条规定了专利直接侵权的最低标准，其中并未包含"以生产经营为目的"及类似意思的要件，第 30 条在此基础上规定了各成员对专利赋予的专有权规定有限的例外的原则。各国可以在 TRIPs 第 30 条的原则基础上设定合理例外。在美国专利制度中，即使不以生产经营为目的，个人使用专利技术的行为仍然被视为侵权，英国专利制度则更为严格，规定未经许可持有专利产品也被视为侵权（刘鑫等，2015）。

依据 TRIPs 的原则要求并结合 3D 打印时代的个人制造"井喷"的现实，"以生产经营为目的"的直接侵权要件在不合理损害专利权人合法利益的情况下是应该被取消或更为明确定义的，为了减小这种修订对专利制度的冲击影响，可以通过对专利侵权例外情形和合理使用范围界定的相关条款的扩充和明确加以弥补。

6.2　3D 打印推动我国专利间接侵权制度的构建

6.2.1　间接侵权可能发生于技术产业化全链条

专利间接侵权与 3D 打印技术产业化的关系相对于直接侵权则更为密切，专利间接侵权在 3D 打印时代应得到更多关注。专利间接侵权可能涉及 3D 打印产业中的多个主体，包括网络运营商、3D 打印产品制造商、材料与设备零部件供应商等，间接侵权可能发生在产品设计、设计文件传播、零部件加工制造等 3D 打印产业链条的多个环节。在数字时代和网络技术部分"弱化"了专利权人的权利时，从专利法的角度给予专利权人直接侵权之外的延伸救济，能够有效规制专利侵权现象，保护专利权人的合法权益。中国的专利间接侵权制度还处于探索阶段(刘春田，2014)，《中华人民共和国专利法》第 11 条仅规定了直接侵权的几种情形，对间接侵权行为则依照《中华人民共和国民法通则》第 130 条、《关于贯彻执行〈中华人民共和国民法通则〉若干问题的意见(试行)》第 148 条的中关于共同侵权的规定以及 2016 年出台的《最高人民法院关于审理侵犯专利权纠纷案件应用法律若干问题的解释(二)》第 21 条。网络经营者以商业目的传播和销售 3D 打印电子文件的行为虽然未必造成了专利直接侵权，但网络经营者的获利直接导致了专利权人利益的损失。此外，3D 打印的零部件加工定制是目前 3D 打印应用市场的主流需求之一，而帮助加工零部件的 3D 打印服务商的帮助加工行为也存在潜在的间接侵权风险。随着 3D 打印技术产业化的规模化发展，个人非营利性地制造专利产品、个人上传 3D 打印电子文件、网络运营商传播和销售 3D 打印电子文件的行为等将致使专利权人的利益遭受比直接侵权更大的损失，中国专利制度中关于间接侵权制度，尤其是对于间接侵权中引诱侵权、帮助侵权规定的缺失虽有所弥补，逐渐强化了对专利权人保护的原则性要求，但仍需在具体执行条款上予以完善。

3D 打印技术也对中国最高人民法院《关于审理侵犯专利权纠纷案件应用法律若干问题的解释》第七条的完全覆盖原则提出了挑战。根据完全覆盖原则，如果被控侵权物没有覆盖专利权利要求的全部技术特征或等同特征，例如缺少其中一项必要技术特征或等同特征，则不构成专利侵权。简单地以完全覆盖原则来判定是否侵权，而没有专利间接侵权或专利产品零部件侵权的缓冲区设置，在 3D 打印产业化时代，将增加市场上侵权产品或近似侵权的数量，不但增加了司法运行和执法过程的成本，模仿和抄袭的增加也会降低整个社会的创新动力。

专利间接侵权对 3D 打印技术产业化的潜在影响体现在其风险可能贯穿 3D 打印技术产业的全链条。网络运营商对设计文件的传播和销售行为、3D 打印产品制造商的帮助组装加工行为、材料与设备零部件供应商的材料零部件提供行为等都可能被纳入间接侵权的范畴，3D 打印相关产业主体在产业化运营时应对此类法律风险进行防范；3D 打印技术为专利产品的零部件制造、重做、修理以及设计蓝图的传播提供了便利，随着我国法律实践中对专利间接侵权风险的识别与意识的深入，会推动我国在间接侵权领域的立法制修订，为产业发展和产业参与主体扫清障碍。

6.2.2 对专利间接侵权制度的建议

专利间接侵权制度的构建是为了弥补传统专利侵权判定对专利权保护之不足而设置的，这一制度需求在 3D 打印技术产业化全面铺开的时代显得更为迫切。美国《专利法》271(c)中表述了专利间接侵权的两个要件且缺一不可，即许诺销售或销售的产品是“专门用于实施该专利的产品”以及是“实施该专利的关键产品”。第 271 条(f)进一步规定，许诺销售或销售“专利发明的实质性零部件”的行为也属于专利间接侵权。德国《专利法》第 10 条以“提供涉及专利发明基本要素的手段”且致使专利发明的销售和供应为间接侵权两大要件。而日本和韩国则将“制造、销售、出租、进口，许诺销售或许诺出租”“专门用于制造专利产品或实施专利方法的物品”都归为专利间接侵权。

从着眼于 3D 打印技术发展进而构建中国专利间接侵权制度的角度讲，首先应将专利间接侵权制度独立于专利直接侵权。尽管国内外的诸多司法实践将专利直接侵权作为间接侵权的基础，即直接侵权不存在时则间接侵权不成立，但仅通过专利间接侵权行为获利且损害专利权人权益的行为在 3D 打印时代将比较普遍且成为整个商业环节的重要部分，直接与间接侵权的独立判断有利于更好地平衡专利权人与社会公众之间的法律和利益关系。其次，应建立引诱侵权和帮助侵权的具体法律条款和司法解释。美国专利法律体系明确了专利间接侵权包含引诱侵权和帮助侵权两种，这较之于中国目前仅依照《民法通则》中共同侵权原则来处理专利间接侵权更具针对性，也是中国专利法律体系完善的重要步骤之一。最后，如果建立了专利间接侵权制度，那么也应相应地调整专利侵权纠纷判定原则中的完全覆盖原则，以与法条进行匹配，完全覆盖原则依然适用于专利直接侵权，"关键部分"或"关键技术特征"覆盖原则则适用于专利间接侵权。在 2016 年 3 月出台的《最高人民法院关于审理侵犯专利权纠纷案件应用法律若干问题的解释（二）》第 21 条中，已经强化了专利立法司法对于间接侵权的关注，引入了帮助侵权和引诱侵权，逐渐更加重视对专利权人的保护。在我国的司法实践中，若间接侵权人与直接侵权人之间没有联络，则不构成共同侵权。但在 3D 打印技术产业化兴起并有可能成为一种制造业中帮助加工和个性化定制的通用技术的背景下，3D 打印产业链中的网络运营商以及设备持有者普遍参与帮助设计、加工、提供专利产品零部件，若对间接侵权不加以更强有力的规制，则会造成模仿、代工盛行，新的商业模式会由于制度缺陷而陷入推广困境，专利权人利益也就得不到有效保护，3D 打印新商业模式、技术创新和产业发展也会受到相应的制约。因此，司法解释中的规定有必要尽快以立法的形式在新修订的专利法中有所体现。

6.3　3D 打印专利实施对技术创新的影响

3D 打印专利技术代表了一类以数字制造和智能制造为特征的专利技术，这类技术实现了从数字编码到实物之间的快速制造，拓展了制造的时空范围。然而，据 Gartner 公司预测，截至 2018 年，由 3D 打印为代表的数字制造技术的实施每年将带来 1000 亿美元的知识产权资本流失风险（Gartner，2014）。3D 打印专利实施中的侵权风险无论是对专利体系还是对技术创新都具有深远影响，体现着技术创新与制度创新的竞合与博弈。

6.3.1　对创新动机的影响

专利制度的立法宗旨之一就是通过保护创新进而保护创新动机，如果专利权人无法控制其发明的 CAD 文件，在 3D 打印时代则将产生其发明被大量仿制，专利权人也会随之失去其专利所带来的经济利益，从而提高了创新成本，进而遏制了发明者的创新动机。但从另一个层面看，3D 打印大大降低了产品开模和复杂产品制造成本，在产品的研发阶段，通过 3D 打印制造的复杂产品的实验品或样品减少了开模环节，提高了研发效率，进而又降低了创新成本。加之 3D 打印 CAD 文件可通过互联网传输，生产环节中省去了从实验室到生产车间乃至有形产品的直接运输，大大降低了物流成本，这也是间接地降低了创新的投入成本。诚然，对创新成本的影响还需要基于经济学的个案分析，但对于一些符合复杂产品个性化定制的特殊行业，3D 打印对降低创新成本、激励创新的积极作用是明显的。

专利制度一直在激励创新和保护创新之间寻求最佳平衡点(Lemley，2014)，随着 3D 打印技术的成熟，现有的平衡会被打破，新的平衡将会建立。新平衡建立的原则无疑是应首先弥补 3D 打印技术带来仿制门槛降低的社会风险，强化对创新动机的保护，但由于 3D 打印时代创新成本的降低，专利申请动机亦会下降，如果不适度调整专利制度的保护强度和门槛，例如专利申请费和年费、专利保护期限等，许多中小企业可能会选择不通过获得专利来保护发明创造，专利制度的运行将会受到挑战。当人们能够轻易地从互联网上下载任何产品的 CAD 文件、购买生产的原材料并进行 3D 打印制造时，知识产权制度保护创新的功能无形中被弱化，进而带来知识产权制度被大量仿制产品"围困"而无法施展的"孤岛"效应。现行专利制度在 3D 打印尚未普及应用之时看似十分稳固且无须变革，但其对专利制度和技术创新的影响更多取决于技术本身的发展和应用范围，如果 3D 打印突破现有的技术和应用瓶颈，实现了大规模使用，则其带来的创新成本降低和专利制度"失效"的结果则是完全可预期的，专利制度对创新动机的激励作用就会受到挑战。反之，如果 3D 打印由于技术和成本原因无法普及使用，那么它也仅仅是一项普通的技术而已。换句话说，非法使用、销售、许诺销售、传播专利产品的 CAD 文件制造专利产品及其零部件的行为是否构成侵犯专利权人的合法权益及侵权行为的性质认定，仍取决于技术发展及其对创新动机的影响程度。

6.3.2 对跟随创新的影响

专利制度激励创新的第二个层面就是通过专利文本的公开，为后续创新和改进提供基石和坐标，这是各国专利法的普遍适用原则，我们把这种建立在现有技术基础上的后续、改进和外围创新统称为跟随创新。依据中国《专利法》(2009)，不考虑专利侵权的例外情况，制造专利产品的行为构成侵权，在 3D 打印技术情境下，制造专利产品自用或用来再创新的情形无疑将增加。然而，3D 打印时代的跟随创新更多是基于专利产品数字模型的再创新，在现有专利制度环境下，基于数字模型的再创新降低了跟随创新的侵权风险，提高了跟随创新的可能和质量。

那么就会产生一个争议，制造或传播专利产品的 CAD 文件是否构成侵权？现行的专利制度显然还不能回答这个问题，对于专利产品 CAD 文件的性质认定存在三方面声音：①认为 CAD 文件等同于产品本身，原因在于 3D 打印技术缩小了 CAD 文件与实物之间的"鸿沟"，拥有了 CAD 文件就相当于随时拥有了产品实物；②将 CAD 文件认定为组成专利产品的零部件，它是构成专利产品的必要部分，未经许可制造或传播 CAD 文件至多可算做专利产品的零部件侵权，建立"数字世界"和"现实世界"区别统一的专利体系；③将 CAD 文件与专利产品实物之间进行明显的区别划分，"数字世界"和"现实世界"难以融合，CAD 文件仅是专利产品的重要而非必要组成。这三种观点对于跟随创新的影响依次从强到弱，第一种情况就大大限制了 3D 打印时代的跟随模仿，即对于专利产品 CAD 文件的不正当使用范畴变大，跟随创新者要排除侵权风险就必须要不断改进和创新；同时，未经许可销售、许诺销售专利产品 CAD 文件的行为构成专利法意义上的侵权，保护了专利权人创造过程的智慧和思想投入。犹如一首乐谱，在数字时代之前它的五线谱受到版权保护，数字时代其版权保护延伸到这首乐谱的数字文件，3D 打印亦有可能推动专利产品电子文件的专利保护。但考虑到鼓励而非限制跟随创新，应建立区别于传统专利保护框架的专利产品电子文件的专利保护规则标准，鼓励电子文件合法传播的同时加强实物专利产品的侵权审查和保护。

6.3.3　对技术实施的影响

作为技术实施的参与者，网络运营商的间接侵权责任在本章第二节进行了论述。相对于经济能力和社会影响较弱的终端用户的直接侵权，由 3D 打印 CAD 文件引发的网络运营商的间接侵权责任风险可能更大。只要有直接侵权发生，网络运营商作为 CAD 文件提供者都可能会承担间接侵权责任；同时，这种责任越明确，越有利于网络运营商作为第三方平台通过技术创新手段完善侵权识别和预警体系，加强互联网专利侵权技术体系建设。

3D 打印会使越来越多的个人行为与专利法建立联系，尤其是当 CAD 文件具备可专利性或是非法制造、使用、销售、许诺销售专利产品的 CAD 文件构成专利侵权时，终端用户作为 3D 打印技术实施的最大参与者，也会面临一定的侵权风险。社会大众的专利侵权行为是否会类似于数字版权的大众侵权行为而被追究，"法不责众"的观念是否依然适用于以 3D 打印为代表的"互联网＋制造"时代，这些问题都对专利制度提出了新的要求。尤其是当以 3D 打印为基础形成的"实验室工厂"和"家庭式作坊"逐渐成长为中小微制造企业后，个人化制造的目的由复制自用转为销售盈利，生产者与消费者之间的界限变得模糊，在利益驱动下，专利权人和"专利蟑螂"在主张权利时则可能会引发大规模面向个人终端用户的专利诉讼。此时，终端用户如果未在先进行专利检索和预警分析的情况下制造、使用、销售、许诺销售专利产品及其零部件，或是未经许可传播专利产品 CAD 文件，在专利制度未引导侵权标准变革考量的前提下，都可能会陷入恶意专利持有者布下的专利陷阱。这些都是不利于中小微"产销者"成长并反哺技术创新的不利因素。

6.3.4　3D 打印 CAD 文件的可专利性

1)CAD 电子文件的可专利性机会与困境

3D 打印电子文件包含了 3D 打印产品的全部设计信息，将 3D 打印电子文件导入 3D 打印机，即可向打印机发出指令并完成产品的制造。与专利保护相比，著作权的保护力度则明显较弱。首先，著作权的保护范围是作品的表现形式而不延及其主体和思想，3D 电子文件除了包含有产品设计的数据以外，必然也包含涉及与 3D 打印机兼容性的代码与 3D 打印工艺过程的命令等技术方案信息，仅以著作权来保护 3D 打印电子文件是不够的；其次，著作权在对于是否构成侵权的判定上往往主观性较强，不利于侵权的判定，不利于合理市场竞争秩序的构建，这一点在专利保护方面则通过权利要求明确保护范围，可弥补这个缺陷；最后，著作权的获得与专利权获得的途径相比虽更为便易，但由于 3D 打印电子文件直接关系到 3D 打印产品制造的技术细节，无论是著作权的自动获取还是计算机软件的登记注册，都不足以达到专利对技术信息的筛选和促进技术进步的作用。

《中华人民共和国知识产权局专利审查指南》第二部分第九章中规定："当一件涉及计算机程序的发明专利申请是为了解决技术问题，利用了技术手段和能够产生技术效果时，表明该专利申请属于可给予专利保护的客体。"在当前的专利保护体系下，许多国家的法律都认为计算机软件所体现的技术方案并不需要依托硬件加以实现，也就承认了 3D 打印电子文件成为专利法保护的客体的可能。同时，伴随新的国际 CPC 专利分类号中专为 3D 打印技术设置 B33Y 的分类，未来与 3D 打印相关的专利发明，例如 3D 打印电子文件，将会面临一些新的申请与授权机会，在 3D 打印技术产业化运营中，专利申请人对 3D 打印电子文件无论申请产品专利还是方法专利，在申请策略与权利要求撰写策略上都有探索与尝试的空间，同计算机软件专利类似，也将面临潜在的专利授权风险。

但类似于人类基因组和图形用户界面的可专利性问题，3D 打印电子文件的可专利性在专利制度上存在一定的拓展和辨析的机会。在 3D 打印的技术语境下，电子文件即是 3D 打印产品设计的电子化格式，其后台则是计算机的代码语言，倾注了设计者的创新思维且具有一定的工业实用性和美感。电子文件的用户既可以通过对这种计算机电子化格式进行"打印"操作，在 3D 打印机上轻松得到产品原型，又可以在互联网环境下进行上传、下载、交易、传播等行为。换言之，就是将产品的交易传播变成线上的电子设计文件的交易传播。根据中国《专利法》第 22 条对中国专利授权条件的"新颖性""创造性""实用性"规定，第 25 条和 69 条对授予专利权的例外情况的规定，以及第 2 条对外观设计专利的定义，即外观设计是指对产品的形状、图案或者其结合以及色彩与形状、图案的结合所作出的富有美感并适于工业应用的新设计。3D 打印电子文件从形式和功能上讲介于单纯的设计图纸与成形的产品之间，既符合专利法"三性"的内涵要求，又不在专利法保护客体排除的形式范围之中，同时在互联网时代对于"设计"的理解亦应突破对外观设计"物理产品"属性的传统思维。在 3D 打印带来的"线上"和"作坊式"制造时代来临之际，3D 打印电子文件可能会成为产品交易的主要载体，在互联网制造业的产业链条中将处于核心位置。

从外观设计专利保护 3D 打印文件的可能性看，3D 打印电子文件与图形用户界面（graphical user interface，GUI）的定义具有一定的相似性，存在参照 GUI 进行保护的可能。图形用户界面是用户使用计算机时的接口环境，供用户在使用计算机设备、软件时与计算机进行数据交换的媒介。3D 打印电子文件作为用户与制造产品的 3D 打印设备之间的接口媒介，其内容同时也承载着相应的设计构思、功能属性或技术方案。美国、欧盟、日本、韩国等发达国家以及印尼、俄罗斯、墨西哥等发展中国家都已明确对图形用户界面的保护（其中有些是附加条件的保护，如设计需与产品结合才能获得保护），我国在这方面的制度完善已略显滞后，在一定程度上会对 3D 打印产业的发展和产品创新成果的保护造成制约。

2）探索设立 3D 打印时代的《数字专利法》

网络对著作权保护制度的冲击与 3D 打印时代网络运营商行为对专利实施的冲击有着诸多相似之处，上文中我们讨论了 3D 打印电子文件可专利性，如果这些电子文件成为专利保护的客体，那么参考美国在 1998 年制定的《数字千年版权法》（Digital Millennium Copyright Act，DMCA）规制网络运营商侵害数字化专利权的行为就顺理成章。《数字专利法》首先应通过保护专利权权利管理信息的完整性来加强对专利权人的保护，禁止任何人尤其是网络运营商明知以及故意地引诱、促使、促进或隐藏专利侵权的事实，与专利法中的间接侵权制度形成对接。另外，与 DMCA 类似，应规定网络运营商的免责制度，确立过错归责原则，只有在明知网络用户上载信息的行为已构成专利侵权时，网络运营商仍不采取措施删除信息或者阻止他人再次访问，此时网络运营商才需要承担侵权责任，即"避风港"制度中的"通知与移除"制度(Masnick，2014；刘鑫等，2015)。

在进行制度"嫁接"时，应充分考虑 3D 打印时代版权专利化特征的同时，还应注意著作权与专利权之间的差异。比如著作权保护的是作品的表达形式而不延及思想；而专利保护的是一种技术方案，与之相同或等同的技术方案的直接替换也属于专利侵权。网络运营商在判定专利侵权时的难度比判定著作权侵权的难度更大，这就要求《数字专利法》在判定专利侵权时能够给予网络运营商更多的救济措施，这样才能在避免专利权被滥用的同时激发创新成果向全社会的流动。在 3D 打印电子文件的专利化保护上，还建议在如下几点上对专利制度进行修改和完善：①适度拓展外观设计专利保护的范畴。在我国专利制度的解释和司法实践上，外观设计被划定为仅涉及物理产品范畴，即设计"不应是时有时无的或者需要在特定的条件下才能看见的"(见《专利审查指南》2008)，对于在例如"通电"状态下显示的设计则不受外观设计专利保护。而 3D 打印电子文件是一种在电脑"通电"、程序"运行"时才能显示的设计，同时它与产品的物理外观紧密相关，理应考虑互联网时代技术进步与创新创意成果辈出对立法解释带来的变革与挑战，突破外观设计载体的物理限制，在《数字专利法》或现行专利法中有所回应。②在 3D 打印时代应设立"部分外观设计"侵权制度。3D 打印技术与产业发展带来的产品创意设计领域的繁荣对于外观设计专利保护现状构成了一定的挑战，我国目前仅对整体外观设计进行保护而对产品细部的改进未作明确保护，对于目前许多产品设计已趋于成熟，更多的创新创意体现在产品的细部特征上，而这些细部特征又对识别和提升产品美感产生重要作用，如果能够从专利制度上强化对"部分外观设计"的保护，则无疑会从 3D 打印技术产业化的初始环节就规范创意设计领域的发展。③在《数字专利法》视野下，可将 3D 打印电子文件与产品相结合，参考计算机软件需与硬件相结合的保护原则，以产品作为载体，对电子文件进行专利法意义上的保护，推动 3D 打印时代的版权专利化。使产品设计上普遍存在的相互借鉴得到适度规制，使自主创新越来越多，激发我国工业设计企业依托 3D 打印走上创新驱动发展的产业化之路。

3D 打印电子文件一般都包含了 3D 打印产品的全部数据信息且以电子格式存在。单纯的 3D 打印产品设计图应属于著作权保护的范畴，但随着 3D 打印技术的进步，权利人为了防止其 3D 打印产品设计图通过网络被不合理地传播和复制造成专利侵权，会在电子文件中植入命令代码(例如电子水印)，该代码的作用一方面能控制电子文件的非法下载和传播；另一方面限定该电子文件只能被特定的 3D 打印机所执行，这就类似于 DMCA 中规定的保护网络环境下著作权的"技术措施"，包括控制接触作品的技术措施、控制使用作品的技术措施、控制传播作品的技术措施、识别非授权作品的技术措施等，这些技术措施是针对网络著作权侵权现象逐渐高发而出现的。当这些技术措施与 3D 打印产品设计文件结合起来时，也具备专利授权的条件。企业在开发 3D 打印产品、设备、工艺的同时，要做好专利申请的布局与策略准备，建立比较全面的专利保护网络体系，让 3D 打印带来的专利实施困境由专利自身来消化解决。

经验证明，技术进步与商业模式的发展总是更加先进于法律的完善。美国的

Shapeways 和 Thingiverse 两大 3D 打印网站在 3D 打印设计文件的构思、交流、集中、传播、运营等方面进行了与商业模式和知识产权保护相关的有益探索。Shapeways 连接了 3D 打印产品制造商和希望购买 3D 打印产品的消费者，允许用户上传自己设计的 3D 打印设计图，但不支持下载，这种设计文件单向流动的商业模式在很大程度上避免了 3D 打印文件的传播，也就从源头上规避了专利和著作权侵权的发生。而作为 MakerBot 公司推广其 3D 打印机的网络平台，Thingiverse 网站采取了不同于 Shapeways 的商业模式，它既支持用户分享自己的 3D 设计，也支持用户改进他人的设计，同时还支持 3D 打印 CAD 格式文件的下载。这样的模式对用户来说自然更加亲切，虽然造成了专利侵权的潜在风险，但 Thingiverse 将其商业模式置于自身知识产权政策的约束下。合理健全的知识产权政策，一方面规范了参与主体的行为，推动了 3D 打印产业健康有序发展，另一方面将该商业模式的灵活性和可创造的利润空间最大化。

6.4　职务发明制度对 3D 打印专利产业化的潜在制约

6.4.1　发明人主导 3D 打印技术产业化的专利法律风险

由前文的专利情报与案例研究可知，中国 3D 打印技术起始于高校和科研院所，高校和科研院所也是中国已授权 3D 打印发明专利权人的主要主体，已授权发明专利数量前十位的中国专利权人中有九位来自此类机构，以华科三维公司为代表的高校和科研院所职务发明人为主体的专利技术产业化是中国 3D 打印产业的重要特征之一。因此，发明人主导下的 3D 打印专利技术产业化法律政策风险，尤其是发明人对专利成果转化的专利法律风险，亦是产业化机会与障碍分析框架的组成部分，有必要进行前瞻性探讨。中国《专利法》第 6 条规定，主要利用本单位的物质技术条件的发明创造是职务发明，职务发明成果的专利申请权及专利权归单位方所有，单位与发明人之间有约定的从其约定。《专利法》第 16 条指出，发明人享有获得奖励或报酬的权利。2015 年颁布的《促进科技成果转化法》强化了高校和科研院所对创新成果的资助转化权，可以自主决定其知识产权的转让、许可或者作价投资，同时也强化了对科研人员的奖励力度。

但是，中国的发明人不享有发明创造的知识产权和该知识产权的优先转化权，仅有获得奖励或报酬的权利，关于发明人对发明创造的使用、处置、收益等权利则未有立法层面的保护，这不利于以 3D 打印为代表的较复杂且急需产业化的专利技术由发明人主导实现产业化。此外，根据《事业单位国有资产管理暂行办法》，单位拥有的以专利为代表的知识产权作为"能以货币计量的经济资源"属于国有资产，而国有资产未经审批不得自行处置。新的《促进科技成果转化法》也明确规定，科技成果完成人不得将职务成果占为己有，侵犯单位的合法权益，以上法律规定从某种程度上存在相互抵触，也限制了科研院所的发明人自主推动专利技术产业化的积极性。在中国 3D 打印产业化刚刚兴起之时，发明人主导专利技术产业化能够快速推动技术创新和技术从实验室向产业转化的步伐，突破技术产业化的"达尔文"之海，因此有必要厘清职务发明在专利技术产业化中的制度风险并对产业发展提出有效的法律政策建议。

6.4.2　完善推动专利技术产业化的职务发明制度

当前我国3D打印核心专利技术主要集中于高校和科研院所，形成了以清华大学、华中科技大学、西安交通大学、北京航空航天大学、西北工业大学等高校为代表的3D打印"技术高地"和"实验室工厂"。实现发明人作为隐性技术的持有者与高校作为专利等显性技术持有者之间的利益平衡，是推动我国3D打印专利技术在快速产业化的关键。"人是科技创新的关键因素"，人也是技术产业化尤其是高技术产业化的主导性因素，对发明人进行超越报酬激励的产权激励，是充分调动技术发明人积极性参与和主导专利技术产业化的新路径。为了克服上文提到的3D打印技术产业化的专利法律风险，提出以下几方面的法律政策解决思路。

(1)专利职务发明制度应由"单位强势"转向"发明人优先"。职务发明的权属某种意义上决定了发明人参与和主导技术产业化的积极性，也决定了好的技术成果能否快速走上产业化之路。美国《专利法》规定，职务发明成果的专利申请权属于发明人，单位只能以发明人转让的方式获得专利权和专利申请权；德国《雇员发明法》规定发明人是职务发明成果的原始权利人，为了平衡发明人与企业之间的利益，发明人有义务向雇主报告相关成果；日本《专利法》也规定发明人享有职务发明成果的专利权，但发明人所在单位享有专利权的非独占实施权和优先受让权。美国、德国、日本等发达国家在职务发明制度上的"发明人优先"原则保证了发明人参与、主导技术创新的原始积极性，为技术产业化提供源源不断的技术资本。相比之下，我国《专利法》则体现了"单位强势"，即职务发明成果的专利申请权及专利权归单位所有，这种"雇主主义"原则过于强调"集体因素"而弱化"个人因素"的积极性与主动性，在推进高校和科研院所技术产业化、促进专利有效实施的背景下已显得格格不入。

如果说职务发明的"雇主主义"或"单位强势"在于推动国家和高校为代表的集体技术资本原始积累，那么"雇员主义"或"发明人优先"则在于激发发明人的创造力，鼓励技术的产业化实施和技术市场的活跃。在我国2015年公布的专利法修改草案中，已缩小了职务发明创造的范围，即"执行本单位任务所完成的发明创造"为职务发明创造，改变了原有的"主要利用本单位物质技术条件所完成的发明创造"为职务发明创造。同时，规定双方对"利用单位物质技术条件所完成的发明创造"若无约定，申请专利的权利属于发明人或者设计人。这一规定较以往已有较大进步，但为了切实推动我国研究机构的技术成果的转化实施和产业化，除了明确对职务发明创造"所有权"的规定外，还有必要对"处置权"和"收益权"做更为清晰的界定，按照财产的属性拓展专利权的具体内涵，实行"三权分立"，让"发明人优先"的原则首先能够切实保障其获取权利，进一步能够处置权利(如优先实施权)并从权利的处置中获得较大收益。"发明人优先"还能够促进单位内部的知识产权管理建设，对于约定产权归属的发明创造提高管理意识，最终实现单位与发明人之间的利益平衡。

(2)创新对发明人专利产权配置与激励政策，探索专利权的"混合所有制"。对于高校和科研院所来说，类似于3D打印这样的高技术成果，科研人员多数都会以完成的单位或上级主管单位委托的科研项目作为主要的科研产出形式，这种形式是否属于"执行本单位任务"，其中产生的发明创造是否属于"执行本单位任务所完成的发明创造"(即专利法修订稿中的"职务发明")直接关系到以 3D 打印为代表的高校技术产出能否由发明人主导顺利实现产业化。因此,我国《专利法》修订稿中对职务发明的界定有可能在高校和科研院所环境下依然不能有效促进发明创造的产业化实施。由于长久以来技术的权利人是高校而实际控制人是发明人,这种技术的显性知识与隐性知识的控制分离造成了高校"实验室"专利技术不成熟、不稳定和不完整属性,转化主体无法充分领悟和实施技术,发明人无法突破制度障碍自主推动产业化,造成大量好的技术无法走出实验室。为了克服职务发明制度制约高校技术产业化的本质缺陷,尽可能实现显性知识与隐性知识的控制权融合,有必要在我国高校探索职务发明创造专利权的"混合所有制"。

许多高校和科研院所早已加大了对发明人的奖励力度和成果转化后的利益分配,但技术转化实施的效果依然不够明显,基于奖励与利润激励无法从根本上改善高校技术产业化的现状,可以探索实行以技术产业化为导向的专利"产权二次配置"的产权激励。国内一些高校探索了对职务发明成果的知识产权产权激励,即通过变更专利权人和专利申请人或单位与发明人联合申请的形式,将职务发明成果的知识产权作为奖励转移给发明人,有效调动发明人从事专利技术产业化的积极性。诚然,这种"产权激励"应是有条件的,其目的应当是促进技术的应用与实施,单纯的专利技术转让、许可和作价投资依然无法实现显性知识与隐性知识的融合,还有可能造成高价值专利的低价转让、许可、作价投资带来单位和国家利益的损失。因此,这种"混合所有制"应以发明人对技术的自行产业化实施或与他人共同实施(即本书中一以贯之的"专利技术的直接产业化")为前提,这一前提依然是建立在单位与发明人利益平衡的原则之下。

(3)明确国有资产管理规定中对无形资产处置的特殊规定。2015 年颁布的《促进科技成果转化法》第 17 条规定国家设立的研究开发机构、高等院校对其持有的科技成果有权自行决定其转化实施。而现行的《事业单位国有资产管理暂行办法》第 25 条则规定事业单位处置国有资产应当严格履行审批手续,未经批准不得自行处置,同时还规定国有资产应坚持所有权和使用权分离的原则。而由财政拨款产生的科研成果中的知识产权正是国有资产的范畴。因此,为了实现法律政策的协调适应,让 3D 打印等高校持有的急需产业化的新兴技术无风险地转化实施,有必要对国有资产管理办法中的资产进行"有形资产"与"无形资产"的分类管理,应对高校和科研院所无形资产的处置权进行"松绑",由其自主决定无形资产的处置、经营和收益分配。此外,还应改革高校和科研院所无形资产(主要指知识产权)所有权和使用权分离的原则,对于职务发明创造应鼓励权属上尽可能的统一配置,降低政策的执行成本,调动相关主体主导技术创新和技术产业化的积极性。

6.5 本章小结

专利技术产业化中的制度性问题较之于技术性问题往往具有更为深远的影响,专利制度对 3D 打印的强保护对于促进、规范和引导新兴技术和产业发展起到至关重要的作用。在专利直接侵权风险方面,直接侵权可能对 3D 打印产业发展制造"舆论障碍",但同时会促进立法、产业推进政策的制订,建立风险补给机制;我国专利间接侵权制度的不完善对 3D 打印产业的影响可能范围更广,会涉及产品设计、设计文件传播、零部件加工制造等 3D 打印产业链条的多个环节，相关产业主体在产业化运营时应对此类法律风险进行防范；预测性阐述了 3D 打印专利实施对技术创新的影响。其中，3D 打印电子文件的可专利性问题对于产业化主体的专利申请与布局、保护策略、法律政策制修订等也蕴藏着潜在的机会与障碍；我国现行的专利职务发明制度和关于发明人的专利申请权、使用权、处置权、收益权等权属在立法规定上的不完善以及我国相关法律法规在原则上的不相适应，对中国以发明人主导的 3D 打印专利产业化存在一定的实施风险。

第七章　驱动中国 3D 打印专利技术产业化的策略

以上各章节从专利情报与制度的视角切入，对我国 3D 打印专利技术产业化的战略性、技术性和制度性机会与障碍进行了理论与实证分析，研究了我国 3D 打印专利技术产业化存在较为突出的驱动与限制性因素。本章利用战略管理的分析思路使用 SWOT 模型和 ROCCIPI 模型对产业化机会与障碍因素进行归纳总结，分别构建我国 3D 打印专利技术产业化的战略性与技术性机会障碍因素和制度性机会障碍因素的驱动策略。

7.1　战略性和技术性的机会与障碍因素的驱动策略

中国 3D 打印专利技术产业化在战略性(即商业模式)和技术性(即专利技术发展的功能性、外部性、区域性)上的机会与障碍，共同构成了产业化的内生机会与障碍因素，对这些要素进行归纳整合并提出应对策略是本书的落脚点。作为机会与障碍分析与战略评价的重要方法，SWOT 法符合本书的研究情境的背景与目标。SWOT 分析法由哈佛大学商学院 Kenneth Andrews 在其书《公司战略概念》中首次提出，后经发展完善逐渐成为企业与组织战略决策的经典方法。传统的 SWOT 法是对企业的优势(strength)、劣势(weakness)、机会(opportunity)、挑战(threat)的四方面要素整合分析，进而帮助企业制定科学客观的管理和市场战略。经过多年的发展，SWOT 法已不局限于企业战略的分析和制定，并逐渐拓展到组织、区域、技术、产业等更大范围的战略决策领域。本节将使用 SWOT 定量测度模型，并结合第三章、第五章的分析结果，对中国 3D 打印专利技术产业化战略性和技术性机会与障碍因素进行总结，提出相应的驱动策略。

7.1.1　SWOT 技术产业化的机会与障碍测量模型的构建

技术产业化的战略性和技术性的机会与障碍相对于制度性机会与障碍是技术和产业自身属性的体现，属于内生机会与障碍，因此在 SWOT 模型框架下进行融合分析。

(1)SWOT 定性分析。SWOT 定性分析是对优势、劣势、机会、挑战四方面要素进行归纳整理，面向既定目标提出定性的应对战略。结合本书中研究的具体情境，在传统 SWOT 定性矩阵的基础上提出面向专利技术产业化的定性分析矩阵，即将产业化的技术性机会与障碍对应为 SWOT 分析中的内部优势(S)与劣势(W)，将战略性机会与障碍对应 SWOT 矩阵中的外部机会(O)与挑战(T)，形成四种定性的专利技术产业化驱动策略即 SO 战略(优势机会匹配)、WO 战略(劣势机会匹配)、ST 战略(优势挑战匹配)、WT 战略(劣势挑战匹配)(表 7-1)。

表 7-1　专利技术产业化的 SWOT 定性分析矩阵

O, T	S, W	
	优势(专利技术性)S	劣势(专利技术性)W
机会(专利战略性)O	SO 战略 (优势机会匹配战略:发挥内部优势, 利用外部机会)	WO 战略 (劣势机会匹配战略:利用外部机会, 克服内部劣势)
挑战(专利战略性)T	ST 战略 (优势挑战匹配战略:发挥内部优势, 应对外部挑战)	WT 战略 (劣势挑战匹配战略:克服内部劣势、 应对外部挑战)

(2)SWOT 定量分析。SWOT 定量分析是在定性分析的基础上,结合德尔菲专家打分法对优势、劣势、机会、挑战的各个要素进行量化,是战略决策的过程与结果的定量化。根据对 SWOT 内外部因素进行概率分类的思想,采用调查统计的方式,对 SWOT 内外要素的重要性与发生概率进行评估,构建 SWOT 专利技术产业化战略测量模型。具体而言,就是通过专家的集体智慧,对定性分析中归纳整合的内部优势、劣势和外部机会、障碍进行重要性分值和发生概率大小进行赋值,并定义

$$机会与威胁强度 = 要素的估计重要性 \times 估计发生概率 \qquad (7-1)$$
$$优势与劣势强度 = 要素的估计重要性 \times 估计发生概率 \qquad (7-2)$$

得到每一项归纳要素的量化可比指数,通过对各要素数值的统计平均则可建立 SWOT 战略决策四边形(图 7-1)。其中,横轴为优势-劣势轴,纵轴为机会-挑战轴, S_1、W_1、O_1、T_1 为优势度、劣势度、机会度、挑战度的量化分值。

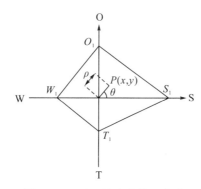

图 7-1　SWOT 战略决策四边形

除此之外,为了更为详细地刻画战略决策的类型,对战略强度和类型进行定量、分类,黄溶冰和李玉辉(2008)基于 SWOT 战略决策四边形提出了战略决策向量坐标(ρ, θ),其中 ρ 为战略强度系数,即图 7-1 中 P 点距坐标原点距离向量的绝对值, θ 为战略方位角,二者共同构成战略方位域。每一个战略决策四边形都有一个重心坐标 $P(x, y)$, P 在坐标轴中的位置不同则对应不同的战略强度系数和战略方位角。战略强度系数需综合考虑战略的积极因素和消极因素,以及积极因素在各种因素中所占比重,因此,

$$\rho = \frac{战略正强度(U)}{战略正强度(U) + 战略负强度(V)} \qquad (\rho \in [0,1]) \qquad (7-3)$$

其中,战略正强度表征战略决策积极因素的强度综合值:

$$U = S_1 \times O_1 \qquad (7-4)$$

战略负强度表征战略决策消极因素的强度综合值：

$$V = W_1 \times T_1 \tag{7-5}$$

式中，U 越大，则 ρ 越大；相应地，V 越大，则 ρ 越小。

可见，战略决策强度系数取决于积极因素与消极因素的相对大小，当积极因素大于消极因素时(即 $\rho > 0.5$)，应采取相对进取的战略，反之(即 $\rho < 0.5$)，则应采取相对保守的战略。战略方位角 θ 由图 7-1 可知

$$\tan \theta = y/x \tag{7-6}$$

θ 的大小反映了 P 点在坐标轴内不同象限的位置，与不同象限所代表的专利技术产业化战略决策类型相对应(表 7-2)。

表 7-2　战略方位角 θ 所代表的专利技术产业化战略决策类型

实力主导区 $\left(0, \frac{\pi}{2}\right)$		机会主导区 $\left(\frac{\pi}{2}, \pi\right)$		劣势主导区 $\left(\pi, \frac{3\pi}{2}\right)$		威胁主导区 $\left(\frac{3\pi}{2}, 2\pi\right)$	
开拓型战略		争取型战略		保守型战略		抗争型战略	
实力型	$\left(0, \frac{\pi}{4}\right)$	进取型	$\left(\frac{\pi}{2}, \frac{3\pi}{4}\right)$	退却型	$\left(\pi, \frac{5\pi}{4}\right)$	调整型	$\left(\frac{3\pi}{2}, \frac{7\pi}{4}\right)$
机会型	$\left(\frac{\pi}{4}, \frac{\pi}{2}\right)$	调整型	$\left(\frac{3\pi}{4}, \pi\right)$	回避型	$\left(\frac{5\pi}{4}, \frac{3\pi}{2}\right)$	进取型	$\left(\frac{7\pi}{4}, 2\pi\right)$

7.1.2　中国 3D 打印专利技术产业化机会与障碍的 SWOT 实证分析

本节将通过对第三章、第五章得出的研究结论的归纳总结，对中国 3D 打印专利技术产业化战略性与技术性机会与障碍进行 SWOT 定性、定量的实证分析。

(1)3D 打印专利技术产业化机会与障碍的 SWOT 定性分析。通过 SWOT 定性分析矩阵，得出面向我国 3D 打印专利技术产业化机会与障碍的驱动策略结果见表 7-3。

(2)3D 打印专利技术产业化机会与障碍的 SWOT 定量分析。在定性分析的基础上，按照 SWOT 定量分析方法，并结合李克特量表(0~5 分)，对中国 3D 打印专利技术产业化机会与障碍的 SWOT 定性分析结果中的优势/劣势、机会/挑战共 32 个要素进行德尔菲专家打分，对每个要素的重要性和发生概率进行赋值，构建驱动专利技术产业化的 SWOT 战略决策四边形。德尔菲专家打分的赋值原则如下：S/W 与 O/T 打分分别进行，代表有利因素的 S、O 各要素的重要性为正值[0, 5]，代表不利因素的 W、T 各要素为负值[-5, 0]，赋值的绝对值越大，表示要素的重要性越高；各要素的发生概率以百分比赋值，百分比越大，则该要素发生的可能性就越高。最终通过式(7-1)、式(7-2)和各要素、各专家打分结果的统计平均得出优势与劣势度、机会与挑战强度，构建 SWOT 战略决策四边形。

本环节的打分以面对面访谈的方式分多次进行，打分专家组成员包含 4 位 3D 打印技术专家(含国家 863 计划科学家、中国 3D 打印技术产业联盟联席理事长、湖北省 3D 打印产业与技术创新联盟秘书长等，并均具有正高级专业技术职称)、4 位 3D 打印大型企业经营管理者(含战略、市场、销售、技术管理)、3 位 3D 打印产业与创新政策研究学者(管理学与法学专业背景)、2 位 3D 打印技术投资人、1 位 3D 打印中小微企业创业者，共 14 人，具有专业性和广泛代表性，且符合李克特量表专家打分 10~25 人的国际通例，

打分问卷回收率 100%。

表 7-3　中国 3D 打印专利技术产业化机会与障碍的 SWOT 定性分析结果

内部分析	优势（专利技术性）S	劣势（专利技术性）W
	1. 国内 3D 打印专利申请数量激增； 2. 国内专利权人在华专利布局优势明显； 3. 拥有诸多潜在的产业应用领域； 4. 专利中对技术功能效果的体现利于产业化实施； 5. 现有专利技术在交通、激光、制造、材料等领域有较强的产业化适用性； 6. 产业的技术融合呈现多样性； 7. 产业融合与技术协同创新格局初步形成； 8. 专利技术知识基础存在区域和工艺的差异性决定了产业化优先级	1. 国内发明专利占比较低； 2. 海外专利布局意识较弱； 3. 关键技术与先进国家差距明显； 4. 国外专利权人在华布局力度逐年加大； 5. 创新主体结构单一（以高校为主），技术与市场之间存在信息不对称； 6. 部分重要领域的技术成熟度和产业化潜力欠佳； 7. 3D 打印相关领域产业化成果的专利偏好普遍不高（政策性激励对新兴专利技术产业化扶植力度不强）； 8. 面向大众应用市场的专利技术结构不均衡，与其他产业融合度较低
外部分析		
机会（专利战略性）O	SO 战略	WO 战略
1. 对多个零散型产业的整合； 2. 与传统产业融合； 3. 与互联网融合； 4. 产品复杂零部件创新与附加值提升； 5. 节能减排优势明显； 6. 国外核心专利失效； 7. 产消者价值主张确立； 8. 中小企业核心竞争力增强	1. 强化政府产业扶持，在技术产业化的早期阶段将专利技术优势与战略性机会相结合，引导 3D 打印与传统制造业和互联网的对接，引导传统产业向高附加值转型； 2. 研发主体应继续强化 3D 打印专利的功能性，注重在多领域合作布局专利，拓展技术在学科交叉融合背景下的研发创新、专利产出与联盟建设； 3. 在专利数量优势的基础上，缩短 3D 打印技术在交通工具、激光制造、模具、新材料等领域的产业化周期，加速成熟领域的产业化； 4. 鼓励具备条件的区域和技术工艺基础的企业实现产业化优先试点，重视中小型企业的发展	1. 以技术创新支撑商业模式，完善国内发明、实用新型和外观设计专利的均衡布局； 2. 与国外在华技术优势企业以专利交叉许可、商业联营等平等姿态建立合作，适度用国外失效专利开展跟随创新与产业化，采取相对谨慎的"走出去"战略； 3. 培育高校的技术产业化能力和企业的技术研发能力，建立高校 Spin-offs 企业； 4. 培育 3D 打印在医疗器械、图像处理、特殊机械的产业化适用性，重点强化在高精度、材料、软件、表面处理等方面的专利组合布局和工业品外观设计的重点保护； 5. 政府应加强政策性激励对新兴技术产业化的引导、扶持、整合，推进技术标准制定、专利导航与 IP 风险防控
挑战（专利战略性）T	ST 战略	WT 战略
1. 零散型产业的整合并未带动技术标准的整合； 2. 产品与应用的需求对接尚不明确； 3. 多种技术工艺发展不均衡； 4. 技术使用成本较高； 5. 对技术和产业的颠覆性相对温和； 6. 与其他产业的兼容性不强； 7. 互联网商业模式不成熟； 8. 互联网知识产权风险较高	1. 构建国内 3D 打印专利和技术标准联盟，加速技术标准制定和标准必要专利形成； 2. 将研发攻关重点放在欠成熟的工艺和关键技术的基础研究上，缩小国内外差距，降低产业化风险； 3. 将产业化的重点放在已成熟的技术工艺上，面向应用拓展产业兼容性； 4. 探索高校、企业等主体的专利技术组合申请与布局战略与协同创新、合作实施的产业化模式； 5. 强化互联网知识产权保护力度，培育新的商业模式	1. 防范国外技术标准与技术联盟的封锁效应； 2. 理性实施技术产业化，准确定位大众应用市场，避免过高预期和新的产能过剩； 3. 理顺高校专利技术产业化机制，促进 3D 打印专利自行实施； 4. 产业化主体应做好知识产权风险预警，在技术引进与改进发明的同时规避知识产权纠纷

表 7-4　中国 3D 打印专利技术产业化机会与障碍的 SWOT 定量分析的要素分值表

一级指标	二级指标	重要性	发生概率/%	要素强度	要素强度均值
机会 O	O_1	3.14	28.4	0.89	
	O_2	3.54	60.3	2.13	
	O_3	3.39	53.8	1.82	
	O_4	4.12	72	2.97	1.53
	O_5	3.87	30.3	1.17	
	O_6	2.75	42.8	1.18	
	O_7	1.9	35.8	0.68	
	O_8	2.75	50	1.38	
挑战 T	T_1	−3.68	55.6	−2.05	
	T_2	−4.08	63.5	−2.59	
	T_3	−2.02	51.9	−1.05	
	T_4	−3.59	67.6	−2.43	−1.51
	T_5	−1.27	48.1	−0.61	
	T_6	−1.43	26.7	−0.38	
	T_7	−3.2	50.1	−1.6	
	T_8	−3.17	45.2	−1.43	
优势 S	S_1	4.22	75	3.17	
	S_2	3.74	54.6	2.04	
	S_3	3.5	30.7	1.07	
	S_4	3.48	27	0.94	1.77
	S_5	2.11	30	0.63	
	S_6	4.2	59.2	2.49	
	S_7	3.62	34.6	1.25	
	S_8	3.76	67.4	2.54	
劣势 W	W_1	−2.38	72	−1.71	
	W_2	−2.11	66.2	−1.4	
	W_3	−3.98	50.8	−2.02	
	W_4	−4.1	68.1	−2.79	−2.02
	W_5	−3.79	64	−1.97	
	W_6	−3.46	70.3	−2.43	
	W_7	−2.62	54.4	−1.42	
	W_8	−3.85	62.6	−2.41	

由表 7-4 的统计结果绘制 SWOT 战略决策四边形(图 7-2)。四边形的重心坐标为 P (−0.125, 0.01),由式(7-3)、式(7-4)、式(7-5)、式(7-6)计算得出其战略决策向量坐

标（ρ，θ）为（0.47，175°），鉴于 $\rho<0.5$，$\theta\varepsilon\left(\dfrac{\pi}{2}，\dfrac{3}{4}\pi\right)$，我国 3D 打印专利技术产业化现状属于机会主导型，应采取偏向保守的调整型产业化战略，即 WO 战略，稳步推进 3D 打印产业的发展。

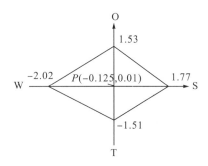

图 7-2　驱动中国 3D 打印专利技术产业化的 SWOT 战略决策四边形

7.1.3　战略性和技术性机会障碍的驱动策略

在 SWOT 分析结果中，较清楚地归纳总结了中国 3D 打印专利技术产业化的优势、劣势、机会、挑战，并提出不同组合下的 SO、WO、ST、WT 战略内涵；在定量分析中，明确了我国现阶段应优先采取以机会主导的 WO 战略，拓展了 SWOT 模型在技术产业化战略评价方面的应用。本节从宏观就 3D 打印专利技术产业化的非制度性驱动策略进行总结。

1）构建符合 3D 打印技术特征的专利立体组合保护策略

追溯美国经济学家 Markowitz 提出的分散投资风险的"组合管理"思想，针对 3D 打印的专利立体组合保护策略是对在该思想基础上形成的"专利组合"和"一体化"策略的进一步延续。专利立体组合保护包含了不同产业化环节的专利结构组合、重点行业布局和海外专利布局三部分，形成良好的产业专利结构生态系统。

对 5.1.1 节中检索到的 3D 打印专利进行人工清洗、分类可知，3D 打印的相关专利从广义上分为产品专利和方法专利，产品专利细分为 3D 打印机及其核心器件、3D 物体成像与扫描的设备和器件、产品设计软件、材料与组合物、3D 打印出的各类产品；方法专利进一步细分为成型工艺、材料的制备方法、3D 成像与扫描方法、产品的表面处理方法。与其他行业不同的是，3D 打印所推动的"实验室工厂"缩短了制造业的产业链条，有望将设计、原材料、制造、销售、物流、产品维护集成于单一创新主体，提高生产效率。以华科三维为例，为了产业链形成早期适应行业发展和未来产业集成的需求，已逐渐由单纯的设备制造和成型工艺研发拓展到设计软件开发和打印耗材研发，实现对产业链上下游的把控，这也是目前包括 Stratasys 等多家国际知名大型 3D 打印企业所采取的一致战略。因此，3D 打印的产业化主体也面临着从单一平面到立体组合的专利保护策略变迁和专利结构的均衡发展。

3D 打印的专利类型广泛，不同类型的专利在产业化中的重要性亦有不同，保护的强度和方式应有所区别。专利立体组合保护不但强调在不同的技术环节构建专利组合，还强调发明、实用新型和外观设计三种专利的体系化、层次化保护（表 7-5）。例如，3D 打印机及其机械器件是产业化过程中产品化、商品化的体现，设备在上市、出售后被抄袭外观、反向工程的可能性大，目前在产业化的初期阶段专利侵权诉讼的概率极高（例如，珠海西通诉珠海天威案），应采取外观设计、实用新型为主的防御型专利组合保护策略；3D 打印的产品设计软件由于其位于产品制造的前端，是数字化专利技术的"加工厂"，且其代码更新可能带动硬件技术的发展，在产业化中具有非常重要的作用，应作为核心发明专利实施保护和布局，必要时作为专利诉讼的有力工具；与软件专利类似，3D 打印的材料和组合物专利也被定义为非常重要，我国在这一领域还受制于国外企业，尤其在合金粉末材料方面，从国外进口受到严格技术管制，对我国 3D 打印产品创新和制造影响巨大，应将此类基础和"卡喉"专利的创新研发摆在突出位置，在基础专利创新上实现突破；3D 打印出的产品以精细复杂的、功能性的外形著称，与市场关联度高，但被模仿抄袭的概率很大，应作为核心技术的外围专利实现快速确权进而占领市场，采取以外观设计和实用新型为主的碎片化衍生专利保护策略。3D 打印专利立体组合保护是对专利集中战略在技术产业化中的实践，这种专利的适度集中、立体组合和分类定级保护对于我国相关主体在产业化初期构建核心竞争力、抢占市场、防范专利流氓、围绕产业链条构建科学的专利结构生态系统具有重要意义。

表 7-5　3D 打印的专利立体组合保护策略

	专利类型	示例	在产业化中的重要性	保护策略
产品专利	3D 打印机及其机械器件	桌面级和工业级 3D 打印机、给料装置、铺粉装置等	非常重要（易于模仿，专利纠纷高发）	外观设计、实用新型为主的防御型专利组合
	3D 物体成像与扫描的设备和器件	用于采集物体外部构造特征的 3D 红外扫描仪、3D 成像仪等	一般重要（决定制造精度，但现有技术成熟不易超越）	发明专利或获得技术许可
	3D 打印产品设计软件	提供 3D 打印电子设计文档和人机交互的软件等	非常重要（具备产品开发的工具性特征，实现产品数据化的关键，带动硬件更新）	进攻型核心发明专利
	3D 打印的材料与组合物	环氧树脂覆膜陶瓷粉末、合金粉末、生物兼容材料、聚丙烯粉末等	非常重要（对产品创新和制造起到卡喉作用，受制于国外主体）	进攻型基础发明专利
	3D 打印出的产品	汽车飞机零部件、医疗用具、建筑外观、工艺品等	一般重要（易于模仿，专利纠纷高发）	以外观设计和实用新型为主的碎片化衍生专利
方法专利	3D 打印的成型工艺	微铸锻同步复合工艺、连续液体表面制造、热等静压成形等	非常重要（3D 打印的基础技术，普世推广价值高）	防御＋进攻型基础专利（发明与实用新型）
	3D 打印材料的制备方法	合金粉末加工制备、用于打印的细胞培养等	非常重要（制约 3D 打印耗材的生产制造销售，进而影响整个产业链）	核心发明专利＋技术秘密组合保护
	3D 成像与扫描方法	扫描电镜、空间红外感知等	一般重要（属关键技术但不专属于 3D 打印领域）	防御型发明专利
	3D 打印出的产品的表面处理方法	有机溶剂制造方法、超声波法等	一般重要（构建外围专利网）	防御型发明专利

重点行业布局是 WO 产业化战略下 3D 打印专利立体组合保护的第二环节，应积极培育具有提高效率功能的 3D 打印专利技术在医疗器械、图像处理和特殊机械领域的产业化适用性。通过专利技术的功能分析和产业化领域识别，发现提高生产效率作为 3D 打印的主要功能效果之一，在上述三个领域的产业化适用性并不高。究其原因，主要在于目前这些领域对 3D 打印技术的首要需求是以个性化定制为先而并非提高生产效率。3D 打印目前在医疗器械领域的应用包括了例如 3.1.2 节中所述的助听器以及牙科假体、骨骼置换假体、血管假体、生物器官等，以起步较晚的生物器官打印为例，全球每年有 6600万人因无匹配的活体器官而死亡，而 3D 打印则可借助生物技术以人体细胞为"耗材"，打印制造与特定个体匹配的活体器官。图像处理和特殊机械分别主要指 3D 物体的扫描与成像以及构造复杂结构精密的机械工具。随着市场需求的增加，3D 打印在这些领域也面临着由单纯的个性化定制到批量的个性化定制再到大规模生产，生产效率必将成为制约 3D 打印在这些领域扩大市场规模的关键。培育具有特定功能的 3D 打印专利技术在相关重点领域的产业化适用性，内涵要求是在专利文本撰写和申请布局时就体现出特定技术功能与其他产业的结合和交叉应用前景，这是机会主导型产业化策略的初始步骤，应引起我国 3D 打印相关研发和产业化主体的关注。

面向产业化 WO 战略的专利立体组合保护的第三方面是科学的海外专利布局。专利技术的海外布局应与产业和机构的市场化战略紧密配合，不逾越技术产业化的发展阶段而盲目地采取专利"走出去"战略，造成技术海外披露过早和吸引海外竞争对手跟踪等不良后果，同时可适度利用国外失效核心专利开展跟随创新和以宣教、科普为载体的全球产业推广。中国 3D 打印技术的发展起步落后于美欧等发达国家，虽已形成独特的技术优势，但在材料、软件等关键技术领域和技术产业化基础和实施方面依然存在差距，而作为具有较大节能减排潜力的技术，3D 打印在辅助推动传统产业变革上的优势在"一带一路"沿线部分发展中国家具有一定的应用潜力和技术意识普及的必要性。因此，中国 3D 打印专利的海外布局应适度规避美欧日等非目标市场国，形成与"一带一路"战略合并的 3D 打印海外专利布局战略。就目前而言，"一带一路"战略沿线国家基本分属欧洲专利组织、欧亚专利组织和东盟知识产权组织，根据《世界知识产权指数报告》，其中后两者中的相关国家大多数特别是印尼、土库曼斯坦、乌兹别克斯坦、吉尔吉斯斯坦、伊朗、越南等都是知识产权水平较低的国家，在相关海外国家的专利前瞻性布局将有利于维护我国创新与产业化主体的合法权益和抢先拓展以发展中国家为主体的国际市场，拉动国内 3D 打印技术产业化需求。

2）培育高校的专利技术产业化能力

根据国家知识产权局 2016 年发布《全国专利调查数据报告》指出的，高校用于生产产品并投放市场的专利占有效专利的比率仅为 1.7%，而由 5.1 节的专利情报分析可知，我国高校和科研院所持有的 3D 打印发明专利占有效发明专利的比率达到 76%，高校是 3D 打印核心专利技术的主要持有者。因此，高校是驱动我国 3D 打印专利技术产业化的关键主体，培育高校的技术产业化能力应包含机构、制度、人才、渠道四个方面。

（1）高校的职能已由单纯的教学发展到产学研一体并以此服务和带动区域技术创新和经济发展。3D 打印作为一项"即拿即用"的"个人制造"技术，实现了研发与生产的统一，即实验室既是研发机构又是生产车间，加之考虑到经济学的价格的传导机制，3D 打印专利的直接产业化实施较之于许可、转让、融资等间接产业化能够更有效地促进专利利用、带动经济发展、提升社会福利，培育高校专利技术产业化能力的机构建设除了应在高校内部设立专门的、面向市场化运作的知识产权管理机构进而承担专利等知识产权的产业化服务与培育之外；还应结合 3D 打印的技术和产业特点，建立由发明人团队自主运作的具有基础研究和生产经营双重属性的 Spin-offs "实验室工厂"，让高校成为 3D 打印技术创新创业集聚区。

（2）制度建设方面。除了 6.4 节提出的专利法层面的职务发明制度外，为了引入更多主体参与高校 3D 打印专利技术产业化，还应建立推动高校 3D 打印技术为代表的新兴专利技术产业化的特殊制度，面向高校例如 3D 打印等急需实现产业化的技术，逐步引入专利法层面和高校层面的新兴技术 "当然许可" 机制，适当限定当然许可的被许可人范围和实施专利的方式（直接产业化实施）以防止技术流失同时提升高校专利技术产业化的效能，拓展高校 3D 打印专利技术产业化的渠道和机会，从制度源头为 3D 打印专利进行继职务发明制度创新之外的 "二次松绑"，专利法层面亦应对高校新兴技术当然许可行为实行专利维持费用的减免，以实现对高校专利权人推动 3D 打印等新兴专利产业化行为的利益补偿。

（3）人才建设。高校专利技术产业化涉及技术评估与甄选、知识产权和合同法律、市场运营、客户关系等多方面事务，高校专利技术产业化能力的培育离不开专业的技术产业化经纪人队伍，建议着力打造从事专利技术产业化研究的工程团队和增值服务的经纪人团队，构建面向市场的人才职能体系和岗位要求。高校技术产业化经纪人应以高校的研究和创业团队为服务对象，以项目制的技术产业化孵化为工作载体，其工作内容应包含高校产业化模式设计、知识产权管理政策制定、投资者引入、科研团队对接、商业谈判、产业化法律咨询、产业与技术分析、知识产权评估、市场推广、专利战略制定等。如前文所述，尽管高校 3D 打印专利技术产业化应尽可能实现以发明人为转化主体，实现显性知识与隐性知识的融合，但科研人员毕竟难以将全部精力投入技术产业化，其中还涉及一些复杂的商业和法律问题，建立一支专业化的高校技术产业化经纪人队伍与科研人员协统配合十分必要。

（4）渠道建设。高校对 3D 打印专利技术的直接产业化实施虽聚焦于专利技术的自行产品化，需建立由产业化专利培育、产业化专利挂牌公示和校企合作步骤组成的链条，完善专利技术产业化的渠道。产业化专利培育是渠道建设的第一阶段，其内涵就是围绕产业化项目培育和催生高质量、稳定性、产业化应用明确、相对快速确权的专利，适当扩充专利家族和专利组合模块；还应明确的是：专利审查与答复周期的拖延将延缓产品上市和抢占市场的时间，不利于 3D 打印专利的产品化实施；由高校的技术产业化专门机构或第三方进行产业化专利的挂牌公示是实现高校与市场之间技术产业化信息对称与衔接的重要手段，可探索建立高校 3D 打印产业联盟并赋予其相关专利技术挂牌公示、竞价交易、产业化招投标的职能，使具备条件的高校具备专利市场化运作的渠道；在 3D 打印技术校企合作中，高校应侧重对企业专利实施条件和能力的考察，选择优势企业建立相对稳固的 3D 打印专利合作与产业化联盟，实现校企优势互补，构建产学研协同专利技术产业化模式。

3) 加强政策性激励对战略性新兴专利技术产业化的引导和扶持

政策性激励主要是指促进和引导专利技术产业化的财税减免、金融扶持、公共性补贴、硬件配套以及政府性奖励等一系列政府公共属性的措施。结合 5.3 节的分析结论，以中国最高级别的政府公共性技术产业化激励措施——近五年的国家科技进步奖为样本测量发现，尽管代表新兴技术的产业化成果逐年增长并较为集中，从一个侧面反映出政策性激励对新兴技术产业化的引导和扶持力度在加大；但专利在我国例如医学技术、生物技术、环境技术、测量等新兴的技术产业化成果中并未如同在例如装卸、机器工具、其他消费品、运输、电机电气装置等传统产业那样发挥着重要的作用。以 3D 打印为代表的新兴技术产业化成果的专利偏好较低，这一方面是由于传统产业技术成熟，专利布局早且相对完善；另一方面取决于我国技术产业化成果的评价导向往往更加注重战略意图、技术规模和经济效益，却在一定程度上忽略了以专利尤其是发明专利为载体的产业化对于创新成果保护、产业化商业和法律风险防范、研发成果可持续发展利用的作用，有必要通过强化产业化成果的专利评价在政策性激励措施体系中的地位，引导和扶持新兴专利技术向有型产品和规模产业转移。

4) 推进以"个人制造"为主要形式的 3D 打印中小企业的技术标准、标准必要专利导航与知识产权风险防控

相比于保护专利技术的单纯动机而言，对技术标准施加影响显得更具有战略倾向。在某种情况下，一件专利可以阻挡整个标准化的进程，这是由于现有机制缺乏对专利技术进入标准的有效管理，导致标准被特定的私有技术锁定，并受知识产权权利人权利主张的限制。专利权人在技术上的绝对优势与垄断力量可以通过技术标准而得以放大。2014 年 1 月 1 日起施行的《国家标准涉及专利的管理规定（暂行）》对必要专利的定义、专利信息披露、专利实施许可、强制性国家标准涉及专利的特殊规定等问题作了规定。这为解决标准必要专利相关问题提供了政策性指南，也为我国专利与技术标准战略的协同发展提供了制度保障。各国在这一领域的举措预示着标准必要专利竞争将成为未来各国科技、市场、专利、标准竞争的主战场。

我国在 3D 打印原材料、性能指标、加工工艺上的技术标准缺失是技术难以快速实现产业化的重要制约，而制定相应的技术标准并形成一系列标准必要专利对于我国创新主体和整个产业在国际竞争力的提升都大有裨益。随着技术的广泛使用，3D 打印中小企业将在短期内骤增，通过技术标准对产业秩序加以规范、将技术优势转化为市场优势显得十分迫切。Lerner 和 Tirole(2006) 以"择地制度"为理论基础，阐明了知识产权人通过选择其知识产权的"证明者"或"担保人"来实现获取更多知识产权被许可人或使用者的信任，进而获得更大的市场主导力量。"标准必要专利"正是专利权人通过技术标准的力量，实现利益最大化的手段。所谓"标准必要专利"，就是在实施标准时难以"绕过"的、必须采用的专利技术。换句话说，即该专利技术是该标准所涉及产品或服务所必备的技术，是专利权人独占的技术(张平等，2005)。依国际惯例，标准必要专利既包含专利也包含专利申请。专利与技术标准的结合一般有以下两种形式：①专利的全部或部分权力要求是实现标准的技术特征、技术要素的必要组成部分；②专利技术是确保标准化

产品实现特定功能、达到特定指标的技术支撑。对于标准必要专利的界定，国际上主要国家官方的标准化组织对技术标准中涉及专利问题的相关规定中均有明确启示。Bekkers 和 West(2009)以 UMTS 标准中的必要专利为研究对象，指出标准必要专利的数量必将朝着越来越多的方向发展，企业应通过努力获得标准必要专利实现终极战略目标。Kang 和 Bekkers(2013)研究发现企业在申请的标准必要专利的时机与标准化组织制定标准的会议的时间之间有着强关联，为了成为标准必要专利，行业组织和企业应积极申请获得有望进入标准文本的"及时发明"专利，这为企业实施专利战略提出了新的要求。前瞻性地关注并积极布局 3D 打印领域的标准必要专利，防止出现类似 ICT、DVD 和 LED 领域的国外企业对中国本土企业的技术标准压制和垄断性许可，对于处在技术尚未大规模普及、国际技术标准尚未明确统一的中国 3D 打印产业具有重要战略意义。

　　站在以 3D 打印为代表的战略性新兴技术产业化和技术标准制定的历史起始点上，我国相关创新与产业化主体应深度融入标准同盟，积极参与国际(ISO TC 261 和 ASTM F-42 两大国际标准工作组)、国家、行业标准制定，通过加强企业自主创新能力，掌握有价值的专利，深度融入专利与标准联盟进而形成事实标准。通过对 ICT 产业标准必要专利特征的研究以及其对技术标准的影响发现，许多优秀的跨国企业都与相关的国际标准化组织保持密切联系与协作，长期以会员或观察员的身份参与或旁听标准制定、修订全过程，强化其对标准化组织的影响，同时将收集到的技术、政策信息及时反馈给决策部门，为标准条款制定和其专利被纳入标准提供先发的机会。在 3D 打印技术标准制定中，我国相关主体应规避垄断风险，实现战略意图，在参与技术标准制定、获取标准必要专利后，相关主体在遵循"公平、合理、无歧视"这一许可规则的同时，应加强反垄断风险的预警与分析机制，主动熟悉和了解被许可方所在国家的反垄断法律法规，对于一些不明确的许可条款，可结合被许可方所在国的司法与行政审查机制或通过该国律师团队进行许可条款的预先审查。总之，面对我国当前 3D 打印技术标准缺失、标准必要专利无从谈起的现状：微观上，要重视 3D 打印研发主体的专利创造与申请策略，以获得高价值专利为专利创造的导向，同时对标准必要专利数据库进行定期地跟踪检索分析，及时引导研发方向，应关注相关技术标准制、修订；宏观上，不断提升我国 3D 打印产业自主创新能力，将标准必要专利的数量作为衡量新兴产业专利质量的参考因素，制定并实施专利与技术标准协同战略，重视新兴技术标准领域的战略布局，做到专利与技术标准"齐步走"。

7.2　制度性机会与障碍因素的驱动策略

　　技术创新与制度创新之间相互作用、相互影响、相互嵌入，技术创新推动社会福利的进步从而带动与社会、技术环境不相适应的旧制度向新制度演进，制度创新又通过引导产业和技术发展方向保护并催生新的技术创新(Mark，1996)，3D 打印专利技术的产业化问题正是对这一论述的具体体现(图 7-3)。技术创新与制度创新在各自范畴内发展、优化的同时形成互动，相互嵌入、协同并产生溢出效应，二者之间相互影响、内化关联，最终实现有序互动和双向耦合，形成技术产业化的技术创新与制度创新协同驱动。本节在第六章的立法层面基础上，将产业化的制度性机会与障碍延伸到产业和科技政策层，提出 3D 打印专利技术产业化的制度性驱动策略。本节采用规范分析法，选取社会科学领域中用于政策和立法研究的赛德曼 ROCCIPI 模型，其影响因子包含：规则（R）、机会（O）、能力（C）、沟通（C）、利益（I）、过程（P）、观念（I）七方面，探索 3D 打印产业的制度存量并寻求制度增量，开发制度性问题的最佳解决策略，形成 3D 打印产业发展的技术与制度协同创新驱动模式，并与产业技术创新形成双向耦合，促进我国 3D 打印专利技术产业化有序发展。

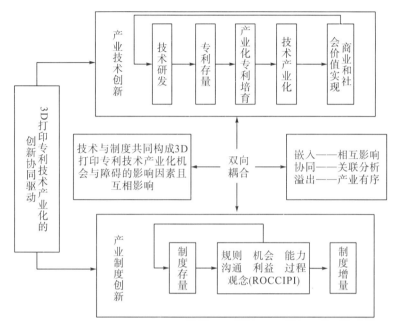

图 7-3　3D 打印专利技术产业化的创新协同驱动机制实现机理

7.2.1　3D 打印技术和产业发展的制度性因素流变

作为产业创新系统制度性因素的组成部分，表 7-6 汇总了与 3D 打印专利技术产业化最相关的国家产业科技政策，按照政策制度的柔性和着眼点，归纳为弹性基础型、刚性基础型、弹性前瞻型和刚性前瞻型：①弹性基础型，无推动专利技术产业化的指导或操作性规定，侧重技术研发的基础政策；②刚性基础型，有推动专利技术产业化的指导或操作性规定，侧重技术研发的基础政策；③弹性前瞻型，无推动专利技术产业化的指导或操作性规定，侧重产业化的发展政策；④刚性前瞻型，有推动专利技术产业化的指导或操作性规定，侧重产业化的发展政策。

整理发现，从 2013 年起国家共出台 9 项与 3D 打印有关的产业科技政策，本书根据出台的时间对这些政策进行编号。同时，本书将这些政策按柔性和着眼划分为两个维度共四个象限，柔性代表政策就某一事项规定的明确性（此处指对专利技术产业化的规定），明确性高则视为刚性政策，代表政策制定者对政策对象的了解和掌握程度足够高，反之则视为弹性政策，一般是政策制定者的探索过程。根据政策制定的一般规律，政策柔性是由相对弹性到相对刚性发展的（图 7-4 中的纵轴）。面向战略性新兴产业，政策制定的第二个维度是政策着眼维度，具体划分为面向基础的技术研发和面向前瞻的产业发展两类，根据技术发展的特点一般是由技术研发为先导，技术成熟后逐渐面向产业化推进（图 7-4 中的横轴）。通过对表 7-6 中的九项政策的解读，绘制了 3D 打印的产业科技政策流变图(图 7-4)。我们发现，面向 3D 打印专利技术产业化的政策流变经历了三个阶段：①政策探索阶段(即政策 1.0)，政策的流变路径经历了弹性前瞻型、刚性基础型、刚性前瞻型、弹性基础型四个象限的循环，由于 3D 打印技术在中国刚刚兴起，其技术成熟和产业动向势必经历一个探索和尝试的循环过程；②弹性政策阶段(即政策 2.0)，产业科技政策鼓励技术和产业的开放式发展，形成一定的受众范围和较广泛的市场接受度，技术研发与产业发展兼顾，培育专利技术产业化的土壤，但开放式的弹性政策往往指示不明确，缺乏可操作性和对技术产业的规制力；③政策刚性跃升阶段(即政策 3.0)，在技术进一步发展的基础上，政策中明确了推动 3D 打印专利技术产业化得指导或操作性规定，实现由弹性到刚性的跃升，前瞻性地引导 3D 打印产业良性发展，随着技术和市场的成熟，3D 打印的产业科技政策将稳定徘徊在刚性区间(虚线部分)。由政策 2.0 到 3.0 阶段的跃升，是 3D 打印产业政策层面出现机会窗口的过程，政策流变揭示了产业化制度性因素由实然向应然发展的趋势，以及在产业科技政策的不确定性中寻找相对确定性的必要性，为下一步更具体的技术和产业发展政策的制定指明了方向。

表 7-6　中国 3D 打印产业科技政策梳理

序号	发布时间	代表性法律政策	面向产业化的内容要点	制定机构	政策类型
1	2013 年 8 月	《信息化和工业化深度融合专项行动计划(2013—2018 年)》	将 3D 打印列为面向国民经济重点领域的先进技术；拓宽应用范围；创新政企合作模式；建立研发中心和创新联盟	工信部	弹性前瞻型
2	2015 年 2 月	《国家增材制造产业发展推进计划(2015—2016 年)》	计划：突破专用材料；提升工艺水平；发展装备与核心器件；建立标准体系；应用示范措施：加快科研成果产业化；财税支持；科研人员科研成果转化激励；国际合资合作	工信部	刚性基础型
3	2015 年 3 月	《中国制造 2025》	推进 3D 打印成果产业化、技术标准建设；构建产业化导向的专利组合和战略布局，组建知识产权联盟，健全知识产权分析评议机制，开展跨国知识产权许可，强化知识产权运用；关键设计软件的知识产权保护；发展知识产权等科技服务业	国务院	刚性前瞻型
4	2015 年 7 月	《国务院关于积极推进"互联网+"行动的指导意见》	推动互联网与制造业融合，推动 3D 打印在生产过程中的应用，发展大规模个性化定制	工信部	弹性前瞻型
5	2015 年 7 月	《关于 2015 年工业转型升级增材制造专项项目申报的补充通知》	3D 打印产业发展的重点任务：激光选区熔化金属 3D 打印设备，生物 3D 打印软组织修复产品产业化，高性能聚酰胺(PA)复合材料	工信部	弹性基础型
6	2016 年 3 月	《国务院办公厅关于加快众创空间发展服务实体经济转型升级的指导意见》	为双创提供工业设计、模型加工、知识产权、专利和标准等服务；发展智能工厂模式；建设以科技人员为核心、以成果转移转化为主要内容的众创空间	国务院	弹性前瞻型
7	2016 年 6 月	《国家重点研发计划增材制造与激光制造重点专项实施方案》	通过基础研发、重大共性关键技术研发、应用示范研究，超前部署下一代 3D 打印技术；到 2020 年，基本形成我国 3D 打印与激光制造的技术创新体系与产业体系互动发展	科技部	弹性基础型
8	2016 年 8 月	《"十三五"国家科技创新规划》	将 3D 打印列入"体现国家战略意图的重大科技项目"、重点发展的"智能绿色服务制造技术"和"引领产业变革的颠覆性技术"；完善科技成果转移转化机制；深入实施知识产权和技术标准战略	国务院	刚性前瞻型
9	2016 年 8 月	《关于完善制造业创新体系，推进制造业创新中心建设的指导意见》	围绕 3D 打印等领域建立产学研协同创新机制、加强知识产权保护运用、促进科技成果商业化等	工信部	刚性前瞻型

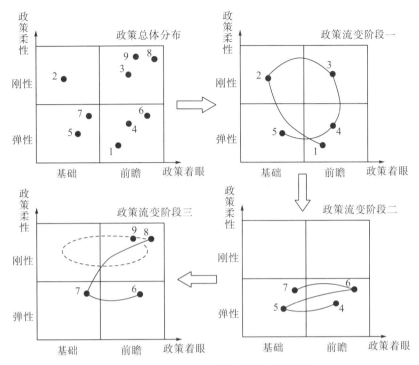

图 7-4 中国 3D 打印产业科技政策流变
注：统计时间截至 2016 年 8 月。

7.2.2 专利技术产业化的制度性启示与对策建议

3D 打印专利技术产业化需要产业科技政策构建公平竞争环境、规范市场准入、调整技术和产业结构、确保产业生态系统在发展初期的有序性。结合 ROCCIPI 模型和法律政策梳理，将产业化制度性机会与障碍的驱动策略从规则（R）、机会（O）、能力（C）、沟通（C）、利益（I）、过程（P）、观念（I）七个影响因子进行分析。

（1）规则分析（R）：ROCCIPI 模型中的规则因素包含了规则的明确性、是否滋生问题行为、有无触及和解决问题、是否透明和可问责等，归结而言就是 3D 打印专利技术产业化政策制度的正当性、合理性与约束性。综合第六章和本章 7.2 节的制度梳理，明确了潜在影响 3D 打印专利实施与产业化的规则来源。我国现行专利制度中直接侵权构成要件即"以生产经营为目的"可能潜在制约 3D 打印技术的"平民化"推广；完善的专利间接侵权制度应在专利法中有系统性体现并独立于直接侵权制度，降低 3D 打印产业发展的知识产权风险；在 3D 打印和数字时代逐渐扩大专利保护范围，为"共享经济"创造规范的法律空间；当前的职务发明制度亦不利于 3D 打印专利技术向市场有效转移。综上所述，规则的正当性、合理性有待强化。产业科技政策层面，3D 打印产业化相关规则已从政策探索向政策引领转移，但仍有必要提升和深化政策的刚性，明确 3D 打印专利技术产业化的运行机制、联动机制、治理机制、激励机制，以更具可操作性的措施引领专利技术的研发、布局和产业化；同时，目前政策仍主要以中央层面为主，地方还未建立符合各自特点的政策制度和专门针对专利产业化的推动措施，尚未形成政策体系，政策制度间的关联性不强，应在无序竞争和市场混乱扩大之前强化规则对产业化的约束性，为产业自由市场的形成创造条件，避免过度投入造成产能过剩。

（2）机会分析（O）：机会因素主要指制度良性适用或被违反的可能性，即解决 3D 打印专利技术产业化政策制度中存在问题的机会窗口。在专利技术产业化的制度设计中，可将国家层面与地方层面制度相结合。例如，国家层面强调建立 3D 打印产学研协同创新机制、加强知识产权保护运用、促进科技成果商业化，地方层面则应从鼓励校企合作专利申请、引导专利合理布局和专利组合的构建、疏导专利交易流通机制、3D 打印商业模式与知识产权融合治理、3D 打印技术产业化补贴等方面对宏观政策进行落实，并面向不同产业主体分类引导，实现资源优化配置，增加政策良性适用的机会。立法方面，应重视现有专利立法与新兴技术发展的不兼容性，前瞻性地关注技术发展对专利法律实施的影响，例如新出台的《最高人民法院关于审理侵犯专利权纠纷案件应用法律若干问题的解释（二）》就对专利间接侵权制度进行了完善，法律实施的风险正是其不断完善的机会窗口。

（3）能力分析（C）：能力因素是指专利产业化政策制度参与和实施主体的能力和权限。3D 打印专利技术产业化的全流程包含了技术发明者、高校和科研院所、实施和使用技术的企业、政府、DIY 用户、网络经营者、软件开发者等，是互联网与传统制造业融合的产物，其产业化政策制度既应作用于研发主体，又应适度侧重于消费者群体。目前的政策制度仍主要基于传统制造业的产业政策和法律制度思维，未能将互联网带来的相关主体能力和权限的扩大充分予以考量，例如在产业科技政策中应有针对性地对高校 3D 打印专利的商业运作模式、转化方式进行倾斜，对桌面级 3D 打印的"产销者"即 DIY 用户的开放式创新和共享行为进行专利立法层面的保障和规范，对网络经营者的技术创新和专利交易平台建设提供扶持，强化产、学、研、用四维协同创新构架中主体的专利研发、布局、运营、实施、导航、改进和风险防范等能力建设。

（4）沟通分析（C）：沟通即专利技术产业化政策制度与执行者间的多元交流协调渠道。3D 打印技术与产业发展政策、与专利相关的立法建议应及时与产业界、技术研究者、应用市场、网络交互平台、专利管理者等进行多向沟通，确保政策制度不止是从技术和法律两个维度的设计，还能够基于政策沟通面向商业模式、专利结构优化、专利发展与运营、市场需求引导，拓展 3D 打印技术的社会认知和参与度。

（5）利益分析（I）：利益是指专利技术产业化政策制度中的利益相关者的主体资格、权利和分配。我国现有的专利制度体系中对直接侵权、间接侵权、新的专利保护客体、职务发明等方面的不利于 3D 打印等新兴技术产业化的规定，以及部分产业科技政策操作性不强的问题，其症结在于利益主体资格、权利和分配的不明晰。例如，对于专利直接侵权制度而言，需更明确的利益主体资格、权利和分配存在于专利权人和社会公众之间；对于专利间接侵权制度而言，专利权人、网络运营商和修理重做者之间的利益应得到平衡配置；对于职务发明制度，高校等单位和发明人之间的利益关系应得到合理分配；对于产业科技政策，应为促进 3D 打印关键专利技术产出、产品化制造和销售、探索性应用的产业主体和资助、研发第三方给予鼓励性补贴。

（6）过程分析（P）：过程是指 3D 打印专利技术产业化政策制度实施的有效程度。在国家级产业科技政策的指导和推动下，北京市、福建省、四川省、陕西省等省市已配套建立了 3D 打印产业专项推进扶持政策，对 3D 打印技术型企业的创立和技术的产业化运营开辟了快速通道，尤其将 3D 打印知识产权保护与运营作为政策的重要一环，形成了以江苏省、山东省、上海市、广东省、湖北省、河北省、陕西省、四川省、重庆市等省市为代表的 3D 打印技术和产业集聚区，并在此基础上构建 5 个国家级创新中心和产业化示范中心。这说明政策制度快速推动了产业的初创和发展，但从本书的专利实证研究发现的专利研发主体不平衡、专利质量和技术知识基础分化差异等问题提示我们，中国的 3D 打印产业政策制度导向应从规模化转向精细化，以优化产业的专利结构作为产业提质增效的突破口。

（7）观念分析(I)：观念就是 3D 打印专利技术产业化制度性因素的构建理念。与传统制造业不同，3D 打印作为一种新兴产业和新兴业态代表了互联网模式下开放、共享、用户参与、实时、定制、广泛传播等新兴理念。在相关立法和政策构建时首先应具备"互联网"开放思维，由传统制造业专利的"保护为前提"转向 3D 打印专利的"应用为导向"，强化用户的产业化参与地位；其次应具备产业的专利生态系统思维，在法律政策理念设计时更加面向 3D 打印的产业生态，带动产业链的薄弱环节和上下游合作；最后，鼓励具备 3D 打印专利技术产业化基础的研发与转化主体由分离走向统一，适度拓展高校和科研院所单纯的教育和知识创造职能，促进 3D 打印等一批"实验室"先进专利技术走向市场。

7.3　培育中国专利技术产业化的主体

3D 打印技术缩短了创意到产品的时间周期和技术门槛，将带来以中小企业为主体的制造业主体变革，网络制造社区和个人化制造有可能取代大型制造工厂和密集生产工人。从专利视角的研究发现，中国的 3D 打印技术主要集中在高校和科研院所，在中国高校和科研院所全面推进以知识价值为导向分配政策引导下，一大批具备 3D 打印核心技术知识的研究人员成为最有潜力的中小先进制造业企业创业者。那么，依托高校和科研院所培育和扶持 3D 打印时代的专利技术产业化主体，就成了 3D 打印所带来的一个特殊的时代需求。

专利技术产业化主体与国际上通用的技术转移机构既有区别又有联系，技术转移机构是从事技术发掘、技术交易、技术许可、技术孵化并提供知识产权服务的第三方科技中介机构，它是存在于技术来源方(如专利持有者)之外的独立法人机构，其业务范围一般不包括技术的自行产业化实施；而专利技术产业化主体则定位为具体推动专利技术产品化、商业化和产业化的主体机构，虽然也可具备技术转移机构的一些业务职能，但更强调专利技术的产业化实施环节。由此可见，技术转移是技术产业化的中间环节，专利技术产业化主体是专利技术转移机构与掌握核心专利技术人员的组合体，只有通过二者之间的密切协作和一体化运营，才能打破技术与市场之间存在的信息不对称，将一项专利技术不单转化成经济回报，还更进一步转化为技术效果与技术价值，创造更深远的社会福利。

技术产业化主体机构是产学研环节中的另一重要链条，是促进技术成果从大学向企业转化的中介组织或技术的直接实施方，也是加速科技与产业融合的助推器。据统计，我国科研成果约只有 5% 进入市场，绝大多数科研成果不能直接为社会经济发展做贡献。

这表明我国技术产业化主体在发展中存在一些自身问题,如资源没有实现共享、缺乏服务能力强的示范机构和高素质复合型人才及政策环境和法规体系建设不够完善等。相比之下,国外的技术转移机构经过几十年的发展,运作已相当成熟,本书基于专利技术产业化主体与技术转移机构的区分与联系,将在接下来的部分论述国外技术转机构的发展经验,为我国立足于促进专利技术直接实施的技术产业化主体的构建提供参考。有步骤地培育依托于高校和科研院所的专利技术产业化主体机构,对推动中国 3D 打印等一批新兴专利技术从实验室向市场应用领域转移转化,具有直接和基础性作用。

7.3.1　美日创新成果转移机构的对比

国际上具有代表性的美国大学 OTL(Office of Technology Licensing)创新成果转移机构(高校职能部门非独立法人)和日本社会性企业 TLO(Technology Licensing Organization)创新成果转移主体(独立法人)的组织与运作模式在当前中国的专利技术产业化背景下具有重要的参考意义(图 7-5~图 7-8)。

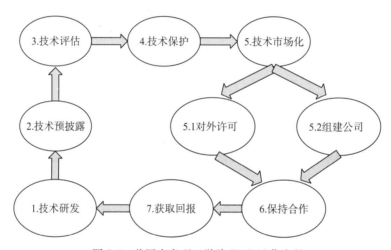

图 7-5　美国麻省理工学院 TLO 运营流程

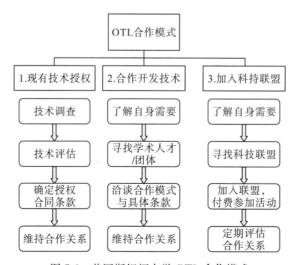

图 7-6　美国斯坦福大学 OTL 合作模式

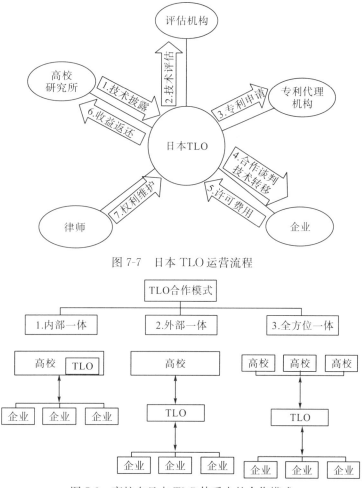

图 7-7　日本 TLO 运营流程

图 7-8　高校在日本 TLO 体系中的合作模式

（1）组织性质。美国斯坦福大学技术转移办公室是隶属于学校的职能部门，并不具有独立的法人资格，它开展工作都是以学校的名义进行。日本北海道 TLO 株式会社是社会企业，具有独立法人资格，它是在高校和企业之间的中介组织。因此，二者虽都从事技术转移工作，但组织性质不同。

（2）工作模式。美日代表性技术转移模式差距并不很大。美国斯坦福的 OTL 模式主要由校内资助、校外资助和校企合作研究三种模式构成。日本北海道 TLO 模式主要是由校内资助和高校与 TLO 共建研发中心两种模式构成。二者在研发模式上基本相同，区别在于：日本北海道 TLO 模式下没有校企共建研发中心的研发模式，这跟 TLO 的性质有很大的关系。因为 TLO 本身作为一个中介组织，是连接高校和企业的桥梁，它负责把高校的科研成果推向社会，同时把企业需求转达给高校，整个工作模式就决定了它少有校企共建研发中心的合作模式。

（3）组织人员。在技术转移组织中，虽然二者对于工作人员的称谓不尽相同，但其工作人员的工作性质和对工作人员的要求基本上是相同的，二者均要求从业人员具有理工科的技术背景，最好再具有商业管理经验。由此我们可以看出，该行业的从业人员，应当是掌握多种知识技能的复合型人才。

（4）转移流程。在技术转移流程上，首先都需要对科研成果进行披露，之后技术转移从业人员会找到相关专家对科技成果进行评估，如果科研成果被认定为有市场前景，那么技术转移从业人员会寻找有潜在需求的企业进行接洽。如果相关企业有技术需求，会与技术转移从业人员谈判沟通，对技术本身提出相关要求，最终达成合作协议。合作达成之后，技术转移组织会对合作各方进行回访，维护各方关系，需求更进一步的合作机会。

（5）激励机制。在激励模式方面，二者的措施基本一致。在技术转移组织扣除了管理费之后，剩余收益会在发明者、发明者所在院系和学校三者之间分配。不同之处大致有三个方面：①技术转移组织扣除的管理费的数目不一样；②日本 TLO 模式有时候并不会分配收益给院系，而是直接给学校；③当转移模式涉及用专利入股的时候，具体分配模式具体考虑。

通过比较我们可以看到，美日两种创新成果转移模式在许多方面还是相同的，这主要是有以下两个方面的原因决定的：一方面是日本的北海道 TLO 株式会社模式在建立之初就是模仿美国的斯坦福 OTL 模式进行组织的；另一方面是因为技术转移组织的工作性质决定了二者在工作流程上存在微小的差异。二者最大的差异，就在于美国斯坦福大学的 OTL 是学校的职能部门，而日本的北海道 TLO 株式会社是一个从事科技中介服务的社会公司（表 7-7）。

表 7-7　美国 OTL 模式与日本 TLO 模式对比分析

对比内容 ＼ 模式	美国 OTL	日本 TLO
组织性质	高校职能部门（非独立法人）	社会性企业（独立法人）
工作模式	1. 外部资助模式：由学校以外的企业、联邦政府提供进行专利研究的资金和材料； 2. 校内资助模式：由学校内部设立各类科研基金会，供校内人员申请使用； 3. 合作研究模式：由学校与其他高校、科研机构、企业开展合作研究	1. 高校自主研发：由学校自建科研院所进行科研活动； 2. 高校与 TLO 共建研发机构：高校与 TLO 共同出资设立研发中心
组织人员	1. 人员构成：主要由专利授权专员和授权助理组成； 2. 人员要求：授权专员必须在生命科学领域或者物理科学领域具备相关的技术专长，要求拥有理工学位或相关技术背景，同时具有商业管理经验	1. 人员构成：主要由技术转移经理组成； 2. 人员要求：技术转移经理均有技术背景，有的还具有专利代理人资格
转移流程	技术发明披露→商业化评估→技术营销→商业谈判→技术许可→收益分配→合作关系管理	科研成果披露→成果评估→宣传推广→技术许可→利益分配→转化反馈
激励机制	1. 学校技术许可办公室提取 15% 管理费，剩余收益平均分成三份，一份给发明者所有，一份归发明者所在的系所有，最后一份归发明者所在的学院所有； 2. 而对于专利入股所获得股权收益，先扣除股权收益的 15% 作为技术许可办公室管理费用，剩余净收益在发明者和学校之间分配	TLO 扣除管理费和代理费后，一般将剩余收入在发明人、发明人所在院系及学校之间分配，也有将剩余收入在发明人和学校之间分配

除此之外，日本北海道 TLO 株式会社模式采取了会员制模式。在日本，大约 80% 的 TLO 采用了会员制。会员多为企业，有的 TLO 还接收个人（包括研究人员）会员。在会费上，各 TLO 的差别也较大。有的 TLO 是按企业规模分，或按会员级别分，多在 5 万~20 万日元，个别 TLO 会费很高。会员享有的权利主要是优先获得专利信息、研究报告等。TLO 每年还面向会员企业举办 10 次左右的研讨会，将大学的最新研究成果向会员进行介绍，会员企业均可免费参加。另外，TLO 会对申请的专利保密 3 个月，只有会员才可以享用。为了使得"入会"效益最大化，会员企业将会提高同 TLO 合作的积极性与主动性；而且格外关注各项技术成果；同时为了吸引新会员和维持目前的会员，在

研究方向上，学校、科研院所就会更加注意把握市场发展的动向，充分考虑企业对技术成果的认同和接受能力。从某种程度上来讲，会员制是一个客户关系管理系统，也是一个知识管理系统，它实际上是对项目经理所掌握的客户资源进行了共享而成为公司的资源，使得客户关系不再依赖于某个人，会员制的运作方式是日本 TLO 的一个重要特点(表 7-7)。

7.3.2　美欧跨国创新成果转移机构的对比

美国和欧盟最有代表性的两个跨国创新成果转移组织模式分别是从美国国家技术转移中心(National Technology Transfer Center，NTTC)为代表的政府全资非营利性创新成果服务机构模式和欧盟创新驿站(Innovation Relay Centre，IRC)为代表的政府出资的创新成果转化科技中介模式。

1)美国国家技术转移中心

美国国家技术转移中心是经美国国会批准成立的政府全资非营利性技术服务机构，全职工作人员 110 名，其经费主要来自美国航空航天局、能源部和联邦小企业局等。经过多年的运作，NTTC 形成了由联邦实验室和大学研究机构、企业、专家网络、6 个地区技术转移中心组成的技术转移网络。NTTC 提供技术与市场评估、技术信息服务及知识管理服务、技术转移相关主体领域培训服务等内容。其最主要的任务是通过自己的网络和 6 个地区技术转移中心的信息网将联邦政府资助的联邦实验室、大学等的研究成果面向全国企业推广。此外，中心还利用自己的关系，帮助企业寻找所需技术。NTTC 进行了 4000 种以上的技术和市场领域的全面技术评估。中心还为政府分配了超过 40000 种的技术支持包，并且为企业进行了 1582 种以上的技术查询，图 7-9 为 NTTC 的运作模式。

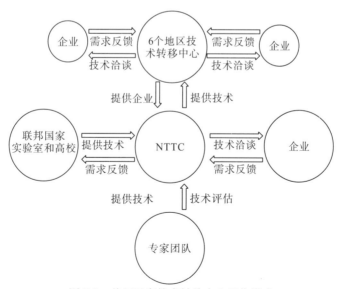

图 7-9　美国国家技术转移中心运作模式

2)欧盟创新驿站

创新驿站(Innovation Relay Centre，IRC)源于 1995 年欧盟出台的欧盟创新驿站网络(Innovation Relay Centre，IRC)计划。该计划的主要目的在于促进欧盟中小企业间的技术合作和技术转移。从本质上讲,创新驿站是一种由政府出资的科技中介机构。

创新驿站的概念起源于欧盟创新驿站网络。欧盟创新驿站网络是由欧盟研发信息服务委员会(Community Research and Development Information Service,COR-DIS)于 1995 年根据《创新和中小企业计划》资助而建立的,是促成欧盟各国中小企业技术合作和技术移、促进经济发展的科技中介网络,由各国协调机构、创新驿站和内部商业公告板系统(Business Bulletin System)组成。

2008 年,IRC 并入 EEN(Enterprise Europe Network),现已成为一个覆盖全球 48 个国家和 570 多个商务机构的多功能综合性创新支持网络。在 2002~2006 年第六个框架计划的支持下,71 家创新驿站紧密合作,促成 12500 个技术转移协议,帮助了 55000 个客户获得了他们所需要的技术或将其研究成果付诸实际。创新驿站极大地促进了知识的跨区域流动,其在信息技术和专业技术经纪人支持下所体现出来的跨区域技术资源高效配置作用已得到欧洲许多国家的高度认可(图 7-10、图 7-11)。

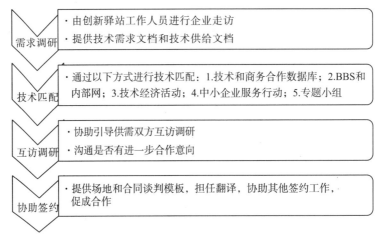

图 7-10 欧盟创新驿站创新成果转移模式的运营框架

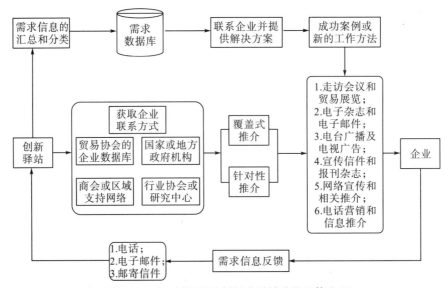

图 7-11 欧盟创新驿站创新成果转移的具体流程

3）美欧代表性的创新成果转移机构的特点

可以从以下几个方面进行对比分析（表 7-8）。

（1）组织性质。美国国家技术转移中心（NTTC）是经美国国会批准成立的国家级非营利性技术服务机构，全职工作人员 110 名，经费主要来自美国航空航天局、能源部和联邦小企业局等。欧盟创新驿站网络是由欧盟研发信息服务委员会（Community Research and Development Information Service，COR-DIS）于 1995 年根据《创新和中小企业计划》资助而建立的，是促成欧盟各国中小企业技术合作和技术转移、促进经济发展的科技中介网络。由此可以看出，二者都是由政府层面组织领导的中介网络。区别在于，前者的服务区域是整个美国，是国家性组织；而后者的服务区域则是整个欧盟，是区域性组织。

（2）组织结构。在组织结构方面，NTTC 是以国家技术转移中心为中心，由联邦实验室、大学研究机构、企业、专家网络及 6 个地区转移中心共同组成。而欧盟创新驿站则是由欧盟各国协调机构、创新驿站和内部商业公告板系统组成。

（3）运作模式。在运作模式方面，NTTC 的主要任务是从联邦实验室和部分大学的技术机构获取信息，再通过自身的网络以及与 6 个地区技术转移中心的信息网在全国范围内寻找企业，并由中心介绍实验室和企业接触，促使企业和研究机构达成技术合作意向。在这一过程中，中心的专家网络会参与技术评估的工作，同时中心会具体情况收取一定费用。NTTC 利用自己的关系，帮助企业寻找所需技术。企业把所需技术发给中心，并由中心代为寻找合适的研究机构和研究成果。一般而言，中心在整个技术转移过程中是一个信息交换的场所，并充当了"介绍人"和"担保人"的任务。与 NTTC 不同的是，欧盟创新驿站主要以走访企业、调研需求开始，然后通过自建的技术和商业数据库进行匹配，从而引导技术转移合作。在 IRC 中，每个国家的创新驿站均有一个中央协调机构（National Coordinators，NC）。各国的协调机构通常为在技术转移方面经验丰富、能够促进跨国技术转移，并且有相关项目实施经验的机关企事业单位，由创新驿站网络计划的负责人在各国协调机构的候选者中挑选成立的。协调机构负责本国创新驿站项目的实施，选择合适的地点设立创新驿站，并且将其扩大并接入到整个创新驿站网络中，同时还负责帮助欧盟评价本国创新驿站的运作情况。

（4）服务内容。在服务内容上，二者的服务内容基本相似，都提供技术与市场评估、技术信息服务及知识管理服务、技术转移相关主体领域培训服务等。除此之外，欧盟创新驿站还提供给企业知识产权服务，欧洲 EEN 网络与世界知识产权组织（WIPO）、国际商标协会（INTA）、NPTOs 网络服务台、欧洲专利局（EPO）、内部市场协调办公室（OHIM）、知识资产中心（IAC）、知识产权服务台、中国知识产权服务台等众多机构都建立了紧密联系。创新驿站的一个重要功能是促进中小企业之间的跨国技术合作，而知识产权服务几乎贯穿技术合作协议的整个生命周期。创新驿站为客户提供的知识产权服务包括专利申请援助、知识产权培训、知识产权咨询、知识产权审查、知识产权评估、专利新颖性分析等。

表 7-8　美国国家技术转移中心与欧盟创新驿站对比

对比内容＼机构名称	美国国家技术转移中心（NTTC）	欧盟创新驿站（IRC）
组织性质	政府全资非营利性技术服务机构	政府出资的科技中介
组织结构	该组织以国家技术转移中心为中心，由联邦实验室、大学研究机构、企业、专家网络及 6 个地区转移中心共同组成	该组织由欧盟各国协调机构、创新驿站和内部商业公告板系统组成
运作模式	1. 国家技术转移中心——从联邦实验室和大学技术机构获得信息——通过自身网络及 6 个地区技术转移中心寻找潜在合作企业——促成双方达成合作协议； 2. 企业把技术需求交给中心——中心代为寻找合适研究机构和研究成果	企业走访做需求调研和鉴别——通过技术和商务合作数据库做技术匹配——通过互访调研协助引导供需双方增进了解——协助签约
服务内容	技术与市场评估、技术信息服务及知识管理服务、技术转移相关主体领域培训服务等内容	信息整合服务、技术评估服务、企业分析服务、知识产权服务等内容

7.3.3　国际领先的创新成果转移机构经验启示

通过对美国斯坦福 OTL 模式和日本北海道 TLO 株式会社模式的对比，有助于了解当今世界主流的创新技术转移模式；通过对美国国家技术转移中心（NTTC）与欧盟创新驿站（IRC）的对比，可以发现不同国家和区域间技术转移中介的运作模式和各自特点。就中国而言，现阶段大多数高校和科研院所尚无十分成熟的类似于斯坦福 OTL 模式的办公室，社会企业也没有类似于日本北海道 TLO 模式的公司。在我国技术创新能力大幅提升和新兴技术逐渐赶超发达国家，尤其在推进 3D 打印等一批新兴技术走向市场的现实需求下，有必要研究国际上将创新成果转化为现实生产力的运作经验和典型模式，应用于前瞻性地培育符合我国特色的技术产业化主体，重点应考虑以下几个方面。

（1）组织性质。在我国民间组织或国际合作中，承担创新成果技术合作与技术产业化职能的运作机构，应该是能够为项目商业化、为社会企业服务的能实现技术转移中介作用的组织，宜使其以国家性组织或跨区域性组织的性质具有独立法人资格，或变身于企业的市场化部门，作为联系创新主体与技术转移需求主体的桥梁，推进创新成果产业化工作。技术产业化主体机构是连接研发团队和工程商业化的桥梁，它负责把研发团队的科研成果推向工程实践或自主实施，转化产出商业价值。

（2）组织机构与人员。技术产业化主体机构是促成研发机构和企业技术合作和转移、促进经济发展的科技中介网络，组织网格可以包括科研院所、大学研究机构、企业、专家网络、实施企业技术产业化推进部门等共同组成，还应该包括协调机构、创新驿站、知识产权管理部门和商业公告板等系统组成。而创新成果技术转移组织工作人员应当要求具有理工科的技术背景，最好再具有商业管理经验、必要知识产权知识和法律知识。创新成果技术转移组织的从业人员，应当是掌握多种知识技能的复合型人才。建立各领域技术专家库，使具备技术知识来源的高校和科研院所技术专家深度参与并融入技术产业化全过程，并在其中发挥引领作用。

（3）运作模式。专利技术产业化的首要任务是获得商业项目、大众消费、社会进步对专利技术成果的需求。专利技术需求可以通过走访企业、调研需求、征询专家、研究工程设计文件进行，与行业关键技术和全球专利数据库进行匹配，以全球对应关键技术知识产权信息检索为引导，在全球范围内寻找技术设备引进意向企业，由技术转移机构促使相关主体达成技术合作意向，并在技术转移谈判中给予法律、管理与创新成果转移经验指导。在这一过程中，技术产业化主体机构组织的专家网络会参与技术评估的工作，根据具体情况会收取一定专家评估费用。技术产业化主体机构利用自己的人员与关系，通过全面工作帮助企业寻找所需技术，并促成技术洽谈和技术转移运作实现。创新成果研发主体在推进创新研发成果产业转化流程上，首先需要对科研成果进行披露，之后技术转移管理人员与相关技术专家对科技成果进行评估，如果科研成果被认定为有市场前景，那么技术产业化管理人员会寻找有潜在需求的企业进行接洽，并将技术专家与技术本身进行打包，实现隐性知识与显性知识的融合。如果相关研发主体有技术需求，会与技术产业化管理人员谈判沟通，对技术本身提出相关要求，最终达成合作协议，实现技术专家与技术本身的整体转移(技术专家深度融入产业化过程)。合作达成之后，技术转移组织会对合作各方进行回访，维护各方关系，寻求更进一步的合作机会。

(4)服务内容。专利技术产业化主体在服务内容上，应当提供专利技术与市场评估、专利技术信息服务及知识管理服务、技术转移相关主体领域培训服务等，并根据中国企业的实际情况提供给企业知识产权服务，与世界知识产权组织(WIPO)、欧洲专利局(EPO)、内部市场协调办公室(OHIM)、中国专利局(SIPO)、欧盟创新驿站(IRC)、中国知识产权服务台等众多机构都建立紧密联系，促进研究院所和企业之间的跨国技术合作；而知识产权服务几乎贯穿技术合作协议的整个生命周期，为客户提供的知识产权服务包括专利申请援助、知识产权培训、知识产权咨询、知识产权审查、知识产权评估、专利新颖性扫描等，并应为知识产权管理实力尚不成熟的中国企业提供知识产权与创新成果产业化指南。

(5)激励模式。专利技术产业化工作应当设计在激励机制下进行，技术产业化主体机构因从事与推进技术产业化合作的实现而获得应有比例的管理费之后，技术转移的实现收益在技术收益者、技术支持者、项目推进者三者之间分配。而技术转移的实现成果在产业项目中的经济收益，项目出资方与牵头管理方应当有权利要求适宜分配，具体分配模式建议应当在合作协议中事前约定。在收益分配时应当视为无约定。从上述对美国、日本以及欧盟的技术转移组织的分析中可以看出，这些组织的建立往往因为本国情况的不同而有所差异，因此对于中国的创新成果转移运作模式也应当根据中国的国情而建立。在前面的技术转移模式对比的论述中，技术产业化主体的形式有高校、企业以及具有事业单位性质的国家级技术转移中心，中国创新成果技术产业化主体的建立可以向具有事业单位性质的国家级技术转移中心学习，如美国国家技术转移中心、欧盟创新驿站等。这种组织形式下的技术产业化主体机构具有非盈利、政府主管、科技中介等性质。代表政府的技术转移中心具有更好的技术推广能力和权威性。首先，一个国家级的技术转移中心的服务范围可以面向全国企业、发明者和其他技术组织机构，同时还可以面向国际代表中国向外进行技术推广，实现技术的跨国转移，在某种意义上有可能成为国内中小企业向国外输出技术的重要平台；其次，代表政府的这种角色使得技术转移中心在促进和担保技术转移的效果更为明显，由于各类的技术转移都不可避免地存在一定的风险，技术转移中心的政府属性为这些风险提供了一定的控制机制。

综合对美国国家技术转移中心和欧盟创新驿站的分析,总结了以下几点借鉴之处供中国创新成果转移组织构建中予以参考。①多元化的组织构成。从美国的国家技术转移中心可以看出,尽管是国家性质的组织,却是由联邦实验室、大学研究机构、企业、专家网络及 6 个地区转移中心共同组成,而欧盟创新驿站也是由成员国组织共同组成。②技术中介性质的服务模式。根据前述的分析,NTTC 和 IRC 两个组织都是致力于与技术相关信息的交换工作,为实现技术供需平衡而服务。③服务内容多种多样。NTTC 和 IRC 的服务范围都不仅仅是限于技术转移中介的工作,还会涉及与技术转移有重要联系的一些工作,如技术与市场评估、技术信息服务与知识管理服务(构建技术数据库)、技术转移培训服务等,而且在目前它们还在不断拓展其他具有重要意义的服务。

美国高校以 Stanford、MIT 为代表的高校创新成果转化部门的专利信息,是利用了经验包括技术发明信息披露和从业人员专利信息培训的方式;技术发明信息披露的操作是在技术转移流程上,首先会对科研成果信息进行披露,之后技术转移从业人员会找到相关专家对科技成果进行评估,如果科研成果被认定为有市场前景,那么技术转移从业人员会寻找有潜在需求的企业进行接洽;从业人员专利信息培训的运作为 OTL 等部门要求从业人员具有一定的专利信息基础,并会有针对性地对从业人员进行专利信息的培训;在专利信息方面的应用特点与方法借鉴是公开透明的专利信息披露可以让企业更好地了解专利技术本身,也有利于发明方听取各方意见,进而有效地改进所研发的技术。

欧盟科技园以 UCL 科技产业园为代表的科技创新成果转化体系的专利信息利用经验,包括技术发明信息共享和公共信息支持;技术发明信息共享是指 UCL 会针对研发机构的发明信息进行披露,通过与企业的沟通交流确定是否做技术投资引进工作;公共信息支持是指政府会对科研机构和高校的技术转移给予政策支持;专利信息方面的应用特点与方法借鉴是高校、企业和政府三方通过信息共享,让整个合作过程更加透明,有利于技术转移工作的开展。

日本以 TLO 株式会社为代表的科技成果转化法人团体的专利信息利用经验,包括技术发明信息披露和研发过程信息共享;技术发明信息披露是指在技术转移流程上,TLO 首先会对科研成果信息进行披露,寻找相关人员做成果评估,评测其初步价值;研发过程信息共享是指在研发过程中,研究机构和企业会进行多次沟通交流,使得研发成果可以更好地满足企业需求;专利信息方面的应用特点与方法借鉴是研发过程的信息共享可以保证科研单位的研究方向与企业的需求保持一致,从而实现二者共同利益的最大化。

以 NTTC 为代表的国家技术转移组织的专利信息利用经验包括技术发明信息披露和企业知识产权信息相关服务;技术发明信息披露是指 NTTC 从联邦实验室和部分大学的技术机构获取信息,再通过自身的网络以及与 6 个地区技术转移中心的信息网在全国范围内寻找企业,并由中心介绍实验室和企业接触,促使企业和研究机构达成技术合作意向;企业知识产权信息相关服务是指提供技术与市场评估、技术信息服务及知识管理服务、技术转移相关主体领域培训服务等;专利信息方面的应用特点与方法借鉴是国家专利信息资源的统一化;NTTC 利用自己的关系,帮助企业寻找所需技术。企业把所需技术发给中心，并由中心代为寻找合适的研究机构和研究成果。欧盟创新驿站为代表的地区技术转移组织的专利信息利用经验，包括企业需求信息整合和企业知识产权信息共享服务；企业需求信息整合是指欧盟创新驿站主要以走访企业、调研需求开始，然后通过自建的技术和商业数据库进行匹配，从而引导技术转移合作；企业知识产权信息共享服务是指欧洲 EEN 网络与世界知识产权组织（WIPO）、国际商标协会（INTA）、NPTOs 网络服务台、欧洲专利局（EPO）、内部市场协调办公室（OHIM）、知识资产中心（IAC）、知识产权服务台、中国知识产权服务台等众多机构都建立了紧密联系；专利信息服务也是创新驿站的一大特色，创新驿站为客户提供的知识产权服务包括专利申请援助、知识产权培训、知识产权咨询、知识产权审查、知识产权评估、专利新颖性分析等。

　　国际上代表性的创新成果技术转移成功模式对于专利信息利用有着不同的方式，概括来说，主要有以下几个方面：技术发明信息披露、研发过程科技商业信息共享、公共政策信息支持、从业人员专业信息培训、需求信息整合、研发主体知识产权信息共享服务等。在具体的合作过程中，合作各方对于专利信息的交流利用是各方合作开始的第一步，也是促进各方进行深入合作的至关重要的一步。除此之外，在整个的合作过程中，专利信息、商业信息、政策法律信息都是合作模式中不可或缺的信息流，对于这些信息的双方置换和有效利用是合作成功的关键。从诸多的模式当中我们也可以看到，无论是地方政府、中央政府，还是区域性组织，都在技术转移过程中为技术发明的供需双方提供强有力的政策支持，由此实现了各方对于专利信息流的无缝交流和对接。本书提出的技术专家深度融入并与技术本身在产业化过程中的整体转移模式，强化了技术产业化中隐性知识与显性知识的融合，有利于提升技术实施的可能性和效益回报，应借鉴到中国 3D 打印专利技术产业化过程中来，在实践中培育可持续运行并推动技术实施的面向新兴技术的中国专利技术产业化主体。

7.4　构建面向新兴技术产业化的专利结构生态

　　由上可知，在知识经济时代，以 3D 打印为代表的新兴技术产业化与专利具有密不可分的联系。专利作为新兴技术产业化的主要载体，体现了技术的知识属性，一方面代表了知识产权的运用将成为新兴技术市场的主流发展趋势；另一方面，以专利为核心的技术产业化环境越来越体现为具有系统效应的、多个要素和主体参与的整体性问题，犹如大自然中的生态系统。面向 3D 打印等新兴技术构建一个专利技术产业化生态系统框架并对系统内外要素及其互动关系进行研究，将为 3D 打印等新兴专利技术的运用、转化和实施提供可参考的理论范式和新的技术管理视角。技术创新生态系统（technology innovation ecology，TIE）揭示了技术创新活动与社会经济活动的内在联系。技术创新系统的主体与集群、技术生命周期、技术迭代与演进、创新合作与融合、内部组织层级等分别可——对应生态系统中的生物个体与群落、生物生命周期、生物基因的遗传与进化、物种间的共生与竞争以及生态系统的层级划分。技术创新的生态学特征的规律性和体系性越来越明显并逐步由宏观走向中观并有向微观衍生的趋势。例如，从 Bowonder 的知识生态系统论（Bowonder et al.，2000），到区域技术创新生态系统研究（黄鲁成，2003），再到专利生态的初探（齐燕，2015），这一变迁可以证明上述观点。

专利作为技术创新产出的重要载体,其保护期限、技术类别、专利引用、合作研发与技术产业化都与生态系统活动有较强的可类比性,由于专利制度在人类社会的长期存在和运转,已经与人类的生产生活、经济活动、技术创新活动等深度融合,专利个体与其创新主体和外部环境之间长期形成了一种具有相对稳定性的互动关系。技术产业化作为创新的尾端,体现着创新的最终价值即经济效益和社会效益,同时兼顾新兴技术产业较之于传统技术产业的时空特异性和产业化紧迫性。为了揭示专利作为技术创新子系统的结构与存在,促进新兴专利技术产业化与新兴技术管理体系的可持续发展,甚有必要回归专利的自然本源,构建面向新兴技术产业化的专利结构生态理论,将生态系统思维和优化论引入新兴技术知识产权创新管理的微观领域。

7.4.1 专利结构生态理论的构建

专利的自然本源特征决定了其可以形成类似于生态系统的结构性生态,专利技术产业化的实现有赖于对专利结构生态的深度剖析和健康的产业化生态环境。专利的信息、技术创新、法律三重特性使其成为科技情报、技术市场和公共政策研究的交叉点。结构生态学作为生态学理论的重要组成,是对生态系统结构进行研究和优化的科学,专利所具有的上述三重特性,使结构生态理论的构建可从信息、技术创新和公共政策三维度展开。本书将技术创新与公共政策间的互动及其所形成的专利结构化形态和体系概括归纳为专利的结构生态,以此实现对专利生态的解析,促进其结构生态的优化和产业化的合理实现。专利所具有的技术、法律双重特性既是专利研究与实践的两个面向,又是专利体系从技术创新和制度创新二元维度进行构建的属性基础。为了促进对专利体系的认识优化,本书将专利技术创新与专利制度创新之间的互动及其所形成的生态化体系定义为专利创新生态(patent innovation ecology),将围绕专利技术创新与制度创新的一系列构成要素、活动及其间的互动关系称为专利创新生态系统(patent innovation ecosystem)。由此可见,在专利创新生态系统中的概念界定上,"专利"反映系统的要素组成,"专利体系"强调系统的维度划分,"专利生态"重在体现系统中技术创新与制度创新间的互动与相互影响。

从技术创新这个内生维度看,Stuart 和 Podolny 建立了基于专利数量的企业技术生态位指标和测量(Stuart et al.,2007),实现了专利与技术生态的关联;刘林青等(2006)首次提出了面向企业专利战略的专利生态位理论;李丫丫等(2016)基于生物多样性理论进行了专利技术融合与演进研究,凸显了专利符合生物多样性特征的本质。从公共政策这个外生维度看,Gómez-Uranga 等(2014)从专利数量、行为和制度环境视角探索性分析了大数据商业生态系统的演进,概括了表观基因变异这一生物学现象在专利研究上的适用性和优势;Chien(2010)从专利制度层面阐释了由专利竞赛和专利战略构成了专利生态系统及其影响。综上所述,目前国内外对专利生态的研究仍主要是应用生态学的零散概念研究专利领域的具体问题,尚未形成面向专利的生态系统性思维和结构化视角,我们尝试借鉴结构生态学的理论构建专利结构生态的研究框架(图 7-12),面向新兴技术产业化优化特定范畴内的专利结构生态。

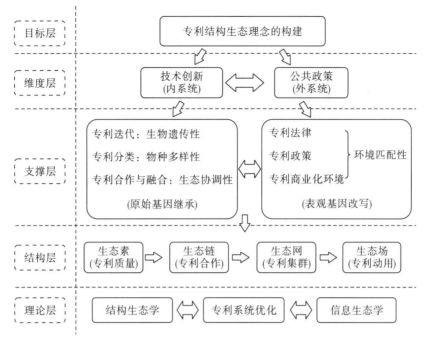

图 7-12　面向新兴技术产业化的专利结构生态理论构架与维度

7.4.2　专利结构生态的特征

1)专利技术遗传性

达尔文进化论作为生物遗传学的基础理论,揭示了生物进化的自然选择过程和原理,它强调了生物遗传性状的保持和渐变,以及内部遗传与外部环境的长期相互作用形成的规律性,这种内外的相互作用范式在过去数十年间已被广泛应用到技术创新与商业经济研究中(Nelson,2006)。在现代进化理论中,遗传性进一步被认为是自然选择渐变和基因表达跳变共同作用的结果,且后者因与环境作用更为明显往往更被关注(Levit et al.,2011)。基于此,遗传学家将前者称为原始遗传,后者为表观遗传。

专利是组织的知识信息构成要素,代表了组织中和技术、市场、资源配置等相关的具有一定惯性和遗传特性要素的集合体。在一定时间范围内,专利的流动携带了原始专利权人技术资源的流动,无论流动的内涵是专利的许可、权属转让、专利引用行为还是投资入股、作价转让、建立子公司、产品化后的销售流通,其所携带的原始“遗传”信息实现了多渠道继承或传递,专利权人在相当长的时间内亦将保持原有的技术和战略“遗传”特征,诸如 IBM 的信息技术、三星的显示技术、梅赛德斯奔驰的汽车和发动机组件等。我们将以技术创新为导向的组织内专利及其专利战略的逐步迭代和惯性发展定义为专利的原始遗传,它体现了组织行为和技术的惯性逻辑及其必要性,也是专利制度鼓励和保护改进创新,并由碎片创新到深度创新再演进到整合创新的主要路径。此外,商业、法律等外部环境对组织知识和技术创新尤其是专利行为的影响越来越受到关注,制度维度的减效或失效(Encaoua et al.,2014)、主体维度的权利碎片化和丛林化(Graevenitz et al.,2013)、公共政策维度的机制变革与优化(Yamauchi et al.,2015)等都对组织的专利行为这个原始"基因"产生改写或颠覆。从生态学角度讲，生物基因组中仅有 2％的编码蛋白（脱氧核糖核酸，即 DNA）承载核心遗传特性，剩余 98％的核糖核酸（RNA）和大量非编码 DNA 仅起到信息搬运和传导作用，有机体对外界环境的适应就是通过这 98％的表观基因改写和颠覆体现的。在以技术创新为导向的组织专利行为中，专利遗传性的另一方面可定义为基于原始遗传信息的专利及其专利战略跳变迭代和颠覆式发展，即专利的表观遗传，包含了基础基于专利的破坏式创新、基于专利收购的战略重组、标准必要专利行为和战略等，专利的表观遗传强调了外部环境对创新主体专利行为的影响，较之于专利的原始遗传研究路径更为开放、多元且占据创新主体专利行为的绝大多数情况，应引起研究者的重视。专利技术迭代所反映的组织惯域、技术创新惯性、市场布局和规模惯性、资源配置惯性具有生态学意义上的遗传特性，这是对专利作为创新成果产出在认识上的跃升。

2）专利技术多样性

技术多样性最早来自于社会文化构建的过程，文化塑造对技术多样性的形成起到关键作用，并对技术多样性具有持久的嵌入性，产生了技术多样性的社会文化形成观，即"技术－文化"观（拉莫特等，2005）。另一方面，如卡尔·马克思和马克思·韦伯的一致论断：经济标准决定了技术发展方向。随着技术市场的繁荣，经济效应驱动了技术多样性的扩展，技术研发与投入逐渐倾向于以市场需求为导向，投资和风险的合理回报成为技术最终价值实现的评判标准，技术多样性的经济形成观，即"技术－经济"观的确立。但市场失灵、经济风险、过度竞争和创新的不确定性引发人们对技术多样性背后哲学思想的进一步探究，试图寻求技术的可持续发展范式与观念，生态学思想对当今的发展尤其是技术发展问题具有颇多借鉴意义，技术创新的生态化转向是克服技术产业化机制失灵的途径之一。技术多样性的本质是技术要素、结构和系统的多样性与可持续，构建面向"技术－生态"观的技术多样化理论符合了上述的研究动机。

综上所述，从结构生态系统看专利的第二个维度是专利的多样性，专利多样性有广义和狭义之分。①专利技术因循特定的技术轨道发展遵循一定的遗传特性，伴随着单一专利技术轨道的交叉融合则会生成新的技术轨道，多个技术轨道所形成的相对封闭的群落就构成了广义的专利多样性。②狭义的专利多样性可理解为基于专利所属的部、类、组的异质性和专利创新主体来源及其合作的多样性，这类异质性随着技术的发展始终处于动态革新与完善中，生态系统科学的思维能够为体系和要素的革新提供来自自然的原始动力，随着新兴技术的诞生和发展，专利分类体系的更新、可专利客体的延伸以及创新主体的分化、合作渠道的拓展等都可归于这个狭义范畴，即应寻找和优化专利分类、主体及其合作多样性的合理区间和战略平衡点，这也是未来的专利宏观管理者和科技情报研究者应予以关注的。Dosi 在 20 世纪 80 年代谈到，技术轨道作为技术演化的路径会形成其所特有的技术范式，技术范式又是孕育新兴产业的前兆（Dosi，2016），广义的专利多样性为新兴产业和技术范式的形成、"技术－生态"观下的产业和企业专利组合策略提供了诠释载体。此外，群落和物种结构决定了生态功能的特性与强弱，创新主体和专利战略制定者的关注焦点应兼顾狭义和广义二维层面，以从宏观上完善专利技术的资源配置和多样群落构建，寻找技术轨道的可持续规律以引领创新。

3)结构组成协调性

厘清知识组成的结构和逻辑并以此为据实现知识布局的协调性，能够提升科研和知识管理效率，结构生态思维还强调专利结构组成的协调性。这里所述的组成协调性包含两个层面：就创新主体而言，核心专利与外围专利二者关系，发明专利、实用新型和外观设计专利三者的科学组合，国内专利与国外专利结构组成决定了创新成果保护的程度、技术产业化的可实施程度和创新主体的专利国际化战略，是表观层面的协调性度量；就专利生态而言，专利知识的分类与管理作为一种知识体系所具有的多层次和同一层次之间的多尺度划分的特点既应体现知识分类的思想，也应关注和回归对不同专利知识分类之间的交叉、融合、衍生等逻辑关系的缺失弥补。

专利作为一种重要知识产出和知识测度载体，具有明显的多层次、多尺度和介尺度特征。"介"来源于古希腊单词"mésos"，是位于单元尺度与系统尺度之间的空间尺度。以专利的 IPC 分类为例，A-H 九个部构成了九个专利知识层次，每个部又包含了各自的大类、小类、大组、小组，即不同层次内的多尺度，而介尺度则是存在于不同尺度划分之间的专利知识空间。介科学可概括为能量最小多尺度原理（EMMS），其核心思想是主导机制在竞争中逐步协调的普遍原理(Li et al.，2013)。例如，A 和 B 是两种主导机制，二者分别代表两种情况下的极值，二者共同作用时其作用结果存在以 A 为主导、AB 共同主导的竞争协调、以 B 为主导三种情况，即多目标变分问题：

$$\text{Extremalizing}(A(X), \quad B(X))$$

式中，参量 $X = \{x_1, x_2, \cdots, x_n\}$，且服从守恒定律 $F_i(X) = 0$。

建立专利领域的介尺度思想，根本目的在于探索专利技术体系和知识体系的融合，弥补专利知识体系的"介"空间缺失以及依托多尺度学科共性提炼新的技术分支和跨学科合作专利产出、管理与研究新模式，用知识生态体系的思想优化专利结构管理，实现专利分类体系的功能由单纯的信息检索和归类向知识治理的转变。例如，技术功能就可作为专利知识介尺度的共性特征，引导专利向产业转移的方式之一就是以市场需求和功能驱动的技术搜寻、遴选与产业化模式，产业与市场需求往往是位于介空间的技术与功能融合的产物，优化专利结构组成协调性的另一个目的就是以介科学的思想优化专利分类标准进而提升技术产业化时的专利搜寻与遴选效率。

4)外部环境匹配性

生态系统的一种重要理念就是内部系统和外部系统间的互动，由物种构成的内部系统适应以外部环境并作出应变或突变反应。从创新视角来看，内部系统对外部系统的最佳适应点应以在与外部系统作用下形成一个改进、完善和平衡的内部系统为标准，或带来对外部变化的对策调整，或带来根本性创新。如果把专利技术产业化体系看作一个相对独立的系统，系统内包括了专利个体与组合、专利持有者、专利代理人、技术发明人、专利行政和司法机关、专利交易与运营主体、专利经理人、侵权人、专利实施主体等要素，通过对其长期运行状态审视后不难发现，该系统仍处于一个非平衡闭环，较为突出非平衡性表现在：①劣质专利与创新主体和政府的大量专利经费投入不平衡；②专利国内申请过热与国外申请过冷之间的不平衡；③专利的低转化率与创新成果向现实转移、实现高新技术产业化的迫切需求不平衡；④专利侵权的低损害赔偿与保护知识产权、有效激励创新的社会环境不平衡；⑤知识产权综合管理、公共政策运行效率与社会公共服务体系建设不平衡。

根据哈肯提出的协同学（Synergetics）理论，非平衡开放系统在外界影响达到某种程度时，其内部要素会发生复杂的机制变化，并逐渐由"无序"到"有序"。实现这一互动过程的前提是系统：①应具备开放性，即与外部进行物质和能量交换的渠道是畅通的；②系统处于非平衡态，矛盾问题激荡；③该系统靠近临界点，多样性要素有形成竞合的潜力；④外部影响的可控性，通过调节外部参量达到影响内部系统的效果，并实现内外部协同与整合；⑤系统内部具备自反馈和自优化能力，有"一只无形的手"（例如市场力量）驱动系统内部各要素的配置。外部环境匹配性能够影响内部系统的平衡，我国专利技术产业化体系内部的不平衡主要来源于外部的专利政策供给、制度创新进程与内部的生产力和生产关系尚未实现有效协同与整合驱动。

综上所述，新兴技术技术产业化不是一个独立的问题，而是一个综合的系统。专利结构生态系统所包含的以技术创新为代表的内部系统和以公共政策为代表的外部系统（图 7-13）中，外部系统通过政策的供给调整内部系统的各要素和参与者的生产力和生产关系，使内部趋于有序的稳态，在此过程中内部系统则不断向外反馈响应结果，促进政策和制度的调整。外部系统对内部生产力层的调整主要通过是驱动技术、知识和发明点加工形成专利，进而形成特定的技术轨道和群落，最终在轨道与群落的融合之下实现专利技术产业化和价值实现；对内部生产关系层的影响则是对内部系统参与者间关系的调整，在稳定现有合理的生产关系的基础上，鼓励新的生产关系的形成和强化进而促进生产力的发展，实现系统的整体优化。

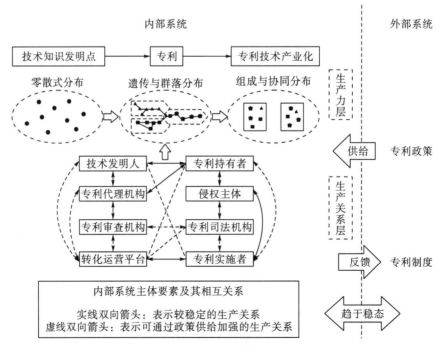

图 7-13　面向新兴技术产业化的专利结构生态系统优化模型

7.4.3　对专利技术产业化的政策启示

生态系统的构架包含了组成系统的基本生命体和物质单元，即生态素；各生命体和物质单元之间由于遗传、食物链等所形成的相对稳定的关联关系，即生态链；以及在一定范围内多条生态链的时空交织所形成网络结构，即生态网。基于专利与生态学的同构性，在专利结构生态理论体系中，专利个体和专利体系的参与者构成了专利视域下的生态素，各生态素之间（如专利和专利之间、专利和参与者之间、各参与者之间）基于专利的生命周期演进与迭代、引用与合作、商业的竞争与协同形成相对稳定的关联关系，即专利生态链，随着多链条的延伸、交叉与融合形成的技术与社会网络，即专利生态网（表 7-9）。

表 7-9　专利结构生态的测量维度及其内涵、目标、方法的整合

维度	内涵	目标	实现途径	政策启示
专利生态素	位测量	测量生态要素的点位分布，优化要素个体的质量与组成协调性	核心与外围专利测度；专利国际化测度；专利的集中和分散测度；高、低质量专利识别	深化专利质量控制与知识治理工程
专利生态链	线测量	测量生态素之间的线型关系，即点与点之间的场关系，挖掘技术演进路径与合作特征	专利合作路径、强度测度；专利知识流动测度；专利技术路线图与技术预见	驱动专利合作转化与技术远景工程
专利生态网	群测量	测量生态系统的网络结构，发现并优化特定技术、产业和主体的网群特征，搭建专利技术产业化基础	专利生态多样性测度；专利技术融合；基础与前沿专利的挖掘；基于专利的社会网络分析	构建专利融合与知识共享工程
专利生态场	场测量	认识生态系统内外部互动的复杂性，优化专利系统中技术创新与公共政策的匹配性	系统优化的理论视角与政策评价的方法视角的融合	实施专利系统优化工程

专利结构生态理论对专利技术产业化系统优化的政策启示可归纳为以下四个阶段。

（1）第一阶段，从生态素维度看，应深化专利质量控制与知识治理工程，提升专利质量是我国专利管理面临的首要问题。在生态学视角下，专利作为构成整个专利体系的要素单元，在产业、区域、技术领域、产品、企业内合理的点位分布与组成协调性直接影响着特定范围内的专利战略质量、审查质量、撰写质量、实施质量与维持质量，高质量的专利生态素需要建立面向专利的知识治理工程，以知识的理念看专利，以治理的途径做管理，超越传统的专利生命周期内的技术和资产管理模式，强调域内专利管理的质量优先、环节把控和可持续的价值取向。例如，实用新型较之于发明专利是一种"简单"创新，知识属性较低，也造成了我国大量垃圾专利的现象，应重新审视实用新型与发明专利的分类立法与管理体制。

（2）第二阶段，从生态链维度看，应驱动专利合作转化与技术远景工程。由于专利具有类似生物物种的遗传和多样性，遗传性决定了专利发展的路径特征，多样性决定了专利在合作中繁衍迭代并形成群落组合。因此，促进以专利合作带动技术合作、以瞭望技术远景带动技术革新，以此作为新时期专利管理机构的公共政策着眼点，推动专利的合作转化，而这恰恰需要建立在专利质量控制与知识治理工程的基础上。例如，从政策层面鼓励有条件的区域和产业构建面向合作研发与技术转化实施的专利合作联盟，重视基

于专利的产业路径和技术发展预见。

（3）第三阶段，构建专利融合与知识共享工程。这是基于生态网维度而提出的，以专利为载体形成的社会网络结构与网群特征具有其他技术载体无法替代的研究价值和社会价值，网络特征的形成在某种程度上代表着融合与共享，专利数量激增与"专利丛林"密布可能导致诉讼风险和实施困境，而专利的引证、许可和交易则会促进技术网络的形成进而实现融合与共享，政府应完善以专利引证、交易许可、诉讼等信息为代表的公共信息服务体系建设，深度挖掘互联网时代专利的社会网络特征，发挥融合与共享产生的资源价值。

（4）第四阶段，实施专利系统优化工程。在生态场理念下，专利体系是一个内部场和外部场之间不断进行物质和能量交换并逐渐趋于稳态的系统，"场"强调双向互动，即外部场的政策供给会对内部场的生产力和生产关系进行调整，内部场的作用结果又会反馈给外部场，促进外部政策供给的修正。以往的专利政策取向更多关注对生产力（如通过专利补贴提升专利数量等）的调整而忽略了生产关系，专利体系内部各参与者之间的关系作为多种形式的生产关系，对技术创新、专利产出与技术产业化这类生产力因素具有重要影响。例如，通过对高校专利权人与发明人之间生产关系的制度和立法调整进而推动高校"沉睡"专利技术的产业化。对生产关系的调整是现阶段我国专利体系和政策供给应予以关注的。此外，生态场理念将改变原有专利行政管理体制中更多涉及政策供给而弱化对政策反馈的分析，促进专利技术产业化体系内外部之间共同从"无序"到"有序"的优化演进。

7.5　本章小结

本章从 3D 打印专利技术产业化的战略性和技术性机会与障碍以及制度性机会与障碍提出分别驱动策略，并从技术创新系统的生态学理论视角出发，提出面向新兴技术产业化的专利结构生态理论构建框架模型。在战略性和技术性机会与障碍驱动策略方面，应用 SWOT 量化评价方法，在传统 SWOT 定性分析的基础上，通过对前述各章中提出的影响我国 3D 打印专利技术产业化的战略性和技术性机会与障碍要素的总结归纳，结合专家问卷调研进一步实现了专利技术产业化的 SWOT 定量分析与评价，绘制了中国 3D 打印专利技术产业化战略决策四边形，提出我国 3D 打印专利技术产业化现状属机会主导型，应采取偏向保守的调整型产业化战略。在制度性机会与障碍的驱动策略方面，提出了产业技术创新与制度创新相互嵌入融合的 3D 打印专利技术产业化创新协同驱动机制构架，分析了中国 3D 打印的相关产业科技政策由柔性到刚性的流变趋势，应用 ROCCIPI模型从七个方面对 3D 打印专利技术产业化的制度性要素驱动提出对策与建议。面向新兴技术产业化的专利结构生态，验证了运用生态学方法与思维进行专利技术产业化研究的科学性与自洽性，丰富了面向技术产业化的创新生态理论并提出政策建议。

第八章　面向知识产权管理的 3D 打印技术产业化案例

8.1　中国 3D 生物打印的专利前沿动态

3D 生物打印是对 3D 打印在生物工程领域应用的一类技术的统称，具体而言，就是应用增材制造的原理，在三维数字模型驱动下，以细胞、无机材料、高分子材料、水凝胶等为打印材料，逐层添加地制造生物体(尤其是人体)器官、活体组织、医用辅件等的技术。作为 3D 打印的一项新兴和前沿领域，3D 生物打印在医学领域的研发和应用具有开拓意义，它使人体器官和组织结构具有了可再生性和重塑性，颠覆了传统伦理观念，同时，也为全球每年 6000 多万的器官衰竭患者数亿生物假体使用者带来了希望。Future Market Insights 公司指出全球 3D 打印医疗设备市场规模在 2016 年达到 2.796 亿美元，并将在未来十年保持 17.5% 的年复合增长率。Grand View Research 公司 2016 年发布的报告称，全球 3D 生物打印市场规模将在 2022 年达到 18.2 亿美元。3D 生物打印这一概念最早是由美国 Clemson university、University of Missouri、Drexel University 等大学在 2000 年左右提出的，由于生物技术的研发周期较长，3D 生物打印目前依然处在实验室阶段，核心技术领域尚未实现规模化、产业化。但由于其对人类认知和伦理的潜在的颠覆性和其生命科学领域的巨大应用前景，已逐渐成为各国科学家与产业界密切关注的焦点。在不久的将来，用较短的时间打印特定人体所需的各个活体器官和组织并植入人体中，取代那些产生病变的器官进而延续生命，这将不止是一个幻想，中国作为全球人口最多的国家，就无疑成为了世界上最大的 3D 生物打印潜在技术市场国。本书根据专家咨询和 3D 生物打印的应用领域，例如血管、骨骼假体、牙科、器官、关节、软组织等，制定了相应的中国专利检索策略。在 incopat 系统中对 3D 生物打印的中国专利态势进行预警分析(检索式：TIAB=(“三维”OR“3D”)AND(“生物”OR“细胞”OR“基因”OR“器官”OR“骨”OR“血管”OR“牙”OR“口腔”OR“肌肉”OR“心脏”OR“肝脏”OR“肾脏”OR“蛋白”OR“关节”OR“软组织”OR“手术”)AND(“打印”OR“制造”))，合并同族后共命中中国专利申请 2412 件(截至 2017 年 1 月 20 日)，通过如下分析揭示中国 3D 打印前沿领域的最新发展现状与趋势。

1)专利申请态势

3D 生物打印技术相关的专利申请伴随着 3D 打印技术的发展，2013 年以来呈现爆发式增长。这一方面取决于 2013 年作为 3D 打印技术发展的“元年”，多项关键核心专利到期，3D 打印逐渐被工业界所熟知并被赋予“第四次工业革命”的主要推动力之一，另一方面，3D 打印的技术原理在生物医学领域广泛的应用前景被逐渐挖掘，基于生物体的个体差异性和复杂性,同时由于人类对生命健康和高质量生活的重视程度不断加强,3D 生物打印较好地迎合了 3D 打印的个性化定制、复杂结构加工、快速成型等特点,具有巨大的技术和市场价值。

德国弗朗霍夫激光技术研究所在 2015 年开发出了 3D 打印人造血管,3D 打印血管的关键一步是获得合适的打印材料,其应在适于 3D 打印技术加工特点的前提下具有移植血管的物理特性和生物相容性,与内皮和毛细血管周围细胞组织相容。研究人员采用了喷墨打印与立体光刻相结合的方法,解决了打印只有 20 微米厚的多孔、多分叉人造血管的关键技术。来自中国的蓝光英诺公司几乎在同时也宣布成功制备出 3D 生物打印人体血管和具有生物功能属性的心脏,这些进展对组织工程、再生医学和医疗科研都将带来革命性的变革。无论是 3D 打印的血管化组织,还是生物体器官,亦或是已经实现市场化的假肢、假体、假牙等骨骼结构,都可归为医用增材制造材料和设备,这些都是 3D 生物打印的技术范畴。

在政策层面,2015 年国家工信部、发改委和财政部共同发布的《国家增材制造产业发展推进计划(2015—2016 年)》,强调要加快推进我国增材制造产业健康有序发展,其中的医用增材制造材料和设备被列为重点和优先发展的领域;《中国制造 2025》明确提出大力推动 3D 生物打印等新技术的突破和应用;《国民经济和社会发展第十三个五年规划纲要》将高性能医疗器械(含结合 3D 打印的个性化治疗装备、医用生物材料等)纳入十三五重点突破领域;《"十三五"国家战略性新兴产业发展规划》强调要在医疗器械领域大力推动增材制造技术应用,利用增材制造技术,加快组织器官修复和替代材料及植介入医疗器械产品创新和产业化。这些是近年来 3D 生物打印专利申请激增的政策驱动力。

2013 年的中国专利申请量为 131 件,远超 2012 年的 47 件,2014 年较 2013 年增长了 157%,达到 337 件,2015 年继续直线上升达到峰值的 525 件,2016 年这一数据有所回落,为 428 件,从申请量来看,我国的 3D 生物打印刚刚进入专利申请的"高位值",随着市场竞争的加剧和技术创新的突破,专利领域的竞争仍将持续(图 8-1)。

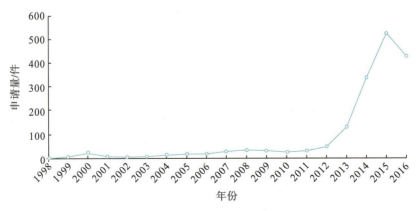

图 8-1 中国 3D 生物打印专利申请的变化趋势

2）中国技术市场的主要竞争国

从目前来看，中国 3D 生物打印专利申请主要来自于中国、美国、世界知识产权组织、韩国、日本、欧洲等国家和地区。专利申请的来源国从某种程度上反映了技术市场的潜在竞争国。从数量上看，来自中国本土的专利申请为 1080 件，位居第二的美国则为 179 件，中国本土技术竞争者是 3D 生物打印的最大国内竞争主体，国内外机构在中国的专利布局数量较之于中国本土的创新主体而言具有一定差距。中国作为世界上最大的发展中国家、人口第一大国和世界第二大经济体，面临着全世界最大的受医疗群体和最大的医疗质量提升的需求，尤其是在器官移植和再生领域，中国存在巨大的医疗缺口。3D 生物打印在解决人类生存这个基本问题上，中国有着突出的现实需求和示范效应。3D 生物打印未来在中国的产业化发展是实现技术、资本、社会需求共生共存的、良性循环的必然选择，专利作为技术竞争与市场布局的有力武器，科学的专利申请和布局能够有效防范竞争风险、扩大市场占有。3D 生物打印这类精准医疗技术还应加强在达到一定的经济发展水平的人口大国实现有效布局，例如巴西、印度、南非等金砖国家，以应对人类发展和健康面临的共同挑战。中国应密切跟踪和分析本国受理的专利申请的来源和特点，尽快制定符合本国特点的 3D 生物打印专利战略，预警潜在的市场竞争与专利风险，培育和引导我国产业主体的成长（图 8-2）。

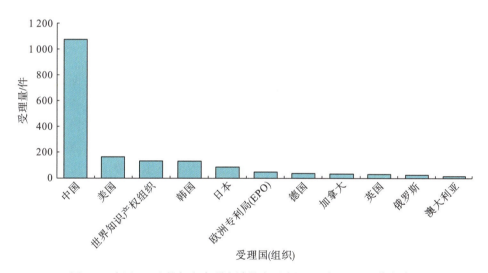

图 8-2　中国 3D 生物打印专利申请的主要来源国（或地区）及其申请量

3）主要专利申请人

通过对专利信息的检索和分析可知，3D 生物打印的主要专利申请人（前 10 位）包括了浙江大学（44 件）、华南理工大学（28 件）、上海大学（19 件）、西安交通大学（19 件）、Massachusetts Institute of Technology（17 件）、Dentsply International（15 件）、Xerox Corporatioi（15 件）、吉林大学（15 件）、上海昕健医疗技术有限公司（13 件）、四川蓝光英诺生物科技股份有限公司（12 件）、清华大学（12 件）。中国本土申请人以高校居多，仅有两家中国企业入围，三家外方申请人均为美国机构，一家为高校，两家为企业。在前十位申请人中高校占比达到 70％，可见 3D 生物打印的产业化和市场化还不成熟，关键技术还处于实验室阶段，同时，国外技术竞争者在华专利布局潜在竞争力明显，对本国创新者构成一定威胁。有必要强化产业学研合作，并培育更多具有自主研发和市场化能力的企业，把 3D 生物打印专利的申请布局摆在我国产业发展的优先位置（图 8-3）。

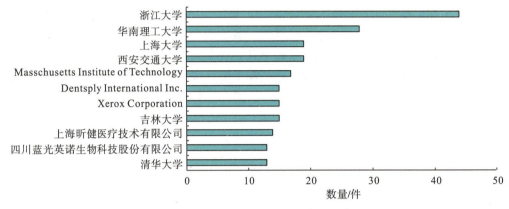

图 8-3　中国 3D 生物打印主要专利申请人

从前十位专利申请人的申请趋势变化和技术领域气泡图可知（图 8-4、图 8-5），浙江大学和四川蓝光英诺生物科技股份有限公司从 2015 年起专利申请势头迅猛，Massachusetts Institute of Technology（MIT）在诸多技术领域优势明显，尤其是在 B29C（塑料的成型或连接；塑性状态物质的一般成型；已成型产品的后处理）、A61L（材料或消毒的一般方法或装置；空气的灭菌、消毒或除臭；绷带、敷料、吸收垫或外科用品的化学方面；绷带、敷料、吸收垫或外科用品的材料）、A61F（可植入血管内的滤器；假体；为人体管状结构提供开口、或防止其塌陷的装置，例如支架；整形外科、护理或避孕装置；热敷；眼或耳的治疗或保护；绷带、敷料或吸收垫；急救箱）、A61K（医用、牙科用或梳妆用的配制品）四个领域具有相对明显的专利技术优势，浙江大学则注重在 B33Y（增材制造）这一新生技术领域进行专利布局，为未来市场竞争赢得先发优势。

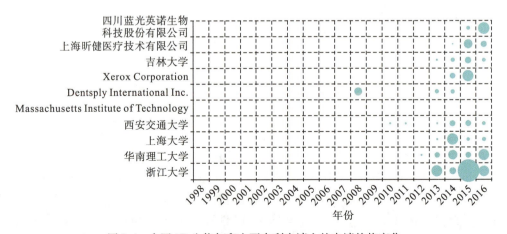

图 8-4　中国 3D 生物打印主要专利申请人的申请趋势变化

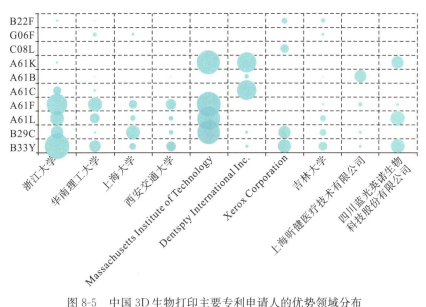

图 8-5　中国 3D 生物打印主要专利申请人的优势领域分布

4）技术领域分析

3D 生物打印专利（含申请）的技术分类构成依据专利数量由多到少依次涵盖了 B33Y（增材制造）、B29C（塑料的成型或连接；塑性状态物质的一般成型；已成型产品的后处理）、A61L（材料或消毒的一般方法或装置；空气的灭菌、消毒或除臭；绷带、敷料、吸收垫或外科用品的化学方面；绷带、敷料、吸收垫或外科用品的材料）、A61F（可植入血管内的滤器；假体；为人体管状结构提供开口、或防止其塌陷的装置，例如支架；整形外科、护理或避孕装置；热敷；眼或耳的治疗或保护；绷带、敷料或吸收垫；急救箱）、A61C（牙科；口腔或牙齿卫生的装置或方法）、A61B（诊断；外科；鉴定）、A61K（医用、牙科用或梳妆用的配制品）、C08L（高分子化合物的组合物）、G06F（电数字数据处理）、B22F（金属粉末的加工；由金属粉末制造制品；金属粉末的制造；金属粉末的专用装置或设备）、C12N（微生物或酶；其组合物；繁殖、保藏或维持微生物；变异或遗传工程；培养基）等类别。

B33Y 作为 2013 年诞生的 CPC（Cooperation Patent Classification）分类中较之于传统 IPC 分类中新增的为 3D 打印专门设置的技术类别，体现了 3D 打印技术在专利知识管理体系中的重要性和巨大的发展潜力，专利分类体系中专门设置这一类别，有利于更加科学合理地管理 3D 打印专利情报信息，未来的 3D 打印研发者和产业部门有必要实时关注这一领域的专利竞争情报动态，指导和聚焦研发与产业实践。从技术类别的气泡图中可见，在生物医疗领域（即 A61 大类），3D 生物打印专利在 A61L、A61F、A61B 小类中布局较多，但在 A61C、A61K 中还存在较大的布局空间，以 C12N 小类为代表的细胞培养与遗传变异工程领域的专利申请才刚刚起步，反映出 3D 生物打印在器官再造和移植、生物墨水领域的研发才刚刚起步（图 8-6、图 8-7）。

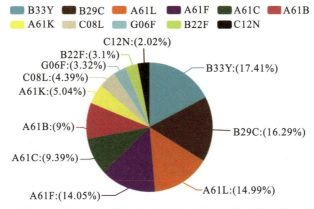

图 8-6　中国 3D 生物打印专利（含申请）的主要技术构成

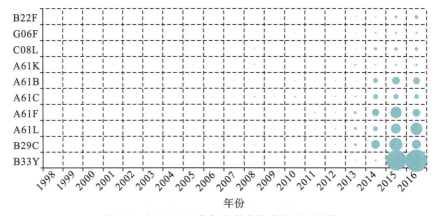

图 8-7　中国 3D 生物打印技术构成的发展趋势

根据国民经济行业分类，3D 生物打印相关专利（含申请）均属于制造业类别，按照专利申请数量由多到少依次隶属于 C35（通用设备制造业，40.67%）、C26（化学原料及化学制品制造业，19.66%）、C27（医药制造业，18.89%）、C39（电气机械及器材制造业，5.15%）、C34（金属制品业，3.79%）、C31/32（非金属矿物制品业/黑色金属冶炼及压延加工业，3.26%）、C24（文教体育用品制造业，3.08%）、C40（通信设备、计算机及其他电子设备制造业，2.72%）、C30（塑料制品业，1.89%）、C41（仪器仪表及文化、办公用机械制造业，0.89%）（图 8-8）。

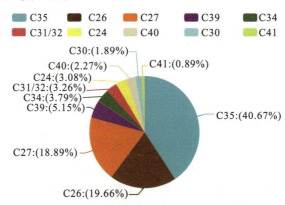

图 8-8　3D 生物打印的国民经济行业分类统计

5）关键词聚类

专利文献中的关键词可以揭示专利技术发展的一些共性特征和研发热点。通过对检索得到的 2412 件专利（含申请）文本的关键词进行聚类提取，可以汇总发现如下 4 个的技术主题类别。其中，主题 1 可概括为 3D 生物打印的硬件，主题 2 反映 3D 生物打印的前沿应用领域，主题 3 可概括为软件，主题 4 为 3D 生物打印产业链中的产品和技术组成，可概括为产业链划分（表 8-1）。

表 8-1　中国 3D 生物打印的技术关键词聚类

主题 1：硬件	主题 2：前沿应用	主题 3：软件	主题 4：产业链
三维打印	细胞外基质	多模态医学图像	控制
打印系统	再生医学	多模态图像配准	系统
多材料	内皮细胞	三维医学模型	设备
打印头	组织工程	非支配排序遗传算法	模型
仿生人工骨	生长因子	直角坐标系	服务
集成制造	肝组织	优化调度	分层
激光诱导	器官	极坐标定位	材料

6）专利价值度分析

专利价值度是对专利前后引量、权利要求数、专利类型、维持年限、多国申请、同族数量、法律稳定性与许可转让状态等指标的加权综合。归一化后设置为 1－10 十个分值，其中 10 分为最高，1 分为最低。高价值专利是推动产业转型升级的引擎，通过在 incopat 平台中对 3D 生物打印主要专利申请人所申请并授权专利的价值度进行评价可以发现，MIT 的高价值专利数量和占比均最多，说明其专利布局强调质量优先，国内专利申请人中，以浙江大学和华南理工大学的高价值专利数量较为突出，而浙江大学虽具有专利数量优势，但在专利价值方面仍有待提高。

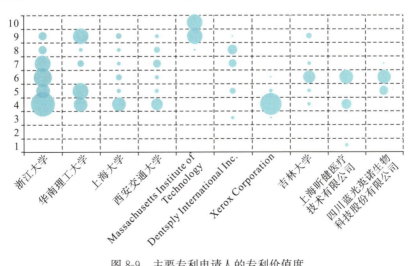

图 8-9　主要专利申请人的专利价值度

　　7)重点专利申请人介绍

　　(1)发明人主导的血管打印专利技术产业化。根据世界卫生组织统计，全世界每年死于心脑血管疾病的人数高达 1500 万人。2010 年，全球冠状动脉手术为 333 万例，全球介入性心血管疾病治疗市场规模超过 158 亿美元，这一数字将于 2018 年超过 251 亿美元，3D 生物打印拥有广阔的市场前景。蓝光英诺公司成立于 2014 年，是一家典型的科学家创业企业，基于其首席执行官和首席科学家康裕建教授于 1996 年起对干细胞的研究基础，研发团队于 2014 年开启生物砖(Biosynsphere)研发项目，并于 2015 年发布 3D 生物打印创新体系和 Revotek-B 3D 生物打印机、Revotek-T 3D 生物血管打印机两款重要产品，奠定了其在 3D 生物打印领域的国内领先地位。2016 年底，蓝光英诺的 3D 生物打印血管在动物体内实现了植入，其原理是利用取自恒河猴自体的脂肪间充质干细胞，制备成 3D 生物打印"墨汁"，应用蓝光英诺自主研发的 3D 生物血管打印设备制造出具有生物活性的人工血管，并将其置换了猴体内的一段动脉血管，引起国内外广泛关注。公司以生物砖技术为核心的 3D 生物打印将在 3D 细胞培养、胚胎学研究、细胞疾病模型、细胞治疗、诱导组织再生、诱导血管再生、用药预测、损伤修复、再生医学、修复、替代病变组织和器官等领域发挥突破性作用。

　　目前该公司的主要技术产业化领域可概括为 3D 生物打印体系的构建，即通过生物砖技术，全周期调控干细胞的胚胎发育过程，推动干细胞干性保持和分化调控技术产业化。在此基础上，在 3D 生物打印设备技术上取得技术和产业化突破，通过无支架 3D 打印技术，推动个性化打印活性复杂组织和器官的产业化。再经过 3D 生物打印后处理技术，最终形成完整功能的组织器官，推动复杂组织和器官再造的产业化。3D 打印时代意味着智能制造与互联互通，通过多场耦合仿真和云计算技术，实现对人体复杂结构的 3D 建模、数据采集、图像处理、可视化处理，最终推动人体大数据在智慧医疗和精准医疗中的产业化，形成一个 3D 生物打印数据信息云平台和有机循环的产业创新系统。

　　专利布局应走在技术研发之前，这也是大多数科技型创业公司容易忽略的一点。蓝光英诺是 3D 打印领域以发明人为主导的显性知识与隐性知识相结合并实现技术产业化的典型范例，通过对以该公司首席执行官兼首席科学家康裕建为发明人的专利进行检索，共检索到已授权发明专利 6 件，发明申请 19 件，中国台湾专利 2 件，世界知识产权组织专利 2 件，通过对这些专利文件的分析可以发现，该团队在 2016 年以前将重点放在药物组合物、短肽等生物制剂的基础研究上，随着知识基础的不断积累和研发团队的不断扩大，2016 年起的专利文件则开始布局生物打印、生物砖、3D 生物打印装置等应用领域，且在公司成立前就已积累了多件专利。通过专利文本的共词分析可知，蓝光英诺的 3D 生物打印技术主要集中在纳米生物材料、生物制剂和修复材料的研发和制造上(见下图)。由于技术的复杂性，专利的转让、许可和由他人转化实施具有一定难度，蓝光英诺公司基于发明人团队的专利技术直接产业化和后续的应用创新具有一定的必然，也反映了 3D 打印专利作为发明人主导的科技成果转化载体的可行性，由发明人成立公司直接实施 3D 打印专利是目前该领域的普遍模式。

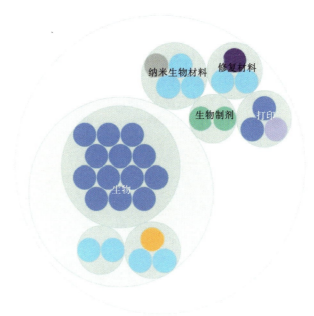

图 8-10　四川蓝光英诺公司的 3D 生物打印专利共词聚类分子图

通过该案例可以看出，3D 生物打印作为一种复杂的 3D 打印技术，其产业链条较长、技术创新密集、技术迭代较快，因此，以专利为导航的技术创新模式在企业发展和技术产业化中有必要发挥更大的作用。目前，该公司专利申请和布局虽处于起步阶段，但其对知识产权管理与运营的重视程度也在不断加强，从企业对知识产权尤其是专利人员迫切需求上就可见一斑。科学的专利预警跟踪和全产业链的前瞻性专利布局能够有效引导企业规避风险、指导研发方向、实现智力资源的价值实现。同时，企业也应高度重视专利申请前的各类信息发布，避免专利内容被新闻报道、学术论文、国际会议等提前公开，破坏了专利的新颖性，给企业造成损失。

（2）医工交叉融合的器官 3D 打印。作为 3D 打印的新生代特色研究机构，浙江大学在 3D 打印领域的一大特点是生物医学与机械工程的交叉融合，其专利申请中的"3D 生物打印造影剂"、"生物活性器官制造方法"、"3D 生物打印的内置营养通道"以及"生物活性多孔支架"、"3D 生物打印喷头装置"等主题可鲜明体现这一点。基于浙江大学机械工程学院傅建中教授研究团队在 3D 打印机械结构方面的研究基础，融合了生物、医学多学科研究人员，成立了浙江大学 3D 打印/增材制造/生物制造实验室，现已开发了实验室级生物 3D 打印机、柔性电子 3D 打印机、微流控芯片 3D 打印机、细胞三维加载实验仪、血管 3D 打印机等设备，并于 2015 年在 3D 细胞打印的营养输送方面取得突破，为器官整体打印提供了重要铺垫。

生物打印技术在主动脉瓣、种植手术导板、人工下颚等领域已实现应用，血管打印亦已初步实现，活体器官打印是未来的终极目标。浙江大学该团队主要研究人员的专利成果主要集中在 3D 打印机械结构与装置、微机械，基于专利情报发现，2015 年起，浙江大学该团队的技术轨道发生了重要调整，逐步转向与生物工程和医疗技术相关的研究领域，多项专利申请涉及细胞培养、生物兼容性材料，这种由一个技术轨道向另一个技术轨道转移、并轨的发展模式体现了 3D 生物打印的多学科交叉融合特点，学科交叉越多，其研发成果的应用潜力就越大，学科交叉越深，其基础研究取得突破的可能性就越大，这也是未来 3D 打印技术和学科发展的方向之一，即由多学科交叉走向多领域融合与协同。对浙江大学的 3D 生物打印相关专利进行共词聚类后发现，其 2015 年以后的专利技术优势已转移到具有生物兼容性的材料制备与打印细胞培养方面，其中也包含浙江大学高分子科学与工程领域研究团队在生物兼容性皮肤组织 3D 打印方面所取得的专利成果。

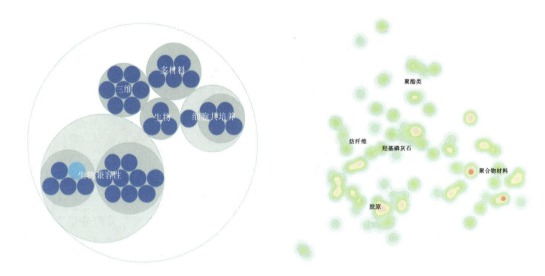

图 8-11　浙江大学的 3D 生物打印专利共词聚类分子图

（3）面向 3D 生物打印的临床应用。华南理工大学于 2009 年建立了国家人体组织功能重建工程技术研究中心，该中心致力于开发使人体患病或缺失的组织功能得以修复重建的各种技术以及医疗产品，换言之，就是利用 3D 生物打印技术，实现人体组织修复与重建，推动 3D 生物打印在医疗领域的应用。通过专利检索分析发现，华南理工大学杨永强教授团队在人体组织修复领域已申请了多项专利，代表了华南理工大学当前在 3D 生物打印领域的研究方向，团队自 2001 年起就探索研究 3D 生物打印，在牙科的牙冠固定桥、个性化舌侧托槽、膝关节的假体、外科手术导板以及植入体等方面开展了大量基础研究与应用实验。以采用 3D 打印制作烤瓷牙为例，德国的设备一次能直接制作 200－250 个牙冠，华南理工大学该团队研发的设备能一次制作 100 多个，但其成本却只有用德国设备的四分之一。同时，手术导板打印技术已经成功实现了在 20 余种外科手术中的应用，在多孔骨和植入体方面，也实现了人体植入的各项指标要求。

基础研发与申请专利的最终目的是实现技术的产业化应用，该团队从一开始就将 3D 生物打印定位为一种面向临床应用的应用型技术，在产业化初期通过与广州瑞通生物科技有限公司的合作，科研人员以技术入股的形式，实现校企合作，借助企业在市场运营和技术管理方面的优势，实现了研发与市场的紧密结合，大大缩短了基础研究与产业化应用之间的距离和周期。华南理工大学的专利文本共词聚类显示，其则在骨骼和软骨修复、假牙、全膝关节置换、梯度材料方面具有研发优势。

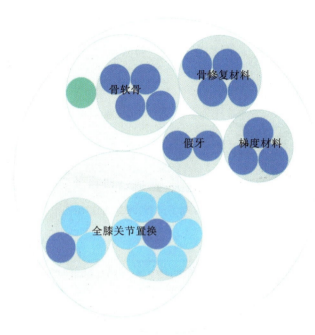

图 8-12　华南理工大学的 3D 生物打印专利共词聚类分子图

（4）积极获取高质量核心专利。麻省理工学院（MIT）最早的生物打印专利可以追溯到 1994 年主题为"PREPARATION OF MEDICAL DEVICES BY SOLID FREE-FORM FABRICATION METHODS"（专利号：EP724428B1）的专利，该专利是通过固体自由成型技术，配合生物活性剂促进细胞生长，制造可供医疗使用的装置。这件专利包含 31 项权利要求，扩展同族专利数量达到 206 件，简单同族也达到 16 件，布局国家包括了美国、WIPO、日本、韩国、英国、加拿大、澳大利亚和欧洲主要国家等 11 个国家和地区。其所引证的 5 件专利分别从聚合物多层膜、粉末打印原理、骨假体合成制造、生物组织体内生长结构矫正、印刷电路和制造试剂测试方法五个方面构建了该专利的知识基础，该专利及其同族专利在全球被引用 181 次，先进性好，涉及 13 个 IPC 小组，应用领域十分广泛。这些共同构成了一件高质量核心专利的要素组成，对我国的产业层面的专利质量提升工程具有启示意义。

作为全球技术领先的 3D 生物打印研究机构，MIT 在本领域的专利往往由于其先进的概念和超前的研发成为其他机构密切关注的高被引专利，因而 MIT 的专利主题词也就能揭示 3D 生物打印技术的一些热点。图 8-14 中的主题 1 反映 3D 生物打印的主要工艺技术，主题 3 是材料上的热点词汇，主题 2 则列出了其在医疗上的热点应用，包括了骨诱导、生物活性、组织再生、血管化、骨形态、植入、磷酸钙、医疗设备、药物传递。对应用领域的识别和挖掘是促进专利技术走向市场的重要步骤，也是将专利文本与技术市场建立联系的关键纽带，具有广泛应用潜力的专利技术才是好的专利技术。

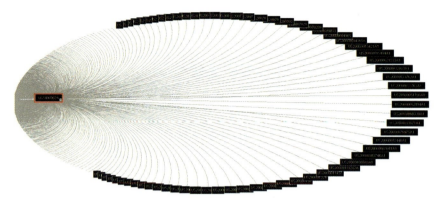

图 8-13　MIT 专利 US5490962A 的被引图谱

主题1	主题2	主题3
☐ Fabrication ▼	☐ Osteoinductive ▼	☐ Controlled release ▼
☐ Manufacturing pr...▼	☐ Osteoconductive ▼	☐ Bioavailability ▼
☐ Computer aided...▼	☐ Bioactive ▼	☐ Insoluble material ▼
☐ Manufacturing ▼	☐ Tissue regenerati...▼	☐ Formulations ▼
☐ Lithography ▼	☐ Vascularized ▼	☐ Solubilization ▼
☐ Computer assisted ▼	☐ Bone morphoge...▼	☐ Active pharmace...▼
☐ Encapsulating ▼	☐ Implantation ▼	☐ Oral dosage ▼
☐ Three-dimension...▼	☐ Calcium phosphate ▼	☐ Non-toxic ▼
☐ Functionally equi...▼	☐ Medical devices ▼	☐ Solid free ▼
☐ One or more of ▼	☐ Drug delivery ▼	☐ Soluble material ▼

图 8-14　MIT 的 3D 生物打印专利主题词

8）中国专利特征与建议

中国应密切跟踪和分析本国专利申请特点，尽快制定 3D 生物打印产业专利战略，预警潜在的市场竞争与专利风险，培育和引导我国产业创新主体的成长。

（1）加强产业专利政策导向，维持发明专利申请的高位值。对专利数据统计可知，中国专利（含申请）中，发明申请占 71.67%，发明授权为 10.25%，实用新型 17.99%，外观设计仅为 0.09%（图 8-15）。虽发明授权数量小于实用新型，但发明申请数量所显示的绝对数量优势预示了中国在 3D 生物打印领域专利质量的显著提升。通常而言，发明专利较之于实用新型有着较高的法律稳定性和技术价值，其审查过程也相对漫长，一旦确权，发明专利的社会认可度和市场价值往往比较高，在中国当前实施专利质量提升工程的背景下，应继续强化产业专利政策导向，为战略性新兴产业发展提供更多高质量发明专利及其专利组合。3D 生物打印发明专利申请占比的优势会给该产业的发展注入长久的"强心剂"，我国 3D 生物打印发明专利申请跨越简单创新并逐渐升级为复杂与系统创新的特征已可见一斑。

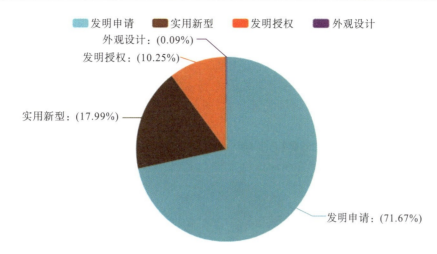

图 8-15　中国三种专利的比例特征

(2)技术与产业发展应考虑不同区域的专利技术优劣势。中国 3D 生物打印专利申请在各省区的分布前十位由高到低以此为广东省、北京市、浙江省、上海市、江苏省、山东省、陕西省、四川省、湖北省、天津市(图 8-16)。其中,广东在各技术领域的优势均较为明显,具有良好的产业化基础,北京在 A61F、A61L 两个技术领域优势较大,浙江则在 B29C 领域具有一定优势,广东、北京、江苏在各技术领域均有所涉及,产业化基础比较全面,不同区域之间可以通过技术合作发挥各自在产业链上的优势、弥补不足、共赢发展,在培育 3D 生物打印产业中心时,也应充分参考各区域的技术优势特征,建立特色化、差异化的技术和产业发展模式,让具备良好专利技术基础与智力储备的区域优先成为产业集聚区,发挥区域优质技术资源的辐射和带动作用。

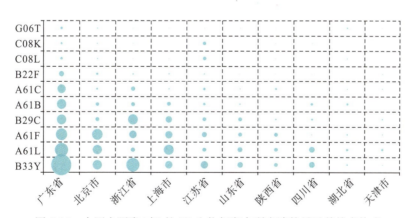

图 8-16　中国主要省(市)的 3D 生物打印专利申请数量及其技术构成

(3)来自企业的专利申请有待提升。从专利申请人视角来看,中国专利(含申请)的申请主体可划分为大专院校、企业、个人、机关团体、科研单位五类,大专院校的专利占比达到 34.23%,高于企业占比的 32.79%,个人申请专利占比接近 20%。企业占比不到

1/3 的现状意味着专利技术的产业化程度不高，存在一定的技术和市场脱节的情况，大专院校和个人申请专利的动机大部分并不是专利的直接产业化，但在技术发展初期由大专院校申请的一系列专利往往构成了本领域的一系列原理性技术方案，即基础专利，这类专利可以以技术投资为目的进行前瞻性的专利运营与收购，重点培育具有技术优势的 3D 生物打印企业是实现产业发展的关键步骤(图 8-17)。

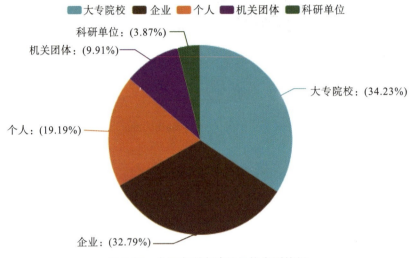

图 8-17　中国专利申请的机构类别特征

　　(4)强化专利合作申请与合作发明网络。技术合作不仅能够在技术上取长补短，而且能够通过合作实现战略整合和协同创新。专利合作包含两个层面：①专利合作申请，即不同机构合作申请一件专利，不同主体机构之间通过共同投资、合作研发某一技术项目，以合同形式约定专利申请的权利归各方共有，专利授权后，最终成为专利的共同权利人，这类合作既能反映不同主体间的技术合作关系，亦能体现战略和市场层面的网络关系；②合作发明，发明人是专利技术方案的提出者和知识来源，掌握着专利中涵盖的各类显性与隐性知识，对发明人之间合作状态的分析是对技术专家合作动态的揭示，有助于从人的个体层面监测技术合作态势。本部分依托 Thompson Innovation 和 TDA 专利分析软件并基于与上文相同的专利检索策略对 3D 生物打印专利申请中的合作关系进行跨数据库可视化呈现。

　　①申请人合作。由图 8-18 可知，我国 3D 生物打印专利申请人之间的合作才刚刚开始，技术研发较为分散。在全部的专利申请中，仅有 7 件是由两家机构或个人合作申请的，其中以 MIT 与 Therics 公司之间的合作申请量最大(共 5 件)、另外两件合作申请军均来自中国，分别是清华大学与北京大学附属医院的合作申请以及中国的两位个人之间的合作申请，其他申请均由单一机构或个人提出。可见，较之于中国申请人，美国申请人之间的合作强度更大，概括而言，我国 3D 生物打印技术研发仍处于独立研发、各自为战的阶段，尚未形成广泛的技术许可市场和技术合作态势，技术知识尚无通过合作实现明显的跨境流动和跨机构类别流动，也未形成专利技术合作的网络中心节点。应通过建立 3D 生物打印技术和产业联盟促进不同主体间的专利合作，尤其是促进研发机构与企业

之间、不同国别的机构之间的合作申请，鼓励我国 3D 生物打印专利技术的许可和转移，推动专利技术由实验室向市场转化以及技术的跨境转移。

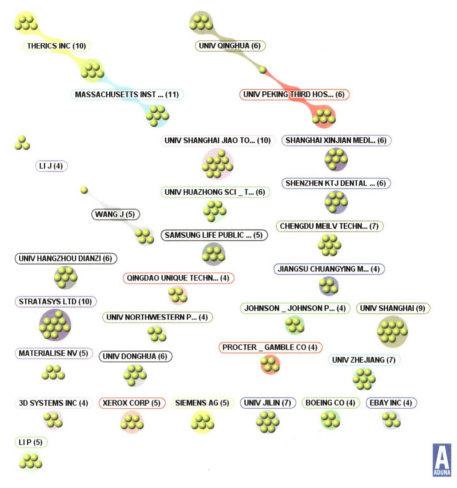

图 8-18 中国专利申请人合作关系图

②发明人合作。发明人是专利技术研发的直接参与者，从 3D 生物打印专利发明人合作关系图可以看出(图 8-19)，发明人合作形成了 6 个主要关系链，合作的一大特点是具有明显的地域和机构分割属性，即发明人的合作网络中的中外分割明显，中国发明人倾向于与中国发明人合作，尚无出现中外方之间的发明人合作，技术合作主要封闭在同一机构内部。外方发明人合作网络中以美国发明人为主，同专利的申请合作类似，专利发明人合作亦尚未形成广泛的网络结构和网络中心节点。Xu Ming-en、Qin Yan-guo、LIU Fei 等专利申请较多的发明人更多倾向于独立研发而非合作，相反，存在合作网络中的发明人则主要为技术实力不太突出的发明人。核心研发人员的流动能够带动知识的流动，发明人之间的合作与知识整合能够催生新知识的产生，未来应积极引导和鼓励具备研发实力的 3D 生物打印科研人员的合作与适度流动，调动他们在本领域内的带动效应，产生更多高质量的合作研发成果，实现 3D 生物打印前沿技术知识的互补整合、要素重组与快速迭代。

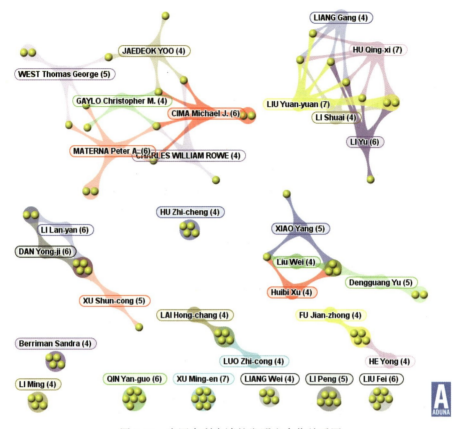

图 8-19　中国专利申请的发明人合作关系图

8.2　惠普的 3D 打印技术创新之路

　　惠普(HP)的 3D 打印之路可概括为其创新之路,惠普之道的精髓即是创新,创新镌刻在其基因里("innovation is in our DNA")。自 1939 年以来,惠普已经成为技术与企业文化的领导者,激励着全球的创新者和企业家。惠普公司的主要产品是计算机和打印机。作为打印机的世界领先者,HP 是世界第一流的打印机供应商。该公司为打印机制订技术、性能和可靠性标准,其中包括 HP LaserJet 和 DeskJet 打印机、DesignJet 大格式打印机、ScanJet 扫描仪、OfficeJet 单体和 CopyJet 彩色打印－复印机。惠普公司的喷墨产品集团是世界最大的喷墨打印机制造商、世界最大的彩色打印机制造商、世界最大的家用光电扫描仪制造商、世界最大的大格式喷墨打印机制造商、美国最大的整体产品制造商、世界最大的光电优质打印机制造商。惠普公司的 LaserJet 解决方案集团是世界最大的激光打印机制造商、世界最大的台式和网络扫描仪制造商、世界最大的打印服务器制造商、世界最大的网络打印机管理软件供应商。

　　1)惠普创业初期

　　1934 年,刚从斯坦福大学电气工程系毕业的 Dave Packard(戴维)和 Bill Hewlett(比尔·休利特)去科罗拉多山脉进行了一次为期两周的垂钓野外露营。他们由于志趣相投而结成一对挚友。此后，比尔在斯坦福大学和麻省理工学院继续研究生学业，而戴维则在通用电气公司找到一份工作。受斯坦福大学教授及导师 Fred Terman 的鼓励和支持，二人决定开办公司并"自己经营"。1938 年，戴维夫妇迁居至加利福尼亚州 Palo Alto 市 Addision 大街 376 号。比尔·休利特就在这栋房子后面租下一间小屋。比尔和戴维用 538 美元作为流动资金，并利用业余时间在车库里开展工作，此时车库里仅有一台钻床。此后不久便成立了合伙公司，二人通过抛硬币来决定公司名称。公司建在这间汽车库里，第一个产品是阻容式声频振荡器(HP200A)。华特迪士尼电影公司订购了 8 台振荡器(HP 200B)用于制作电影"幻想曲"。直到 1947 年，惠普注册为股份制公司。随着惠普制定出公司的目标，惠普自此走向一条全球化经营管理的道路。

2)惠普的 2D 打印

1958 年惠普首次收购公司成功：F. L. Moseley 公司(加利福尼亚，Pasadena)，这是一家高质图形记录仪的生产厂商。这次收购标志着惠普进入印刷行业。1966 年，公司的中心研究机构惠普实验室成立，它是惠普公司开拓创新的核心机构，是世界领先的电子研究中心之一。两年后，惠普在美国申请第一件发明专利——双面印刷电路板。该发明有效地提高了导线分辨率，并提供了良好的电路之间的连接路径。

在此后的发展中，惠普利用激光技术生产出可测量百万分之一英寸(1 英寸＝2.54 厘米)长度的激光干扰仪，惠普激光干扰仪仍是目前微处理芯片制造中首选的仪器。1974 年，在美国、德国、英国、加拿大申请第一件关于热敏打印的同族专利。这标志着惠普开始拥有自主研发的热敏打印技术，是惠普步入打印机市场的新起点。惠普的 20 世纪 80 年代这十年标志着惠普已成功步入打印机市场。1980 年在美国、德国、英国、法国、加拿大国际布局滴墨系统专利。随后进入中国市场，在北京设惠普代表处。

在惠普国际化布局中，专利的地位尤为重要。1982 年，其研究开发应用热流技术用于打印机，同时实现了喷墨打印专利的国际布局，并逐年加速申请并被授权 23 件热流喷墨打印专利。惠普的喷墨技术首次应用到 HP Thinkjet 打印机上。同年，推出公司最成功的单机产品：HP LaserJet 激光打印机。今天的激光打印机已被业界视为激光打印机的世界标准。

1988 年惠普台式喷墨打印机 HP DeskJet 作为公司的第一个面向大众市场的喷墨打印机；1990 年推出 HP LaserJet III 激光打印机；1991 年，HP DeskJet 500C 彩色喷墨打印机与彩色桌面打印技术，极大地降低了彩色打印的成本；1993 年交付第 1000 万台 HP LaserJet 激光打印机，惠普已售出 2000 万台打印机；1994 年推出 HP Color LaserJet 彩色激光打印机；响应互联网时代；1996 年又进一步推出 HP LaserJet 5SI "网络打印机"；紧随其后，惠普实验室为惠普的产品和服务提供了一种管道成像创新——数码影像，如自适应照明、色彩平衡和自动去除红眼、添加一个"自定义照片颜色模型"。同年，惠普推出激光打印机的最新成员 HP LaserJet 6L 打印机。这种将取代 HP LaserJet 5L 的激光打印机以低于 4000 元的市场建立销售价为商业用户提供专业水准的打印性能，打印速度已从每分钟 4 页提高到 6 页，而工作周期则从每月 4000 页增加到了每月 6000 页。

进入 21 世纪后，惠普因热喷墨技术的发展和商业化得到 IEEE 的企业创新奖。在技术创新方面，惠普宣布基于喷墨打印平台也不断取得快速的进展，喷墨打印头作为一个单元通过光刻处理被组装，而不是在后期制作焊合在一起。2006 年销售一亿台激光打印机；并推出一个通用的 4.25 英寸热喷墨打印头平台，后被应用于惠普大幅面 Latex 打印机和惠普乳胶彩色喷墨打印机的 PageWide 打印操控系统。2010 年开拓新的打印模式——网络打印。世界上第一台家庭联网打印机诞生。用惠普触控式（HP TouchSmart）网络笔记本与惠普数码相机（HP Photosmart）溢价，允许用户使用打印机作为他们唯一的访问设备从网上打印。提供了主机的应用程序，包括搜索电影的能力，提前在家里买票和打印门票。惠普在环境方面的努力实现了几个里程碑，包括生产超过 10 亿个用回收塑料制造的墨盒，世界上第一台无聚氯乙烯（PVC）打印机——惠普 HP Envy 100 e-All-in-One 多功能一体机（涵盖功能：打印/复印/扫描。打印、复印速度：黑白 27 页/分钟。彩色：22 页/分钟，分辨率：4800dpi×1200dpi，其他打印速度：4″×6″彩色照片：70 秒）。惠普在业界第一个提出移动打印解决方案，预示移动打印逐步成熟。使用云计算，用户可以从任何联网打印设备（智能手机、平板电脑、上网本和其他更多）通过发送电子邮件给任何可接收新的电子邮件的惠普打印机。惠普 ePrint 打印机，如果你可以接收电子邮件，你就可以打印出来。2012 年，在德鲁巴推出的众多惠普数字印刷平台在亚太地区出货，包括 HP Indigo10000、7600 和 5600 数字印刷机，HP T410、T360 和 T230 彩色喷墨卷筒印刷机，HP S&D FB7600 工业印刷机以及 HP Designjet L28500 和 L26500 Latex 打印机。2013 年，惠普庆祝另一个里程碑——通过多年的创新，销售 2 亿台激光打印机。在其高性能系列台式多功能一体机中，惠普推出了 PageWide 打印技术——HP Officejet Pro X 惠商系列秒速级打印机。它是吉尼斯世界纪录打印最快的是办公室彩色桌面打印机，使用一个 8.57 英寸四色打印头，这些多功能一体机在美国 Letter A/A4 纸上的打印速度可达 42 页/分钟。授予它激光打印机的速度效益，同时保持了彩色喷墨打印质量，使得惠普 Officejet Pro X 系列打印速度更快，使用更少的能量，更高效和更少的成本。2014 年惠普公司一分为二——Hewlett Packard Enterprise 和 HP Inc. 两家上市公司。惠普企业着力发展云计算解决方案；惠普公司则着力生产打印机和 PC 个人电脑，特设独立的 3D 打印集团，Stephen Nigro 任 3D 打印总裁。这能够使惠普的业务发展速度加快，灵活性更高，创新速度也更快。

　　3）惠普的 3D 打印

　　2014 年 10 月 29 日上午，惠普公司召开新闻发布会，正式推出其多射流熔融 3D 打印系统（MJF），该技术主要用于高增长的商业领域。多射流熔融技术旨在解决当前 3D 打印技术面临的三个主要问题：速度、精度和成本。

　　2015 年 10 月，惠普的 Multi Jet Fusion（MJF）3D 打印平台被披露后，3D 打印技术成了该公司对其产品更大愿景的重要部分。这个愿景就是所谓的"混合现实（blended reality）"，首席技术官 Shane Wall 对这一概念进行了阐述，将混合现实系统分为三个不同的部分：3D 转化（3D transformation）、超级便携（hypermobility）和万物联网（Internet of all things），进入 3D 打印市场是一个能让惠普业务获得增长与成功的重要战略。

　　2016 年 5 月 17 日，推出 HP Jet Fusion 3D 打印机，并用于 2D 喷墨打印机零部件生产。HP MJF 3D 3200 和 HP MJF 3D 4200 的主要功能包括高速打印速度、基于体素基础上的热控制、材料的可重复利用和开放的材料平台。采用多射流熔融技术，与现有 3D 打印系统相比，速度是其 10 倍，成本降低 1/2。可快速产生原型产品及进行产品生产。

2017 年 2 月，爱尔兰 Leixlip 的工厂即将关闭。自 1995 年以来，该工厂一直是惠普业务战略中的一个重要部分。随着 2D 打印机逐渐退出历史舞台，惠普希望能平稳过渡到 HP 3D 打印机的生产上。3D 打印技术的投资潜力已被确定为激励惠普进行战略变革的关键性因素。惠普重申其战略，称"惠普的全球打印业务致力于不断提高效率和节约成本，从而能够投资新的市场机会和增长点，如 3D 打印"，逐渐将资金引入 3D 打印业务。

2017 年 3 月 15 日，惠普与材料巨头阿科玛（Arkema）、巴斯夫（BASF）、赢创（Evonik）和 Lehman & Voss 等结成合作。对惠普来说，这些材料合作伙伴为他们的 Jet Fusion 3D 4200 和 Jet Fusion 3D 3200 设备开启全新的可能。同时，发布 Avatar Platform 可获取人体 3D 扫描数据，并宣布位于美国俄勒冈州科瓦利斯市的 3D 打印耗材和应用实验室投入运行。这家实验室占地 3500 平方英尺（约合 325 平方米），惠普期望将其建设为行业顶尖级实验室，为合作伙伴的 3D 打印材料研发提供测试（表 8-2）。

表 8-2　惠普 2D 打印产品及其与 3D 打印的技术关联

时间	产品	技术特点	与 3D 打印的技术关联
1984 年	HP Thinkjet 喷墨打印机	喷墨技术首次应用	3D 打印耗材喷嘴
1984 年	HP LaserJet 激光打印机	迅速成为世界上最受欢迎的个人台式激光打印机	基于激光烧结 3D 打印技术
1988 年	HP DeskJet 惠普台式喷墨打印机	作为公司的第一个面向大众市场的喷墨打印机。	桌面级 3D 打印机
1991 年	HP DeskJet 500C 彩色喷墨打印机	惠普实验室的科学家创建基本颜色（sRGB），使用压缩和半色调算法，极大地降低了彩色打印的成本	多种材料的 3D 打印
1994 年	OfficeJet 打印/传真/复印一体机	全球第一个大众市场一体化的设备	线上桌面级 3D 打印
1997 年	HP LaserJet 6L 打印机	打印速度已从每分钟 4 页提高到 6 页，而工作周期则从每月 4000 页增加到了每月 6000 页	提升 3D 打印速率的技术原理
2010 年	HP Envy 100 e-All-in-One 多功能一体机	涵盖功能：打印/复印/扫描；打印复印速度：黑白 27 页/分钟；彩色：22 页/分钟；分辨率：4800×1200dpi；其他打印速度：4″×6″彩色照片：70 秒	3D 打印设备的多功能一体化
2012 年	HP officejet 150 Mobile All-in-one 便携式喷墨一体机	让移动打印与复印、扫描触手可及；打印速度每分钟高达 22 页（黑白）、18 页（彩色），通过选配的照片墨盒，可轻松实现 6 色专业级照片打印；而一次充电即可支持 500 页文档打印的标配大容量锂电池；同时，支持大容量墨盒设计，黑白和彩色打印的成本最低仅为 0.33 元和 0.81 元	3D 打印设备的便携式设计
2013 年	HP Officejet Pro X 惠商系列秒速级打印机	它是使用一个 8.57 英寸四色打印头，这些多功能一体机在美国 Letter A/A4 纸上的打印速度可达 42 页/分钟；授予它激光打印机的速度效益，同时保持了彩色喷墨打印质量	提升 3D 打印速率
2016 年	HP Page Wide C500 印刷机	高度通用经济实惠的瓦楞纸印刷解决方案，可提供胶版印刷质量，直接在纸板上印刷，突出了数字印刷的创新性、高速度、高性能	3D 打印的工业实用性
2016 年	HP Indigo 12000、8000、7250、7900、5900 和 50000，HP Indigo WS6800 和 8000 数字印刷机	显示了全数字化组合式印刷机的优势，所有功能都可以单点控制；为标签和包装企业提供更出色的服务；印刷机连接至 Print OS 应用，帮助客户提高日常印刷生产量和印刷性能	3D 打印的个性化定制与工业实用性

续表

时间	产品	技术特点	与 3D 打印的技术关联
2016 年	HP Latex 500 系列打印机和 HP Latex 1500 打印机	一款可靠而经济实惠的超大幅面打印解决方案，利用第三代 HP Latex 技术，印品打印完成后已完全干燥且具有抗刮能力；采用 HP Latex Mobile 软件，客户能远程管理打印作业；帮助中到大型标牌和展架打印服务提供商提高生产效率	大尺寸的 3D 打印
2016 年	HP Jet Fusion 3D 3200 和 4200 3D 打印机	采用多射流熔融技术，与现有 3D 打印系统相比，速度是其 10 倍，成本降低一半。可快速产生原型产品及进行产品生产	高效率、低成本的工业级 3D 打印

4）惠普打印的专利概况

惠普作为新世纪高科技产业的领军企业，公司发明专利授权数量是评价其科技创新能力的核心指标。专利动态变化反映了企业新兴技术的发展态势和优势对比，一直以来被认为是研究技术创新和产业变革的重要数据资源。利用德温特数据库，截至 2017 年 4 月 1 日，作者检索得到惠普 2D、3D 打印技术专利授权情况（图 8-20、图 8-21）。结果显示：1971 年，惠普公司被授权第一件专利——"双面印刷电路板"；20 世纪 80 年代，滴墨系统、喷墨打印、激光打印技术专利提前布局；1991～2016 年，2D 打印技术专利授权数量呈现井喷状态；2004 年，第一件 3D 打印技术专利被授权，标志着惠普进入 3D 打印行业；惠普在进军 3D 打印领域的十余年间，尤其在 2014 年推出多射流熔融（multi-jet fusion）技术以后，专利数量迅速增长。

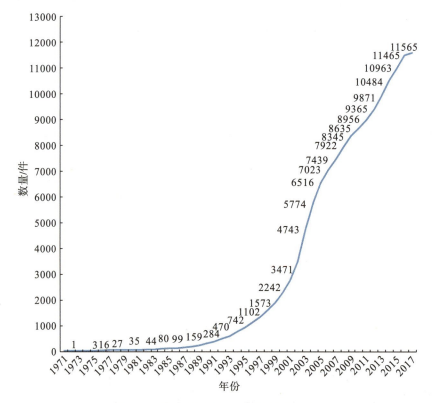

图 8-20　惠普 2D 打印专利授权数量变化

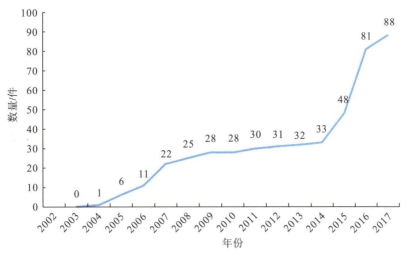

图 8-21　惠普 3D 打印专利授权数量变化

5）技术创新模式的战略选择

创新是企业保持长久成功的必备要素。许多企业都曾因为创新而成为业内的领先企业，但如今在这个高度不确定的超竞争环境下，在位企业的领先地位不断受到威胁，后发企业多凭借颠覆性创新，不断挑战在位企业的市场地位。而惠普作为行业巨头的在位企业，只有积极通过颠覆式创新（disruptive innovation）开启核心资产重塑之路，以突破原有技术惯域（technology habitual domains，THD），产生新的技术惯域，以破解走下霸主神坛的危机。

技术惯域是企业在一段时期内，拥有的技术及与该技术相关的、相对稳定的知识、经验和信息（简称"信元"）的集合。企业技术是其技术惯域的表现形式，而这些相对稳定的信元能够为企业应对环境变化，改变技术或技术创新提供解决方案。因此，技术惯域包含两方面内容：①技术惯域所表现的技术；②与技术相关的相对稳定的知识、经验和信息所形成的应对环境变化的潜在能力。

技术惯域具有稳定性和变动性的特征，持续创新过程是企业技术惯域不断演进的过程。其演化进程是从变动态到渐稳态，再到形成新技术惯域的新的稳变态过程，处于稳变态技术惯域有 3 种演进路径：由于技术惯域产生刚性、不再变化而进入刚形态；继续沿着原有技术惯域发展；或突破原有技术惯域，产生新的技术惯域。惠普打印技术惯域演进过程（图 8-22），属于第三种演进路径，变动态－渐稳态－稳变态－新技术惯域。

惠普 2D 打印技术惯域演进过程：①变动态：1973～1990 年，热喷墨技术第 1 代：传统的 DPI 技术——滴墨系统、热流技术、激光打印。②渐稳态：1991～2000 年，热喷墨技术第 2 代：惠普照片色阶增强专利技术；第三代"富丽图"色彩分层技术（HP PhotoREt3）；页宽技术。惠普开发出的"富丽图"技术（PhotoRetII）和第二代智能色彩增强技术（ColorSmartII）。第二代色阶增强技术是使喷头射出肉眼不可能看到的 10PL 的极微小墨滴，正因为有如此小的墨点，所以才能在每个像素中产生出更多种的变化，体现出成百上千层色阶的变化，使得在普通纸上都能获得满意的打印效果。2000 年 7 月，第三代"富丽图"色彩分层技术（HP PhotoREt3），HP Deskjet 948c 喷墨打印机具有惠

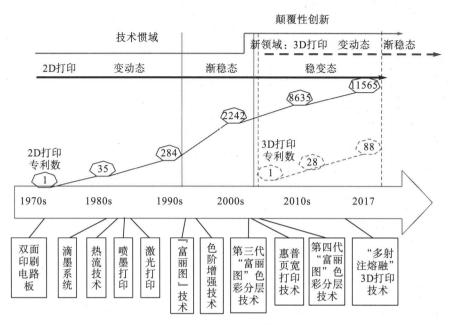

图 8-22 惠普打印的技术创新发展路径

普的专利技术第三代"富丽图"(PhotoREt)色彩分层技术并集成了惠普智能色彩三代技术(HP ColorSmart Ⅲ),能够自动调节打印色彩,强调输入输出物色差,所见即所得。2000 年 10 月,惠普创新研发独有的页宽技术(PageWide)专利授权,打印头宽度跟 A4 页面相若,令打印面更宽阔。③稳变态:2001 年至今,热喷墨技术第 4 代,第四代"富丽图"色彩分层技术。2002 年,惠普进一步发展了色彩分层技术和 Colorsmart 技术,推出了第四代"富丽图"色彩分层技术,并开发出数字图像增强技术。第四代"富丽图"色彩分层技术与惠普 57♯、58♯墨盒以及惠普新一代的 Colourfast 像纸组合使用可以轻松实现六色打印,打印出来的图像色调连续、鲜锐,清晰度高且可以保持超过 70 年不褪色。数字图像增强技术能够自动分析和优化图像,自动提高图像的对比度和曝光效果,令使用者无须进行复杂的操作,就能够对打印效果进行处理,处理图像更加"智能化"。2002 年,黑白激光打印机呈繁荣盛世,彩色激光打印机开始迅速发展。2005 年,黑白激光打印机普及,彩色激打引领彩色商务时代的到来。

"颠覆式创新"概念是由美国 Christensen 在 1997 年在《创新者的解答》中首次提出的。《创新者的困境》中提出颠覆式技术(disruptive technology)。颠覆式创新与一般创新的根本区别在于其具有颠覆性,即突破现有渐进式创新路径,采用与原来完全不同的技术或模式,实现对现有主流技术或模式的颠覆。而技术惯域的突破式变化并不同于颠覆式创新。颠覆式创新一般指创新成果相对于行业或市场的创新程度,与渐进式创新相对,而技术惯域的突破式变化是相对企业自身拥有的技术而言发生的变化。

惠普 3D 打印技术惯域演进过程:①变动态:2004~2017 年,"多射流熔融"3D 打印技术。2014 年惠普正式推出其多射流熔融 3D 打印系统(MJF)。2016 年 5 月 17 日,推出 HP Jet Fusion 3D 打印机,并用于 2D 喷墨打印机零部件生产。②渐稳态:2017 年以后,惠普将与 3D 打印巨头美国 3D Systems 公司、美国 Stratasys 公司和德国 Voxeljet 公司展开角逐。惠普选择的 3D 打印技术——"多射流熔融"3D 打印技术，依托核心喷墨技术和页宽技术。但是 3D 技术并不是 2D 打印的延续。因此，惠普的创新道路模式为通过颠覆式创新，使技术惯域演化进程不经过刚性态，直接向新的技术惯域成功过渡的创新道路模式。

6）惠普颠覆式创新与专利战略的协同

惠普选择的成熟型企业在技术惯域存在下的颠覆式创新道路模式，是惠普技术创新与专利战略协同发展的结果。在位企业改变技术惯域，进行颠覆式创新受诸多因素的影响。技术惯域会影响企业创新能力，表现为企业是否有能力选择合适的创新战略，以建立能够应对复杂市场竞争的技术惯域。惠普颠覆式创新是在惠普内部动力的驱使和外部良好的创新环境为契机的条件下完成的。

（1）颠覆式创新的内因。①知识产权文化。惠普的知识产权文化是惠普的核心竞争力。惠普总裁 Carly 说过："保留惠普的精髓，就是我们的创造力、核心价值观以及车库准则的精神，并对其余部分进行再创造与及时保护"。惠普的知识产权文化体现于企业管理的方方面面，不断创造与及时保护是惠普的基因，也是这么多年使惠普能够不断超越自我的根本原因，惠普强大的知识产权保护文化就是惠普的核心竞争力之一。②知识产权战略。企业战略根植于企业文化，HP 企业三大业务中：PC 萎缩；仅靠收购积累技术完成技术创新的手段与企业创新文化的矛盾；云业务走走停停。因此，惠普必须聚焦在传统 2D 打印技术的创新，将核心市场从 2D 打印向 3D 打印战略转移。随着 2D 打印技术的不断成熟，惠普希望能平稳过渡到 HP 3D 打印机的生产上，3D 打印技术的投资潜力已被确定为激励惠普进行战略变革的关键性因素。引导这一变革的关键，就是惠普的知识与技术资产战略，即高度重视知识产权的保护与运用，并通过专利的外部获取不断巩固并扩大优势。③核心技术。惠普喷墨打印从芯片、设备、再到墨水，100% 都是惠普的创新。在此基础上，3D 打印技术延续惠普独有的 2D 打印核心技术——热喷墨技术和页宽技术。这证明了惠普能像成立之初的惠普那样打造新颖而可靠的技术，开创属于惠普的 3D 打印系统。④知识产权组织架构。作为世界上拥有专利最多的企业之一，惠普于2003 年就成立了知识产权特许经营部，专门致力于开发、管理和经营惠普公司的各种专利、版权、商标以及商业秘密。企业组织架构多是基于企业主导战略而建立的。惠普既有在位企业提供的强大的资源、经济，避免资金不足影响创新，又有后发企业独立创新的优势，即兼具在位企业和后发企业的创新优势，加速推动惠普 3D 打印发展。

（2）颠覆式创新的外因。①2D 打印专利丛林。根据 Gartner 公布的数据，全球 2D 打印出货量在 2016 年第二季度同比下滑了 5.2%，这是 2D 打印连续第七个季度下滑。从2D 打印的专利数据之大可知，全球 2D 打印专利已形成庞大的专利丛林和专利饱和态势，专利权利交叠现象势必突出，这与产业发展的成熟度密切相关，从诉讼情况来看，围绕2D 打印的专利诉讼态势亦呈现多发态势，惠普也一直是专利诉讼的参与企业。②3D 打印专利激增。3D 打印技术自 20 世纪 80 年代进入科学家们的视野，经过了漫长的研发过程。2007 年，英国巴斯大学的机械工程高级讲师 Adrian Bowyer 博士开源其 3D 打印机技术，3D 打印机开始进入普通人的生活。此后，3D 打印迅速发展，在各行各业得以应用。不少研究显示，3D 打印已进入专利数量激增期。③制造业转型。3D 打印使得生产单个物品与批量生产几乎一样便宜，这就削弱了规模经济。它对社会影响的深远程度可比拟于 1750 年的蒸汽机，1450 年的印刷机和 1950 年的晶体管一样，没人能轻易预料。它将根本性的改变制造业，对每个相关领域都产生着巨大的影响。④技术创新合作。惠普与材料巨头企业阿科玛（Arkema）、巴斯夫（BASF）、赢创（Evonik）和 Lehman and Voss 等的强势合作，共同研发，降低研发成本。对惠普来说，这些材料合作伙伴为他们的 Jet Fusion 3D 4200 和 Jet Fusion 3D 3200 设备开启全新的可能。

如图 8-23 所示，企业创新能力包括技术机会识别能力、市场拓展能力、自我革新能力。自我革新意愿是企业导入颠覆式创新的关键预测指标。自我革新意愿是指企业准备降低其投资的实际或预期价值的程度，它是企业核心决策者的态度特性，并存在于企业的文化或共享的价值观和信仰之中。在企业内、外部环境双重作用下，企业有能力选择合适的创新战略，促使企业进行颠覆式创新。

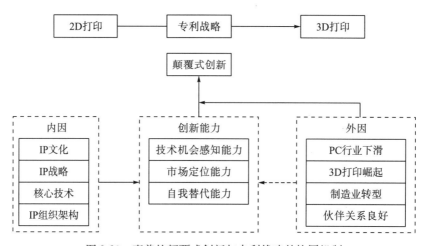

图 8-23　惠普的颠覆式创新与专利战略的协同机制

7）以专利战略为引领的企业知识产权战略

惠普从 2D 打印向 3D 打印的战略转移，体现了知识产权对技术创新的保护与激励。①专利进攻战略。首先惠普在进入 2D 打印和 3D 打印市场前，进行了大量的核心专利和外围专利的提前布局。在 2005 年，专利数量最多的技术领域为"以打印或标记工艺为特征而设计的打字机或选择性印刷机构（B41J 2/00）"。该领域是惠普公司专利申请量最重要的领域，从公开的专利文献可以看出，惠普的专利申请此时主要围绕流体喷射头组件及其制造方法进行。随着专利技术数量的积累与专利密集度的增强，技术创新的难度逐渐增大，专利申请的空间逐渐减少，使得这一领域的专利增长率有所降低，增长趋势放缓。相反，自 2004 年第一件 3D 打印专利授权后，其在 3D 打印业务围绕多射流熔融技术的专利授权量显著增加。②专利与产品结合战略。惠普每授权一项专利，均有与之对应的惠普打印产品面世，这些专利产品为惠普赢得巨大的市场。③专利与商标结合战略。惠普的品牌战略，让惠普进入千家万户，使公众一提到"HP"则即刻与其产品建立意识关联。④专利标准化战略，利用技术标准的建立和推广，在技术竞争和市场竞争中谋求利益最大化的策略。⑤专利收购战略。2016 年 9 月 12 日，惠普以 10.5 亿美元的价格收购三星的打印机业务。惠普将获得三星的激光打印技术以及约 6500 项相关专利。通过专利收购化敌为友，竞争转变为合作，极大拓展亚洲市场的打印业务，为亚洲市场的 3D 打印业务作铺垫。⑥专利诉讼战略。包括专利交易诉讼战略、专利掠夺诉讼战略、专利投资诉讼战略和专利诉讼防御战略。在激烈的市场竞争中，专利对外授权许可使用或经由诉讼赔偿所产生的巨额收益已经成为企业的重要收入来源之一，企业也更多地寻求通过专利诉讼战略来获得竞争优势。2015 年，惠普在全球范围内提起了一系列对抗侵权墨盒的专利诉讼，包括荷兰、西班牙、波兰、美国、中国等国家，多以专利许可方式达成和解。2015 年 8 月，Memjet 向美国加利福尼亚南区联邦地区法院起诉惠普公司，控告惠普侵犯其与页宽“waterfall”打印技术相关的 8 项专利，涉及惠普新推出的 3D 打印技术。在经历了一年的专利之争后达成了和解，双方签订交换专利特许权的协议。这些知识产权战略使得惠普在危机中获得新的市场格局。传统成熟型企业欲稳定其市场竞争优势地位，需知识产权战略布局与颠覆式创新的协同。概言之，企业的技术创新在如何平衡延续性创新和颠覆性创新方面的实践愈显重要，颠覆性创新成为企业自主创新并实现跨越式发展的关键。从某种意义上讲，只有那些能够提前进行知识产权战略布局，顺应产业和技术发展规律，及时把握颠覆性创新契机的企业，才能获取新的竞争优势。

第九章　结论与展望

9.1　研究结论

中国的 3D 打印专利技术正处在大规模产业化的历史起点上，这对于推动我国制造业转型升级，实现"互联网+制造"的生产模式具有重要意义。专利技术产业化战略作为专利战略的重要组成部分，对于推动科技成果转化和知识产权管理理论体系的完善有着迫切的现实意义。3D 打印作为一项复杂与战略性新兴技术，影响其专利技术产业化的因素来自商业模式、技术发展和专利制度等多个方面。面向中国 3D 打印专利技术产业化的机会与障碍因素有哪些？其驱动策略为何？本书围绕这两个基本问题，基于专利情报视角以及将技术创新、产业创新系统、专利技术产业化评价等理论出发点，通过理论与文献分析、案例研究、实证分析和法律政策研究等途径，得出如下一系列结论。

(1)基于产业创新系统理论和案例研究，中国 3D 打印专利技术产业化机会与障碍的分析框架由"战略性(S)—功能性(F)—外部性(E)—区域性(R)—制度性(I)"五构件组成，进一步将 SFERI 五构件进行归纳凝练，提出"战略性 S—技术性 T—制度性 I"的三构件分析框架，其中，三构件分别具体化为商业模式(B)、技术发展(T)和专利制度(P)。该框架的构建对于我国战略性新兴产业的专利技术产业化战略的制定和实施提供了全新的研究视角与分析维度。

(2)专利技术产业化机会与障碍的战略性方面，3D 打印的商业模式总体上是对零散型产业的整合，其市场空间主要体现在制造环节和服务环节两部分，专利情报可以刻画其技术发展空间。3D 打印技术产业化的商业模式机会包含了对零散型产业整合的机会、市场与技术空间机会、与传统制造业和互联网融合的机会，障碍则包括零散型产业的标准化障碍、市场需求与技术不成熟障碍、传统产业对 3D 打印技术兼容性的障碍和互联网商业模式下的知识产权风险障碍，其技术产业化应探索并深化以发明人为主体的显性知识与隐性知识相结合的战略模式选择。

(3)专利技术产业化机会与障碍的技术性方面，本书分别从专利竞争情报分析、个体专利的功能属性、产业的专利属性、区域和工艺的技术知识基础四个方面对 3D 打印专利技术产业化潜在机会与障碍因素的来源进行了理论与实证分析。①构建了面向技术产业化的专利竞争情报分析模型，将专利竞争情报分析划分为统计分析和计量分析两个层面，发现我国产业化的机会来自于激增的专利总量与技术市场的繁荣，而产业化障碍可概括为国内专利质量有待提升、海外专利布局意识较弱、关键技术差距明显、国外专利权人在华布局力度加大与创新主体结构单一，技术与市场之间存在一定的信息不对称。②立足于专利个体层面的技术功能属性，提出只有在功能上满足产业、市场和技术再创新需求的专利，才具备产业化的较大潜力。通过文本挖掘技术，建立专利技术功能分析的模型和路径,对个体专利的技术产业化潜力进行评价,发现产业化的机会领域。产业化的机会主要来自 3D 打印技术拥有诸多潜在的应用领域有待挖掘,在提升传统产业效率方面得到了专利情报的支撑,即在交通工具、激光加工、制造、材料、数字处理、建筑、核能核电等领域有较强的产业化适用性,作为新兴技术在"应用"竞争上还有一定上升空间,在专利撰写中应强化对技术功能效果的强调,产业化障碍来自于我国 3D 打印技术在医疗器械、图像处理、特殊机械等领域应用的技术成熟度和产业化潜力依然不高。③着眼于产业层面,提出对中国的产业专利偏好环境进行测量的必要性,由于 3D 打印涉及材料、机电、控制、软件等多个产业,其专利技术产业化机会与障碍的研究须从产业环境维度对技术所涉及产业的专利属性进行探析。研究发现,3D 打印所涵盖的六大产业领域的产业化成果的专利偏好普遍不高,高校作为中国 3D 打印的主要技术来源,在技术产业化中应起到更为积极的作用。此外,3D 打印产业的技术融合呈现多样性,但关键技术之间的紧密度分化明显。最后,技术知识的基础是技术创新与产业化的起点和技术经济测量的手段,决定了技术未来的产业化发展空间。本书评价和对比了我国不同区域和不同工艺进行产业化的专利技术条件与实施潜力,产业化的机会与障碍存在于区域和技术工艺的集群优势对比和决策选择上,发现 3D 打印专利技术的在江苏省的知识基础相对陕西省和湖北省更强,可提供的技术来源与组合、创新合作的基础更具优势,利于专利技术的实施和产业化的实现,数字光处理工艺的专利技术知识基础最优,选择性激光烧结次之,立体光刻居后,我国在产业化的工艺选择上,应考虑不同工艺的知识基础特性,避免新兴技术产业化的不科学决策和产能过剩。

(4)专利技术产业化机会与障碍的制度性方面,依托知识产权法经济学的一般理论,本书面向专利直接侵权、间接侵权、新的专利保护客体和职务发明制度进行机会与障碍因素分析和面向专利强保护的制度再设计。在专利直接侵权风险方面,直接侵权可能对 3D 打印产业发展制造"舆论障碍",应促进立法、产业推进政策的制修订,建立风险补给机制;专利间接侵权制度的不完善对 3D 打印产业的影响可能范围更广,相关产业主体应对此类法律风险进行防范;3D 打印电子文件的可专利性对于产业化主体的专利申请与布局、保护策略、法律政策制修订等也蕴藏着潜在的机会与障碍;现行的专利职务发明制度以及我国国有资产管理规定与《促进科技成果转化法》在原则上的不相适应,对中国以发明人主导的 3D 打印专利产业化存在一定的产业化实施风险。

(5)本书基于专利技术产业化机会与障碍的研究结论,提出了中国 3D 打印专利技术产业化的驱动策略。在战略性和技术性驱动方面,应用 SWOT 量化评价方法,提出了我国应采取偏向保守的调整型产业化战略,即 WO 战略,稳步推进 3D 打印产业的发展,具体而言,包括:构建符合 3D 打印技术特征的专利立体组合保护策略,培育高校的专利技术产业化能力,加强政策性激励对新兴专利技术产业化的引导和扶持,推进以"个人制造"为主要形式的 3D 打印中小企业的技术标准、标准必要专利导航与知识产权风险防控四个方面。在制度性驱动方面,从规则、机会、能力、沟通、利益、过程、观念七方面出发,提出制度再设计建议,实现我国 3D 打印产业生态系统的技术与制度协同创新驱动。最后,构建了面向新兴技术产业化的专利结构生态理论,为专利技术产业化提出了相应的政策启示。

9.2 探讨和深化

在本书撰写过程中与结束后作者反思发现，本书的研究在未来还可以从以下几方面进一步探讨和深化。

(1)本书的研究尚处在中国 3D 打印专利技术产业化的初期阶段，对专利技术产业化机会与障碍的研究维度是基于对理论与案例的分析、归纳和总结，属于前瞻性研究，随着专利技术产业化机制与模式的逐渐成熟，未来可对战略性新兴产业的专利技术产业化各影响因素逐渐分级细化，对各个因素的作用强度及其相互间作用进行量化研究，完善战略性新兴产业专利技术产业化战略的内涵。

(2)由于 3D 打印涵盖诸多技术领域、技术主题、工艺方法和产业链环节，本书涉及的专利数据是面向 3D 打印技术工艺进行的泛化检索、提取和分析，对全产业链的深入研究存在一定的局限性。未来可从诸如桌面级和工业级 3D 打印机、3D 打印材料、3D 打印软件、3D 生物打印等关键、具体、微观层面进行扩展性研究，构建战略性新兴产业的专利生态系统理论，以期建立更为系统的技术与产业研究范式。

(3)在 3D 打印与专利制度研究方面，本书基于法经济学的专利强保护原则基础对专利制度再设计进行的预测性分析。随着 3D 打印技术的普及、由 3D 打印引发的专利侵权案件的多发以及在专利法框架下专利实施较之于传统技术特殊性的显现，未来对 3D 打印与专利制度变革的互动研究将由概念探究转向实务分析，相关法律政策建议也将更为具体。

参 考 文 献

波特. 1988. 竞争战略[M]. 北京：三联书店.

蔡元臻. 2014. 3D打印冲击下专利间接侵权制度研究[J]. 科技与法律，(1)：142−159.

陈劲，梁靓，吴航. 2013. 开放式创新背景下产业集聚与创新绩效关系研究——以中国高技术产业为例[J]. 科学学研究，31(4)：623−629.

陈美超. 2009. CiteSpaceⅡ：科学文献中新趋势与新动态的识别与可视化[J]. 情报学报，28(3)：401−420.

陈美章. 2005. 关于大学专利技术产业化的思考(上)[J]. 知识产权，15(03)：3−7.

陈昭锋. 1999. 论高新技术产业化政府需求创造的功能与方式[J]. 南开管理评论，(3)：70−73.

范长军，郭志旭. 2014. 3D打印对专利产品修理与重作规则的挑战[J]. 华中科技大学学报(社会科学版)，(5).

甘绍宁. 2013. 战略性新兴产业专利技术动向研究[M]. 北京：知识产权出版社.

高继平，丁堃. 2012. 海峡两岸纳米技术专利比较及其产业发展对策[J]. 科研管理，33(06)：100−109.

国家知识产权局. 2016. 全国专利调查数据报告[EB/OL]. http：//www. sipo. gov. cn/tjxx/yjcg/201607/P020160701584633098492. pdf.

胡登峰，王丽萍. 2010. 论我国新能源汽车产业创新体系建设[J]. 软科学，24(2)：14−18.

黄洪波，宋河发，曲婉. 2011. 专利产业化及其评价指标体系与测度方法研究[J]. 科技进步与对策，28(15)：110−114.

黄鲁成. 2003. 区域技术创新系统研究：生态学的思考[J]. 科学学研究，21(2)：215−219.

黄鲁成，王吉武，卢文光. 2007. 基于ANP的新技术产业化潜力评价研究[J]. 科学学与科学技术管理，28(4)：122−125.

黄溶冰，李玉辉. 2008. 基于坐标法的SWOT定量测度模型及应用研究[J]. 科研管理，29(01)：179−187.

简志宏，李楚霖. 2002. 高新技术产业化的实物期权分析[J]. 管理工程学报，16(4)：76−79.

杰里米·里夫金. 2012. 第三次工业革命——新经济模式如何改变世界[M]. 张体伟，译. 北京：中信出版社.

拉莫特，孔明安，邢怀滨. 2005. 技术的文化塑造与技术多样性的政治学[J]. 世界哲学，(4)：83−91.

兰德斯. 2005. 知识产权法的经济结构[M]. 北京：北京大学出版社.

李晓华，刘峰. 2013. 产业生态系统与战略性新兴产业发展[J]. 中国工业经济，(3)：20−32.

李丫丫，赵玉林. 2016. 基于专利的技术融合分析方法及其应用[J]. 科学学研究，34(2)：203−211.

刘春田. 2014. 知识产权法(第五版)[M]. 北京：中国人民大学出版社.

刘红光，等. 2013. 国内外3D打印快速成型技术的专利情报分析[J]. 情报杂志，32(6)：40−46.

刘嘉宁. 2013. 战略性新兴产业评价指标体系构建的理论思考[J]. 经济体制改革，(1)：170−174.

刘林青，夏清华. 2006. 复杂产品系统背景下的专利战略基本逻辑研究[J]. 外国经济与管理，28(9)：8−15.

刘鑫，余翔. 2015. 3D打印技术对专利实施的潜在挑战与对策思考[J]. 科技进步与对策，(10)：101−106.

刘鑫，余翔. 2016. 基于功能分析的专利技术产业化适用性研究[J]. 科研管理，(11)：150−158.

刘岩，蔡虹，向希尧. 2014. 基于专利的行业技术知识基础结构演变分析[J]. 科学学研究，32(7)：1019−1028.

柳卸林. 2000. 21世纪的中国技术创新系统[M]. 北京：北京大学出版社.

卢文光. 2008. 新兴技术产业化潜力评价及其成长性研究[D]. 北京：北京工业大学博士论文.

卢文光，黄鲁成. 2008. 新兴技术产业化潜力评价与选择的研究[J]. 科学学研究，26(6)：1201−1209.

鲁志强. 2000. 加快制度创新促进高新技术产业化[J]. 管理世界，(03)：1−4.

罗军. 2014. 中国3D打印的未来[M]. 北京：东方出版社.

毛昊，刘澄，林瀚. 2013. 中国企业专利实施和产业化问题研究[J]. 科学学研究，31(012)：1816−1825.

彭勃，雷家骕. 2011. 基于产业创新系统理论的我国大飞机产业发展分析[J]. 中国软科学，(8)：41−47.

戚汝庆. 2012. 中国光伏产业创新系统研究[D]. 华中科技大学博士论文.

齐燕. 2015. 聚焦技术/知识的专利生态系统建模及分析[J]. 情报理论与实践, 38(4): 92－98.

任海英, 程善宝, 黄鲁成. 2013. 基于系统动力学的新兴技术产业化策略研究[J]. 科研管理, 34(5): 21－31.

沈滢. 2007. 现代技术评价理论与方法研究[D]. 吉林大学博士论文.

宋歌. 2016. 绿色技术产业化与专利制度创新问题初探[J]. 电子知识产权, (2): 68－74.

万长松. 2007. 对科学技术化与技术产业化的哲学思考[J]. 东北大学学报(社会科学版), 9(4): 289－293.

王玉民, 等. 2011. 专利可产业化辨识的蝉变模型[J]. 中国软科学, (7): 145－154.

乌尔里希·森德勒. 2014. 工业4.0: 即将来袭的第四次工业革命[M]. 邓敏, 译. 北京: 机械工业出版社.

乌家培, 谢康. 1999. 信息技术产业化与经济增长[J]. 中国工业经济, (1): 37－41.

吴菲菲, 陈明, 黄鲁成. 2015. 基于GTM的3D生物打印专利技术空白点识别[J]. 情报杂志, (3): 58－64.

吴汉东. 2002. 知识产权法[M]. 北京: 中国政法大学出版社.

吴继英. 2013. 我国专利产业化机制有效性评价研究[D]. 江苏大学博士论文.

徐作圣. 1999. 国家创新系统与竞争力[M]. 台北: 联经出版事业公司.

许培源, 章燕宝. 2014. 行业技术特征、知识产权保护与技术创新[J]. 科学学研究, 32(6): 950－960.

许琦, 顾新建. 2015. 基于马尔可夫链的专利产业化概率模型: 专利引证的视角[J]. 科研管理, 6(2): 10－19.

叶鹰, 鲁特, 武夷山. 2014. 三螺旋模型及其量化分析方法研讨[J]. 中国软科学, (11): 131－139.

尤瓦尔·赫拉利. 2014. 人类简史——从动物到上帝[M]. 北京: 中信出版社.

于晶晶. 2010. 基于专利组合分析的高新技术产业化项目评价研究——以青岛市10项高新技术产业化项目为例[D]. 青岛科技大学硕士论文.

于晓宇, 蔡莉, 谢富纪. 2010. 专利技术产业化机理、关键问题与驱动策略[J]. 科学学研究, 28(5): 681－689.

张惠琴, 邵云飞, 张宇翔. 2014. 基于专利分析的产品技术成熟度预测——以液晶显示技术为例[J]. 技术经济, 33(10): 1－7.

张平, 马骁. 2005. 标准化与知识产权战略[M]. 北京: 知识产权出版社

张治河. 2003. 面向"中国光谷"的产业创新系统研究[D]. 武汉理工大学博士论文.

张治河, 等. 2006. 产业创新系统模型的构建与分析[J]. 科研管理, 27(2): 36－39.

郑成思. 2001. 知识产权论[M]. 北京: 法律出版社.

郑友德, 王活涛. 2014. 论规制3D打印的法政策框架构建[J]. 电子知识产权, (5): 22－29.

中华人民共和国工业和信息化部. 2015. 国家增材制造产业发展推进计划(2015－2016)[EB/OL]. http://www.miit.gov.cn/n11293472/n11293832/n12843926/n13917042/16472555.html.

朱家福. 2007. 我国区域专利产业化评价研究[D]. 合肥工业大学硕士论文.

朱月仙, 等. 2015. 国内外专利产业化潜力评价指标研究[J]. 图书情报工作, 59(1): 127－133.

Altshuller G S. 1984. Creativity as an exact science: the theory of the solution of inventive problems[M]. New York: Gordon & Breach Science Publishing.

Altuntas S, Dereli T, Kusiak A. 2015. Forecasting technology success based on patent data[J]. Technological Forecasting and Social Change, 96: 202－214.

Anderson, C. 2012. Makers—The New Industrial Revolution[M]. Crown Business, New York, USA.

Andersson M, Karlsson C. 2006. Regional Innovation Systems in Small and Medium-Sized Regions[C]// Optical Fiber Communication Conference, and the International Conference on Integrated Optics and Optical Fiber Communication. OFC/IOOC'99. Technical Digest: 6/1－6/4.

Arrow K. 1962. Economic welfare and the allocation of resources for invention. //Nelson R. The Rate and Direction of Inventive Activity[M]. Princeton University Press, Princeton, N. J.

Bechtold S. 2015. 3D printing and the intellectual property system[J]. WIPO Economic Research Working Papers.

Bekkers R, West J. 2009. The limits to IPR standardization policies as evidenced by strategic patenting in UMTS[J]. Telecommunications Policy, 33(1－2): 80－97.

Bell M, et al. 2002. Sectoral systems of innovation and production[J]. Research Policy, 31(2): 247－264.

Bernard L S. 1999. Ambiguity and the process of knowledge transfer in strategic alliances[J]. Strategic Management Journal, 20(7): 595－623.

Bhaskarabhatla A, Hegde D. 2014. An organizational perspective on patenting and open innovation[J]. Organization Science, 25(6): 1744−1763.

Boldrin M, Levine D. 2008. Against Intellectual Monopoly[M]. Cambridge University Press, Cambridge, UK.

Bowonder B, Miyake T. 2000. Technology management: a knowledge ecology perspective[J]. International Journal of Technology Management, 19(19): 662−684.

Braunstein Y M, White L J. 1985. Setting technical compatibility standards: an economic analysis[J]. Antitrust Bull, (2): 337−355.

Brean D H. 2013. Asserting patents to combat infringement via 3D printing: it's no use, fordham intellectual property [J]. Media & Entertainment Law Journal, (2): 771−814.

Breschi S, Lissoni F, Malerba F. 2003. Knowledge-relatedness in firm technological diversification[J]. Research Policy, 32(1): 69−87.

Bulsara H P, Gandhi S, Porey P D. 2010. Commercialization of technology innovations and patents[J]. Patent Commercialization, 12.

Cantner U, Meder A, Ter Wal A L J. 2010. Innovator networks and regional knowledge base[J]. Technovation, 30 (9): 496−507.

Carlsson B, Stankiewicz R. 1991. On the nature, function and composition of technological systems[J]. Journal of Evolutionary Economics, 1(2): 93−118.

Chan F T S, Chan M H, Tang N K H. 2000. Evaluation methodologies for technology selection[J]. Journal of Materials Processing Technology, 107(1−3): 330−337.

Chesbrough H W. 2006. Open innovation: The New Imperative for Creating and Profiting From Technology[M]. Harvard Business Press.

Chien C V. 2010. From Arms Race to Marketplace: The Complex Patent Ecosystem and Its Implications for the Patent System[J]. Hastings Law Journal, 62(2): 297−355.

Clarkson G. 2005. Patent informatics for patent thicket detection: a network analytic approach for measuring the density of patent space[J]. Academy of Management.

Colombo M G, Piva E, Rossi-Lamastra C. 2014. Open innovation and within-industry diversification in small and medium enterprises: the case of open source software firms[J]. Research Policy, 43(5): 891−902.

Cooke R. 1992. Regional innovation systems: competitive regulation in the new Europe[J]. Geoforum, 23: 365−382.

Curran C S, Bröring S, Leker J. 2010. Anticipating converging industries using publicly available data [J]. Technological Forecasting & Social Change, 77(3): 385−395.

Daim T U, et al. 2006. Forecasting emerging technologies: use of bibliometrics and patent analysis[J]. Technological Forecasting and Social Change, 73(8): 981−1012.

Dodgson M, Gann D, Salter A. 2006. The role of technology in the shift towards open innovation: the case of Procter & Gamble[J]. R&D Management, 36(3): 333−346.

Doherty D. 2012. Downloading infringement: patent law as a roadblock to the 3D printing revolution[J], Har v. J. Law. & Tech, (26): 353 & 360−361.

Dosi G. 2016. Technological paradigms and technological trajectories: a suggested interpretation of the determinants and directions of technical change[J]. Research Policy, 22(2): 102−103.

Edenhofer O, Pichsmadruga R, Sokana Y. 2014. Climate change 2014: mitigation of climate change [J]. Contribution of Working Group III to the Fifth Assessment Report of the Intergovernmental Panel on Climate Change.

Edquist, C. 1997. Systems of Innovation: Technologies, Institutions and Organizations[M]. Routledge, London/ New York.

Encaoua D, Madies T. 2014. Dysfunctions of the patent system and their effects on competition[C]// HAL.

Erdilek A, Rapoport A. 1985. Conceptual and measurement problems in international technology transfer: a critical analysis[J]. Technology Transfer: Geographic, Economics, Cultural, and Technical Dimensions, Quorum, Westport: 249−261.

Erkko Autio. 1998. Evaluation of RTD in regional systems of innovation[J]. European Planning Studies, 6(2): 131 −140.

Fontana R, et al. 2013. Reassessing patent propensity: evidence from a dataset of R&D awards, 1977−2004[J]. Research Policy, 42(10): 1780−1792.

Freeman, C. 1987. Technology and Economic Performance: Lessons from Japan[M]. London: Pinter.

Gao Y, Gao S. 2010. Theoretical exploration of patent race theory and inspiration of endogenous research[J]. Journal of Strategic Management, 98(18): 10350−10355.

Gartner. 2014. Gartner Says Uses of 3D Printing Will Ignite Major Debate on Ethics and Regulation[EB/OL]. http://www.gartner.com/newsroom/id/2658315.

Gerken J M, Moehrle M G. 2012. A new instrument for technology monitoring: novelty in patents measured by semantic patent analysis[J]. Scientometrics, 91(3): 645−670.

Gershenfeld, N. 2012. How to make almost anything—the digital fabrication revolution[J]. Foreign Policy, 91(6): 42−57.

Graevenitz G V, Wagner S, Harhoff D. 2013. Incidence and growth of patent thickets: the impact of technological opportunities and complexity[J]. Journal of Industrial Economics, 61(3): 521−563.

Granstrand O. 1999. The Economics and Management of Intellectual Property Towards Intellectual Capitalism[M]. External Organization.

Gómez-Uranga M, Miguel J C, Zabala-Iturriagagoitia J M. 2014. Epigenetic economic dynamics: the evolution of big internet business ecosystems, evidence for patents[J]. Technovation, 34(3): 177−189.

Hall C D. 1991. Renting ideas[J]. Journal of Business, 64(1): 21−48.

Hatch M. 2014. The Maker Movement Manifseto: Rules for Innovation in the New World of Crafters, Hackers, and Tinkers[M]. New York: Mcgraw Hill Education.

Heald P J. 2003. A transactions costs theory of patent law[J]. Social Science Electronic Publishing.

Helleiner G K. 1975. The role of multinational corporations in the less developed countries' trade in technology[J]. World Development, 3(4): 161−189.

Hsieh C H. 2013. Patent value assessment and commercialization strategy[J]. Technological Forecasting and Social Change, 80(2): 307−319.

Jaffe A B, Lerner J. 2001. Reinventing public R&D: Patent policy and the commercialization of national laboratory technologies[J]. Rand Journal of Economics, (6): 167−198.

Jeitschko T D, Zhang N. 2014. Adverse effects of patent pooling on product development and commercialization[J]. The BE Journal of Theoretical Economics, 14(1): 27−57.

Kang B, Bekkers R. 2013. Just-in-time inventions and the development of standards: how firms use opportunistic strategies to obtain standard-essential patents(SEPs)[J], Working papers, Retrieved from: http://ideas.repec.org/p/dgr/tuecis/wpaper1301.html.

Kim B, et al. 2014. Inter-cluster connectivity analysis for technology opportunity discovery[J]. Scientometrics, 98 (3): 1811−1825.

Kogut B, Singh H. 1988. The effect of national culture on the choice of entry mode[J]. Journal of International Business Studies, 19(3): 411−432.

Laplume A O, Pathak S, Xavier-Oliveira E. 2014. The politics of intellectual property rights regimes: an empirical study of new technology use in entrepreneurship[J]. Technovation, 34(12): 807−816.

Lee C, et al. 2012. A stochastic patent citation analysis approach to assessing future technological impacts[J]. Technological Forecasting & Social Change, 79(1): 16−29.

Lee C, Park H, Park Y. 2013. Keeping abreast of technology-driven business model evolution: a dynamic patent analysis approach[J]. Technology Analysis & Strategic Management, 25(5): 487−505.

Lemley M A. 2007. Are universities patent trolls? [J]. Social Science Electronic Publishing, (3): 611.

Lemley M A. 2014. IP in a world without scarcity[J]. Ssrn Electronic Journal, 90(2).

Lerner J，Merges R P. 1998. The control of technology alliances：an empirical analysis of the biotechnology industry. ［J］. The Journal of Industrial Economics，46(2)：125—56.

Lerner J，Tirole J. 2006. A model of forum shopping[J]. American Economic Review，96(4)：1091—1113.

Levit G S，Hossfeld U，Witt U. 2011. Can Darwinism be "Generalized" and of what use would this be? ［J］. Journal of Evolutionary Economics，21(4)：545—562.

Leydesdorff L. 1995. The Challenge of Scientometrics：The Development，Measurement and Self-Organization of Scientific Communication[M]. DSWO Press，Leiden University.

Li J，et al. 2013. From multiscale modeling to meso-science[M]. Springer Berlin.

Li Y T，Huang M H，Chen D Z. 2014. Positioning and shifting of technology focus for integrated device manufacturers by patent perspectives[J]. Technological Forecasting & Social Change，81(1)：363—375.

Liu X，Yu X. 2015. Potential challenges of 3D printing technology on patent enforcement and considerations for countermeasures in China[J]. Journal of Intellectual Property Rights，(5)：155—163.

Lundvall B A. 1992. National Systems of Innovation：Towards a Theory of Innovation and Interactive Learning[M]. London：Pinter.

Luo J，Olechowski A L，Magee C L. 2014. Technology-based design and sustainable economic growth［J］. Technovation，34(11)：663—677.

Mansfield E，Schwartz M，Wagner S. 1981. Imitation costs and patents：an empirical study[J]. The Economic Journal，91(364)：907—918.

Mark. 1996. The Handbook of Industrial Innovation[M]. E. Elgar.

Marx M，Hsu D H. 2015. Strategic switchbacks：dynamic commercialization strategies for technology entrepreneurs ［J］. Research Policy，44(10)：1815—1826.

Masnick M. 2014. Copyrights Censorship：Newport Television Abusing DMCA to Try to Silence Criticism，TECHDIRT ［EB/OL］. http：//www. techdirt. com/articles/20110712/03450915054/copyright-ascensorship-newporttelevision-abusing-dmca-to-try-to-silence-criticism. shtml.

Mattes E，Stacey M C，Marinova D. 2006. Surveying inventors listed on patents to investigate determinants of innovation[J]. Scientometrics，69(3)：475—498.

Matti K，Matti L，Tuomo K. 2012. Build-up of understanding of technological convergence：evidence from printed intelligence industry[J]. International Journal of Innovation & Technology Management，09(9)：1250020—1—1250020—24.

Metcalfe J S. 1995. Technology systems and technology policy in an evolutionary framework[J]. Cambridge Journal of Economics，19(1)：25—46.

Miles L D. 1961. Techniques of Value Analysis and Engineering[M]. New York：McGraw-Hill Book Company.

Morricone S，Munari F，Oriani R. 2010. Patent commercialization strategy and IPO underpricing：evidence from the US semiconductor industry[J]. SECS-P/08 Economia e gestione delle imprese.

Moser P. 2012. Innovation without patents. evidence from World's fairs[J]. Journal of Law and Economics，55(1)：43—74.

Mowery D C，Ziedonis A A. 2015. Markets versus spillovers in outflows of university research[J]. Research Policy，44(1)：50—66.

Nelson R. 1993. National Systems of Innovation：a Comparative Study[M]. New York：Oxford University Press.

Nelson R. 2006. Evolutionary social science and universal Darwinism[J]. Journal of Evolutionary Economics，16(5)：491—510.

Nuray R，Can F. 2006. Automatic ranking of information retrieval systems using data fusion[J]. Inf. Process. Manag，42(3)：595—614.

Padula G，Novelli E，Conti R. 2015. SMEs inventive performance and profitability in the markets for technology[J]. Technovation，41：38—50.

Park H，Ree J J，Kim K. 2013a. Identification of promising patents for technology transfers using TRIZ evolution trends[J]. Expert Systems with Applications，(40)：736−743.

Park H，Yoon J，Kim K. 2013b. Using function-based patent analysis to identify potential application areas of technology for technology transfer[J]. Expert Systems with Applications，40(13)：5260−5265.

Park Y，Lee S，Lee S. 2012. Patent analysis for promoting technology transfer in multi-technology industries：the Korean aerospace industry case[J]. The Journal of Technology Transfer，37(3)：355−374.

Phillips R，Kennedy G，McNaught C. 2012. The role of theory in learning technology evaluation research[J]. Australasian Journal of Educational Technology，28(7)：1103−1118.

Prickett P，Aparicio I. 2012. The development of a modified TRIZ technical system ontology[J]. Computers in Industry，63(3)：252−264.

Rassenfosse G D，Palangkaraya A，Webster E. 2016. Why do patents facilitate trade in technology? Testing the disclosure and appropriation effects[J]. Social Science Electronic Publishing，45(7)：1326−1336.

Rayna T，Striukova L，Darlington J. 2015. Co-creation and user innovation：The role of online 3D printing platforms [J]. Journal of Engineering and Technology Management，37：90−102.

Rayna T，Striukova L. 2016. From rapid prototyping to home fabrication：how 3D printing is changing business model innovation[J]. Technological Forecasting and Social Change，102：214−224.

Rosenberg N. 1963. Technological change in the machine tool industry，1840−1910[J]. Journal of Economic History，23(4)：414−443.

Rotolo D，Hicks D，Martin B R. 2015. What is an emerging technology? [J]. Research Policy，44(10)：1827−1843.

Sabel C，Zeitlin J. 1985. Historical alternatives to mass production：politics，markets and technology in nineteenth-century industrialization[J]. Past and present：133−176.

Sandstrom C. 2011. Hasselblad and the shift to digital imaging[J]. IEEE Annals of the History of Computing，33 (3)：55−66.

Scherer F M. 1965. Firm size，market structure，opportunity，and the output of patented inventions[J]. American Economic Review，55(5)：1097−1125.

Scherer F M. 1983. The propensity to patent[J]. International Journal of Industrial Organization，1：107−128.

Schmoch U. 2008. Concept of a technology classification for Country comparison[J]. Final Report to the World intellectual Property Organisation.

Scotchmer S. 2004. Innovation and Incentives[M]. MIT Press.

Settle T. 1974. The bicentenary of technology assessment[J]. PSA：Proceedings of the Biennial Meeting of the Philosophy of Science Association，Vol. 1974：437−447.

Stuart T E，Podolny J M. 2007. Local search and the evolution of technological capabilities[J]. Strategic Management Journal，17(S1)：21−38.

Suri T. 2011. Selection and comparative advantage in technology adoption[J]. Econometrica，79(1)：159−209.

Taylor C T，Silberston Z A. 1974. The economic impact of the patent system：a study of british experience[J]. Economic Journal，84(334).

Teece D J. 2014. Profiting from technological innovation：implications for integration，collaboration，licensing and public policy[J]. Research Policy，15(6)：285−305.

Teece D J. 1986. Profiting from Technological Innovation. Teece D J. The Competitive Challenge[M]. Harper and Row，New York.

Tongur S，Engwall M. 2014. The business model dilemma of technology shifts[J]. Technovation，34(9)：525−535.

Welch L S. 1985. The international marketing of technology：an interaction perspective[J]. International Marketing Review，2(1)：41−53.

West J，Kuk G. 2016. The complementarity of openness：how MakerBot leveraged Thingiverse in 3D printing[J]. Technological Forecasting and Social Change，102.

Wohlers Report. 2013. Additive Manudacturing and 3D Printing State of the Industry[EB/OL]. http：//www. slideshare. net/alanek/wohlers-report-2013-executive-summary.

Woo S, Jang P, Kim Y. 2015. Effects of intellectual property rights and patented knowledge in innovation and industry value added: a multinational empirical analysis of different industries[J]. Technovation, s43-44: 49-63.

Wu Z, Palmer M. 1994. Verbs semantics and lexical selection[C]. Proceedings of the 32nd annual meeting on association for computational linguistics. Association for Computational Linguistics: 133-138.

Xu J H, et al. 2014. CO_2 emissions reduction potential in China's cement industry compared to IEA's cement technology roadmap up to 2050[J]. Applied Energy, 130: 592-602.

Yamauchi I, Nagaoka S. 2015. Does the outsourcing of prior art search increase the efficiency of patent examination? evidence from Japan[J]. Research Policy, 44(8): 1601-1614.

Yayavaram S, Ahuja G. 2008. Decomposability in knowledge structures and its impact on the usefulness of inventions and knowledge-base malleability[J]. Administrative Science Quarterly, 53(2): 333-362.

Yoon J, Kim K. 2012. An analysis of property-function based patent networks for strategic R&D planning in fast-moving industries: the case of silicon-based thin film solar cells[J]. Expert Systems with Applications, 39(9): 7709-7717.

Yoon J, et al. 2016. Identifying product opportunities using collaborative filtering-based patent analysis [J]. Computers & Industrial Engineering.

Zahra S A, Nielsen A P. 2002. Sources of capabilities, integration and technology commercialization[J]. Strategic Management Journal, 23(5): 377-398.

Ziegler N, et al. 2013. Creating value through external intellectual property commercialization: a desorptive capacity view[J]. The Journal of Technology Transfer, 38(6): 930-949.

附　录

3D打印专利技术产业化SWOT分析问卷

尊敬的专家您好！

为了对我国3D打印专利技术的产业化问题进行深入研究，科学、合理地引导我国3D打印相关专利技术向产业领域转移，有效规避专利风险、发挥技术优势，特烦请您根据下文对3D打印专利技术产业化的机会O、挑战T、优势S、劣势W各要素的解释，对每个要素的重要性和发生概率赋上您认为合适的值。感谢您的支持！

您的姓名：＿＿＿＿＿＿＿＿＿＿＿＿

您的单位和职务：＿＿＿＿＿＿＿＿＿＿

第一部分：中国3D打印专利技术产业化的SWOT定量分析要素分值表

"重要性"代表这一指标对专利技术产业化的重要程度，越重要则所赋值的绝对值越大，一般认为3以上为重要性较强，表示积极因素的机会O和优势S赋正值，表示消极因素的挑战T和劣势W赋负值。

"发生概率"代表这一指标在专利技术产业化过程中发生的可能性大小，可能性越大则赋值越大，一般认为50%以上为发生概率较大。

一级指标	二级指标	重要性(整数0、1、2、3、4、5)	发生概率(0~100%)
机会O	O_1		
	O_2		
	O_3		
	O_4		
	O_5		
	O_6		
	O_7		
	O_8		

一级指标	二级指标	重要性(整数−5、−4、−3、−2、−1、0)	发生概率(0~100%)
挑战T	T_1		
	T_2		
	T_3		

一级指标	二级指标	重要性(整数−5、−4、−3、−2、−1、0)	发生概率(0~100%)
挑战 T	T_4		
	T_5		
	T_6		
	T_7		
	T_8		

一级指标	二级指标	重要性(整数 0、1、2、3、4、5)	发生概率(0~100%)
优势 S	S_1		
	S_2		
	S_3		
	S_4		
	S_5		
	S_6		
	S_7		
	S_8		

一级指标	二级指标	重要性(整数−5、−4、−3、−2、−1、0)	发生概率(0~100%)
劣势 W	W_1		
	W_2		
	W_3		
	W_4		
	W_5		
	W_6		
	W_7		
	W_8		

第二部分：机会 O、挑战 T、优势 S、劣势 W 的二级指标的解释

机会 O：

1. 对多个零散型产业的整合
2. 与传统产业融合
3. 与互联网融合
4. 产品复杂零部件创新与附加值提升
5. 节能减排优势明显
6. 国外核心专利失效
7. 产消者价值主张确立
8. 中小企业核心竞争力增强

挑战 T：

1. 零散型产业的整合并未带动技术标准的整合
2. 产品与应用的需求对接尚不明确
3. 多种技术工艺发展不均衡
4. 技术使用成本较高
5. 对技术和产业的颠覆性相对温和
6. 与其他产业的兼容性不强
7. 互联网商业模式不成熟
8. 互联网知识产权风险较高

优势 S：

1. 国内 3D 打印专利申请数量激增
2. 国内专利权人在华专利布局优势明显
3. 拥有诸多潜在的产业应用领域
4. 专利中对技术功能效果的体现利于产业化实施
5. 现有专利技术在交通、激光、制造、材料等领域有较强的产业化适用性
6. 产业的技术融合呈现多样性
7. 产业融合与技术协同创新格局初步形成
8. 专利技术知识基础存在区域和工艺的差异性决定了产业化在区域和工艺选择上的优先级

劣势 W：

1. 国内发明专利占比较低
2. 海外专利布局意识较弱
3. 关键技术与先进国家差距明显
4. 国外专利权人在华布局力度逐年加大
5. 创新主体结构单一(以高校为主)，技术与市场之间存在信息不对称
6. 部分重要领域的技术成熟度和产业化潜力欠佳
7. 3D 打印相关领域产业化成果的专利偏好普遍不高(政策性激励对新兴专利技术产业化扶植力度不强)
8. 面向大众应用市场的专利技术结构不均衡，与其他产业融合度较低